JN027341

まずはここから！

ベーシックな事例で学ぶ

企業法務の仕事

改訂版

河村 寛治
明治学院大学名誉教授

第一法規

改訂版はしがき

初版の上梓（2017年９月）から、５年を経過し、企業のビジネス環境を含め、企業経営に係るリスクも大きく変化し、様々な課題が表面化してきています。そして、企業法務の役割も、従来の臨床法務や予防法務、また戦略法務にとどまらず、より経営の中核に近いところで、リスクマネジメントやサステナビリティを含め、企業価値の向上に向けて、企業が社会において果たすべき役割なども考慮することが求められています。またルールを守るだけでなく、そのルールが今の時代に合っているのかどうかを検証したり、改善したりすることも求められる経営法務としての役割が、より重要視されるようになっています。

一方で、ここ20年ほどの間に発生した企業の不祥事の多くは、単なる法令等の違反や組織風土の問題であると指摘するだけではなく、企業自身や、企業経営者またその従業員の意識の持ち方が問われているのではないでしょうか。不祥事の防止や適正な業務執行体制の確保は、企業経営や企業ビジネスの遂行にとってのリスクマネジメントの一環として認識されており、このリスクマネジメントの一翼を担うのが法務部門であり、法務部門の役割が以前にも増してクローズアップされてきています。そのためにも法務機能の強化とともに法務部門自身の努力が求められる時代ではないかと思います。

今回の改訂版では、特に、リスクマネジメントの一体制でもある「３線ディフェンス」（Three Lines of Defense）に言及しつつ、最近の法務業務のDX化や法改正を含め、この５年間で大きく変化した様々な課題について、法務部門として意識しなければならない点を中心に、若干の補足や追加をしました。

2023年３月吉日

明治学院大学名誉教授　一般社団法人GBL研究所代表理事・会長

河村　寛治

はしがき

企業における不祥事の発生により、コンプライアンス（法令等の順守）の重要性がますます認識されるようになっています。一方で、コーポレート・ガバナンス（企業統治）の一環として、企業の社会的責任が強く意識されるようになり、企業が倫理的観点から事業活動を通じて、自主的に社会にも貢献すべきだとされています。これは法的規制を順守するというだけでなく、コーポレート・ガバナンス・コードなど、いわゆるソフトローもその対象として意識しなければならないことを意味しています。

企業をめぐる様々な環境が大きく変化しているなか、法務部門の役割が以前にも増してクローズアップされてきています。企業の法務部門に求められる役割を認識しつつ、今後、企業法務部門はどうなるのか、またどうあるべきか、さらには法務人材の養成はどうしたらよいのかなどを考えることも必要となっています。そしてそれは、企業経営にとって、また企業法務を担当する者にとっても非常に重要な課題となっています。

本書は、筆者の30年近い企業法務の経験を踏まえ、総論編では、法務部門の組織のあり方を含め、法務部門に求められる役割やその人材の養成等について解説しました。各論編では、法務部門の守備範囲や法務業務の内容を理解してもらうため、その概要を解説しています。また、法務部門で働くための入門として、企業法務の業務内容を、グローバル面も含め、ほぼ網羅的に触れていますので、企業法務の若手はもちろん、大学や大学院の学生や院生の方、また弁護士等で、これから企業法務の道を目指される方にも、役に立つものと思っています。

2017年９月吉日

明治学院大学名誉教授　一般社団法人 GBL 研究所代表理事・会長

河村　寛治

参考資料　主要法令一覧

本書で取り上げる主な法令は以下のとおりです（五十音順）。本書で略称を用いている場合、（　　）内に併記しています。

意匠法
医薬品、医療機器等の品質、有効性及び安全性の確保等に関する法律（旧薬事法；医薬品医療機器等法）
外国為替及び外国貿易法（外為法）
会社更生法
会社法
化学物質の審査及び製造等の規制に関する法律（化審法）
貸金業法
割賦販売法
金融商品取引法（金商法）
経済施策を一体的に講ずることによる安全保障の確保の推進に関する法律（経済安全保障推進法）
公益通報者保護法
公衆等脅迫目的の犯罪行為のための資金等の提供等の処罰に関する法律（テロ資金提供処罰法）
国際的な協力の下に規制薬物に係る不正行為を助長する行為等の防止を図るための麻薬及び向精神薬取締法等の特例等に関する法律（麻薬特例法）
個人情報の保護に関する法律（個人情報保護法）
国家公務員倫理法
雇用の分野における男女の均等な機会及び待遇の確保等に関する法律（男女雇用機会均等法）
資金決済に関する法律（資金決済法）
下請代金支払遅延等防止法（下請法）
実用新案法
私的独占の禁止及び公正取引の確保に関する法律（独占禁止法）
消費者安全法
消費者基本法

消費者契約法

消費生活用製品安全法

商標法

商法

食品衛生法

書面の交付等に関する情報通信の技術の利用のための関係法律の整備に関する法律（IT書面一括法）

製造物責任法（PL 法）

組織的な犯罪の処罰及び犯罪収益の規制等に関する法律（組織的犯罪処罰法）

仲裁法

著作権法

電子記録債権法

電子計算機を使用して作成する国税関係帳簿書類の保存方法等の特例に関する法律（電子帳簿保存法）

電子署名及び認証業務に関する法律（電子署名法）

動産及び債権の譲渡の対抗要件に関する民法の特例等に関する法律（動産・債権譲渡特例法）

道路運送車両法

特定商取引に関する法律（特定商取引法）

特許法

破産法

犯罪による収益の移転防止に関する法律（犯罪収益移転防止法）

働き方改革を推進するための関係法律の整備に関する法律（働き方改革関連法）

不正競争防止法

不当景品類及び不当表示防止法（景表法）

弁護士法

弁理士法

麻薬及び向精神薬取締法

民間事業者等が行う書面の保存等における情報通信の技術の利用に関する法律（e- 文書法）

民事再生法

民事訴訟法

民事調停法

民法

利息制限法

労働安全衛生法

労働基準法（労基法）

労働施策の総合的な推進並びに労働者の雇用の安定及び職業生活の充実等に関する法律（労働施策総合推進法）（パワハラ防止法）

PART 2 各 論 編

3 与信管理、債権管理と回収 …… 125

4 契約作成（含む契約交渉）と契約管理 …… 143

PART 1

総論編

1 企業法務を取り巻く環境

昨今は、インターネットやその周辺技術の急速な発展により情報技術（IT）革命がさらに進み、人工知能（AI）の処理能力も格段に進化し、ITなどの進歩により企業ビジネスを取り巻く環境が急速に変化しています。最近では、クラウドサービスが発達し、ビッグデータ等の利用が促進され、伝統的な製品の製造に際しても、IoT（Internet of Things）、フィンテック（Fintech）やブロックチェーン等が重要なテーマとなっています。なかでもインターネットを利用した決済手段としての仮想通貨（暗号通貨）に関して、利用者保護のためのルールに関する規定の整備が行われるようになりました【注1】。このようにインターネットを利用した経済活動の進歩によって、企業ビジネスや社会のあらゆる分野でDX（デジタル・トランスフォーメーション）化が進み、歴史的な転換時期を迎えています。

インターネットの発達は、世界的な規模での情報通信社会の創生という、いまだかつてないグローバリゼーションやDX化を後押しする原動力となっています。さらにグローバル化した世界経済のシステムは、市場経済をベースとしながら規制緩和が進み、自己責任に基づく事後規制へと社会の枠組みが変わってきています。最近は、米国のトランプ前大統領の言動や英国のEU離脱、また、ロシアのウクライナ侵攻に代表されるように保護主義の傾向も出ており、同時に世界ではテロ等が無差別に発生する等、地政学的リスクを含め、様々な分野でリスクマネジメン

注1　改正資金決済法（平成29年（2017年）4月1日施行）。

トの重要性も増しています。

このような急速な技術の進歩、事業のグローバル化および事業展開のスピードアップや最近の国際情勢の変化等の状況下、一方では環境問題や消費者問題、さらには人権問題等の新たな社会的規制も強化されることになり、企業を取り巻くリスクはより多様で複雑なものとなっています。

企業や企業ビジネスにとっては、市場経済が進展していくなかで、株主、従業員、顧客、取引先、消費者等多様な利害関係者（ステークホルダー）に対する責務がより重視されるようになってきており、企業の責務や姿勢に対して、ガバナンスのあり方が見直され、社会的な評価がより求められるようになってきています。ちなみに、企業不祥事の多発を契機として、経営のあり方が議論されるようになり、日本でも米国型の統治制度を導入する商法改正が行われました。皮肉にもそのモデルとなった米国では、財務報告の信頼性が問われ、それを確保する目的で、2002年7月に企業改革法（サーベインス・オクスレー法：SOX法）が導入され、経営者の責任がより強化されるようになっています。最近は、特に内部統制システムの構築やその適正な運用が重要な経営課題となっており、コーポレート・ガバナンス・コード（CGC）の導入により、「コンプライ・オア・エクスプレイン」（原則を実施するか、実施しない場合には、その理由を説明する）という手法が採用されています。

わが国においては、企業再編が活発に行われるようになり、分社化や従来の企業グループを超えた合併等が行われ、雇用の流動化も急速なスピードで進んでいます。その変化に応じて、従来のような日本的経営の特徴だといわれてきた従業員間あるいは従業員と経営側との間における暗黙の了解や、友好な信頼関係に依存した経営管理のあり方にも限界が生じてきています。ガバナンス改革の一つとしての社外取締役制度の導入等も、第三者的な客観的評価が常に求められるということにほかならず、適切な情報開示や説明責任という経営の透明性が求められています。

インターネットの利用により、情報入手費用が激減し、結果として企業間の競争の激化が進み、個人の能力格差が拡大し、企業が要求する人材にも変化が生じています。

以上のような社会的進化のスピードが速く、また法令順守を超えた社会的責任や経営の透明性が重視される状況下では、多様で複雑なリスクを如何にコントロールするかというリスクマネジメントの問題が、企業にとっての重要な経営課題となっています。また、そのための内部統制システムを如何に構築し、運用するかという点がこれからの企業活動および企業経営にとり、最も重視されるようになっています。

多様なリスクにさらされている企業や企業のビジネス活動における企業法務の役割も、自ずと従来以上に重要性が問われるようになっています。それとともに、法令順守等の責任も重くなっています。企業の法務部門の役割も、その存在が重要視され、認識されはじめた1970年代および80年代の高度成長期とは大きく変わってきています。従来は、紛争やクレーム処理を中心とした「臨床型」の役割のイメージが強かったのですが、その後は、紛争を未然に防止するのが役割だと認識されるようになり、独立した組織として、経営環境の変化と法の変容に対応し、より経営の中核的な役割が期待され、戦略的かつ経営的な活動が求められるようになってきています。

このように企業をめぐる様々な環境の変化とともに、企業の法務部門に求められる役割を認識しつつ、今後どうなるのか、またどうあるべきか、さらには法務人材の養成をどうするか等を考えることが必要です。それは、企業経営にとって、また企業法務で働くものにとっても非常に重要な課題となっています。

以下、法務機能の専門化とともに、法務業務の内容、その組織のあり方、さらには法務部門に求められる役割やその人材の養成について、解説をすることとします。

2 企業法務とは

1 法務機能の専門化

法務業務やその組織に関連する調査は、昭和40年（1965年）から５年置きに実施されてきており、平成27年（2015年）に経営法友会と商事法務研究会により実施された「第11次の実態調査」に続き、最新のものでは、令和２年（2020年）の経営法友会により実施されたもの「第12次法務部門実態調査」があります。

この第12次法務部門実態調査については、令和４年（2022年）３月にその実態調査の分析報告[注1]が公表されていますが、その調査に協力した企業の94％以上の企業において、法務機能を有する「法務部門」があるという結果となっており、過去の調査結果と比較すると、法務機能の専門化は量的拡大というよりは質的側面の変化の段階となっているのではないかと思われます。この傾向は、調査に協力しなかった企業においても同様ではないかと考えられます。

最近は、大手企業や上場企業だけでなく、ある程度の規模の企業には、法務業務を担当する法務部などの専門組織を有しているところが多くあります。また、法務業務専門の部署はないが、法務専任の担当者がいるところ、専任ではないが他の業務と法務を兼務しているところも増えて

注１　米田憲市編／経営法友会法務部門実態調査検討委員会著『会社法務部［第12次］実態調査の分析報告』（商事法務、令和４年（2022年）３月）：この調査は、経営法友会会員会社と上場会社等5,171社を対象として行ったアンケートにより、約1,233社からの回答をまとめたもので（回収率23.8％）、すべてではないが、法務部門の実態の傾向をみることはできる。

◉法務部門の設置状況（過去との比較）

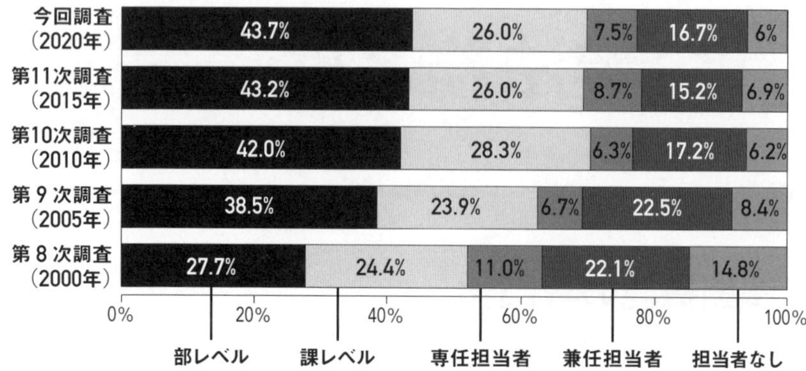

出典：『第12次法務部門実態調査』商事法務から作成

います。このように企業の組織内において、何らかの形で法務業務を担当するスタッフが増えている事実は、企業という組織においては、その重要性が意識されるようになってきたことを示しています。

なお、この傾向は、資本金1,000億円以上の企業では98%、また100億円以上500億円未満の企業では84%以上という数値となっており、法務部門の組織的な位置づけが高まっているという傾向は変わっていません。

2 企業における法務業務

①　法務業務とは

このような法務業務担当組織が設置されていたとしても、そこで行われている法務関連業務というものについては一概に同じではなく、企業の業種や業務内容により大きく異なっています。また、多様なリスクを抱えた企業経営という観点からも、経営陣からの企業法務に対する期待の度合いに応じて、その業務内容には自ずと違いが存在しています。さらに同じ業種であっても、法務部に対して求められる機能に様々な違いや濃淡があることから、企業法務の業務内容は同じではありません。

次に、企業の法務部門においてどのような業務が行われているのかという点について具体的に考えてみたいと思います。永年法務実務に携わってきた者として、その経験からいえば、企業法務の業務内容も時代により大きく変化してきたといわざるを得ません。もちろん、企業によっても、業種によっても、法務担当専門組織の設置理由を含め、法務業務そのものの発展に伴うものや法務組織の活用戦略に伴うもの、また、ビジネスそのものがグローバル化やデジタル化してきたことに伴う法的環境の変化によるもの、個々の企業の事業活動の拡大によるもの等、それぞれ特徴があります。そこで以下に、これまでの法務業務の変遷と、業務内容の特徴を類型化します。

なお、ここでは、ほとんどの業種に関係している総合商社における法務業務を取り上げることとしますが、それは比較的広範囲で、川上から川下までの様々な段階に関与しており、かつ先端的なビジネスを行っているので、そこでの法務業務を類型化することにより、一般的に企業における法務業務とは何かということを理解できるのではないかと考えたからです。

② 法務業務の変遷

従来の法務は、紛争や問題が起きたら、それに対応する問題対応型としての「**臨床法務**」をスタートとして、その後、紛争や問題が起きてからの対応では遅いということから、これらを事前に予防することの重要性が強調され、取引の審査や契約書の審査等「**予防法務**」の必要がうたわれるようになりました。そのために、自ら法務の組織を拡充するところが多くなり、予防法務が法務担当業務の中心とされるようになってきました。

その後、昭和55年（1980年）あたりから、企業の経営に重大な影響を及ぼす主要な案件に対しては早い段階から関与することが求められるようになり、「**戦略法務**」も重視されるようになりました。また、最近になるとコンプライアンス（法令等の順守）をはじめとして企業の経営上の問題に関心が高まるとともに、経営に関与する法的な問題にも対応する「**経営法務**」が注目されるようになっています。これらの各段階での法務関連業務に対して、経営陣等からそれなりの評価を得ることができると、法務担当者が経営陣つまり取締役や執行役員に、迎えられるケースも増えてきています。

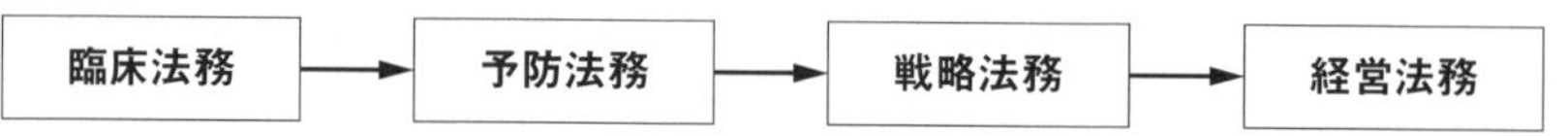

③　法務業務の類型化

企業法務というものは、その企業におけるビジネスの内容やその企業の生い立ちを含めた法務専門組織の発展過程、あるいは、その企業の取引先や資本関係等により、期待される機能が異なっています。

そこで行われる法務業務にも違いがあり、大きく分けると「債権管理型」「文書管理型」および「純粋法務型」に分類されます。大手総合商社においても、その法務関連業務の主要な業務をどこからスタートしたかによって、違いがあります。ちなみに、筆者が所属した商社では、非財閥系であったこともあり、債権管理と債権回収が法務組織の主要な業務であったため、入社した当時は、債権保全や債権回収に関連する業務が多い状況でした。

「**債権管理型**」は、取引管理の一環として行われる与信管理の一部としての債権保全措置や、不良債権発生の際の債権回収をその業務の中心とする部署のことです。この部署は、どちらかというと与信管理に伴うものであるため、法務部等の法務専門組織とは異なる組織（リスクマネジメント部等）を設置しているところも多くあります。

「**文書管理型**」は、社内の重要文書や契約書等を管理することをその業務の中心として発達してきた法務担当部署であり、多くは、株主総会や取締役会等に関連する業務も行っているところです。英法系の法制度においては取締役等の役員のほかにSecretary（秘書役）という役員を置くことが求められていますが、そのSecretaryが行う業務がこれにあたります。

「**純粋法務型**」は、クレーム等契約の履行の過程で起きる紛争や法令違反等に関する法律相談を中心とした法務業務を行う部署です。前述のように、「臨床法務」および「予防法務」を主として行う組織であるともいえます。最近のようにコンプライアンスを主要な業務としているところもここに分類できるでしょう。

なお、実際には、このような分類にもかかわらず、これらをすべて行っているところもあれば、その一部を行っているところもあります。また、労務関係等の業務をいわゆる法務担当部署ではなく、人事部など企業内の別の組織で行っているところも少なくありません。

3 具体的な法務関連業務

① 担保取得等の与信管理

企業にとって、取引に関して発生するリスクをミニマイズすることが求められるのは前述のとおりです。そのうち、最も身近な問題は、債権回収に係る貸倒れのリスクを回避するということです。企業にとっては、会計上の利益はもちろん、最終的に、債権を回収してはじめて利益が実現することとなります。

そのため、債権貸倒リスクを減少させる方法は、取引を始める場合の相手先企業の取引審査から、取引の限度額設定等の与信管理が重要な課題となっています。一般的にこのような与信管理の業務は、企業分析という専門的な知識が必要であるため、そのための別組織として審査部等が行っている企業が大半ですが、法務担当部署において実施しているところもあります。

また、与信管理は審査部等で行っているものの、担保取得業務等の債権保全業務は、法務部員の実務教育に適しているとして、法務部で担当しているところも多いようです。筆者自身は、入社後、このような債権保全の手続や債権回収業務からスタートするという経験もしています。なお、登記実務等は、現在はほとんど司法書士等外部に委託することが多いようですが、かつては登記申請関連業務等も若手の法務部員の中心的な業務でした。筆者が在籍していた商社もかつてはそうでした。入社後はしばらく、法務局通いをするという経験もしましたが、今となっては非常に懐かしい思い出です。

② 延滞不良債権回収・管理

取引において発生した不良債権に関する経理処理等は、その債権の回収の可能性の判断や回収時期等が影響することになります。これら債権の回収に関連しては、対象の企業の整理等について法的手続が関係している場合もあり、倒産関連法の知識や倒産実務に関する経験も必要です。また、回収そのものに関しても、法的な手続が関与することもあるため、法務担当部署において担当するところも多いようです。あるいは、倒産手続の開始や手形・小切手の不渡り等、倒産の兆候が見られるとすぐに、法務担当部署が乗り出すというところも少なくありません。

しかし、法務担当組織以外の別組織で行う場合には、不良債権回収の可能性の評価や担保物件の評価、貸倒引当金の積立処理、あるいは回収不能な場合の貸倒償却の決定等に関し、法務担当組織から必要な協力を行う等、これらと連携を行うこととなります。この不良債権の効果的な回収やその処理は、企業経営にとり非常に重要な部分であり、経営管理の一環として本来は同一の組織で行うほうが望ましいといえます。

③　契約書審査・作成、管理

企業の取引のための契約締結およびその内容の審査を行うことは法務の主要な業務の一つとなっています。どちらかというと、現在は法務業務のうち、日常的に関与する業務のほとんどすべてが契約書と格闘することであると考えるものも少なくありません。しかしながら、大手の企業はもちろん、中小の企業においても、日常の取引活動に関連するすべての契約書を審査することはほとんど不可能です。

通常は、新規取引、国際取引、あるいは企業買収や提携等の重要な取引、また特殊な取引に限定して関連契約の審査を行わざるを得ないというところも多いのではないかと推測しています。結果として、それ以外の日常的取引や定型的なものは、標準的な契約フォーム等を準備し、社内のイントラネットやインターネットを利用した契約作成・管理システム等を利用して企業内で共有化し、その利用を推進すること等を通じて、法務担当組織の業務負担の軽減を図り、同時にリスクの防止や紛争予防といった成果もあげることができます。なお、契約書の管理も法務部門で行うところもあるようですが、社内のイントラネットなどを利用するほうが、全社的な契約管理も可能となります。このあたりは、各論編第4章「契約作成（含む契約交渉）と契約管理」を参照してください。

一方、国際取引等の場合は、法務担当部署でも検討することが原則となっていると思われますが、最近では法務部門において自前で契約書ドラフトを作成することも増えているようです。それと同時に、内外の弁護士に契約書ドラフトの作成業務や検討を依頼することも少なくありません。

④　重要取引の法的審査およびリスク分析・対策

企業にとって、法務担当組織の役割がリスクマネジメント機能の一部を担うということであれば、その代表的なものは、重要な取引における法的リスクを含めリスクを分析することです。また、そこで想定されたリスクに対してどのように対応するかということは、企業にとっても、また法務担当組織にとっても、非常に重要な問題です。

想定されたリスクを回避したり、転化したりするためには、取引スキームの変更も検討しなければならない場合もあります。当然のことながら、これは取引の開始以前に行うのが重要ですが、法務担当組織にそのための知識やノウハウがなければ、取引から発生する法的なリスクを含めリスクの分析ができない可能性が高いため、法務担当組織としては、このような期待に沿うことができる能力をあらかじめ備えておく必要があります。

このようなリスク分析を適時に、また適格に行うことができれば、リスクへの対応やリスク軽減のための対策も可能であり、そのために必要な契約条項の検討や作成等にも役立つことになります。これは、リスクをあらかじめ回避するという「予防法務」の側面もありますが、「戦略法務」として法務担当部署の役割を果たすことにも繋がります。

⑤　知的財産権の管理

情報化社会になり、知的財産権に対しての注目度が高まり、知的財産権の管理も企業経営における重要なリスク管理の対象となってきています。総合商社においては、その知的財産権の管理のほとんどが、商標を中心とした管理業務でした。しかし、最近のようにビジネスモデル特許など取引方法等が特許権の対象となったり、ITの技術進化に伴い、企業内での技術開発や共同開発等が増えたりすると、特許等の発明や著作権の問題を含め、企業内での知的財産権の管理の問題が生じてくるため、特許権等は他人事であるといってはいられない状況となっています。

また、これら特許権等の技術ライセンス業務や商標の実施許諾業務等が増えてくると、ライセンス契約の作成や検討業務を中心として、特許に関連する訴訟等も、訴訟管理の一環として法務部署が担当する業務であるともいえますが、大手の製造業等では、従来から知的財産権に関連する問題を専門に扱う知的財産権部が独立して設置されるところも多くなっています。

⑥　株主総会

株主総会に関連した業務は、法務部門が専門的に担当するというよりは、伝統的に、総務部等の組織で担当している会社が多くみられます。株主総会の準備のなかで、招集通知等の書面については、弁護士等の専門家による事前のチェックを受けますが、想定問答の作成やリハーサル等は、社内の組織で行うことになります。その過程で法務部門は、必要な支援や協力を提供することになります。特に、法務部門でしかわからないような情報の提供等は、法務部門に期待されている役割です。

最近では、株主総会のリハーサル等を行う企業が増えてきていますが、そのなかで株主にとって重要な関心事には、十分な配慮を払わなければなりません。特に、社外取締役等の社外役員に対しても、取締役会等の運営に関する質問やら、コーポレート・ガバナンス・コードへの対応等に関心を持つ株主が増えてきていますので、それに対して適切に対応しなければなりません。もし重大な訴訟や不祥事等があれば、特に慎重に対応することが必要となっています。

これら株主総会の準備段階においても、法務部門として、その専門的な立場から必要な協力をしていくことが求められています。また、最近では、様々な情報が開示されているため、豊富な知識と経験をベースに質問をされることもありますので、事前の準備は非常に重要となっています。株主の意見を聞く場に同席することができれば、株主を意識して法的な問題に適切に対応することが可能となります。

⑦　訴訟管理

法務業務の中心的なものとして、クレーム対応や訴訟等紛争解決に対する業務があります。通常では、クレームや紛争は、協議や第三者の関与により、そのほとんどが解決できますが、経営上重要な問題や、どうしても第三者の法的判断が求められるような場合には、やはり訴訟等で解決することになります。

訴訟に至った場合の事務処理や証拠の整理等は、まずは法務担当組織が、弁護士と相談・協力しながら行うこととなります。つまり、法廷においては、弁護士がその訴訟実務を担当し、法務担当組織は、企業組織内における意思決定や訴訟担当弁護士と企業との間のコミュニケーション等、弁護士と共同作業を行うことになります。最近では、弁護士資格を有する法務部員が増えているようですが、現実的には、訴訟実務そのものをこれら弁護士に任せるということは少ないのではないでしょうか。ほとんどの場合、社内の弁護士を代理人に立てることなく、外部の弁護士を代理人として起用することが多いようです。

また、外部の弁護士を起用する場合、第三者から訴訟を提起された場合に裁判で争うかどうかの判断や、第三者に対して訴訟へ持ち込むかどうか、また、途中和解して解決するかどうか等の判断、つまり訴訟管理に関しては、基本的には法務担当組織の一次的判断に委ねられることが一般的です。

もちろん、最終的には、経営判断になるわけですが、実際には、その判断業務の一部を法務担当部署が行うことになるため、法務担当組織の役割は重要です。

⑧　法令動向フォロー

法務関連業務を円滑に実施するためにも、また企業がコンプライアンス（法令等の順守）を適切に実行するためにも、日頃から法令の制定状況をチェックする等法令動向に関する情報の収集は非常に重要です。このような法情報を企業内で周知徹底するためにも、法令動向をニュースとして社内へ提供し、企業内で説明会を開催したりすることが法務担当組織の重要な役割になっています。

企業経営や運営に関連する情報を法務担当組織ですべて収集し、理解することは現実的には無理ですが、法令等の改正動向を把握するということは企業経営にとり非常に重要なことです。それらを法務担当部署以外の他の部署（労務関係は、通常人事部等。またビジネスに関連する条例等については、それに関連する部署）において収集することもありますが、これについては、情報として全社的にも共有化するため、イントラネット等を利用する等、どこからでもアクセス可能な状態として必要な対応をするということになります。これがコンプライアンス体制の基本であり、リスクマネジメントとしての重要な役割となります。

さらには、重要な法令の改廃に関しては、適宜、社内の関係部門に対して情報を発信するとともに、必要であれば、社員教育の一環としてこれらの周知徹底を図ることが必要です。

⑨　企業内規程集の整備

法務担当組織の役割は、企業経営におけるリスクマネジメント機能の一部を担うということだと説明しましたが、その全社的なリスクマネジメント体制を構築、運用、統制するための方法として、社内で様々な規程を策定することが求められています。

法務担当組織としては、全社的・統一的な規程類等の策定に関して、中心的な役割を果たすことが求められます。また各事業部門に関連する個別の規程類等に関しては、各部門で策定する企業が多いと思いますが、全社的な規程類等との関連や位置づけ等、また規程を作成するための用語の統一等の共通ルール（規程類等作成規程）については、法務部門が関与するところが大きいようです。

かつては、社内で策定された規程類や後述の各種マニュアル等をまとめて管理職等に配布し、手元で社内ルールの確認が行われていましたが、最近ではほとんどデータで管理され、社内イントラ等に保管され、誰でも、いつでも閲覧ができる状況になっていますので、これらの運用や管理にあたっても法務部門としての役割は非常に重要となっています。

⑩ 順法教育ほか社内法務教育

企業経営においては、企業内の法務担当者も含め、すべての役職員が法令等の順守を果たさなければなりません。そのためには、企業活動に最も密接に関係する法分野において、必要な法令等の順守についてのマニュアル等コンプライアンスのシステムを構築しなければなりません。たとえば、独占禁止法コンプライアンスマニュアルや企業行動基準策定等を中心とする法務マニュアルの作成と、それらの企業内関係者への周知徹底です。そのための企業内教育も重視されるところであり、それらを十分に果たすことが、企業経営の重要な要素でもあります。特に、最近のように企業の不祥事が多発している状況では、不祥事の発生防止のために法務担当組織が果たす役割は、非常に重要性を増しています。

最近では、このようなコンプライアンスに関して、役員や従業員等による意識調査を行っているところも多く、その結果についてのフィードバックを行い、コンプライアンスが経営の重大な課題であるとして、全社的なコンプライアンス意識を高めるような努力を行っている企業も多くあります。

4 法務の組織

以上のように、企業における法務機能の多様化、専門化をはじめとする法務業務が複雑になり、その重要性が意識されるようになってきている状況で、各企業は、法務業務を担当するスタッフを増やしています。そして、総務部等に所属するケースも少なくありませんが、法務部とか法務課等という法務業務を主たる分掌とした独立組織（以下、「法務部門」という）を設けるところも増えています。

ただ、法務部門が企業内の法務関連業務のどこまでを守備範囲とするかという点については、各企業の業種やリスクマネジメント等の担当部門のあり方に応じて異なっています。法務部門が組織化される前から、企業が必須とする機能として組織化されていた人事労務部門や財務部門、また知的財産部門等の組織のなかに、労務関連や財務税務、そして知的財産権関連等法務的な業務を担当する機能や人材が含まれている企業も少なくありません。そして同時に、最近のように経営法務の機能が強化され、コンプライアンス対応も法務部門の担当業務の一つとすると、従前よりはその守備範囲が増えていることは間違いありません。

以下、法務専門組織の有無、その担当業務、グローバルなビジネスに関連する法務部門の関与の仕方について、みてみることとします。

①　法務専門組織があるか

法務専門組織を設置しているかどうかという点に関しては、前述のとおり、経営法友会による第12次法務部門実態調査が実施され、令和４年(2022年) ３月にその実態調査の分析報告が公表されています。

この分析結果によると、「法務専門の部（もしくは部レベルの組織）がある」「法務専門の課もしくは課レベルの組織がある」として、法務専門部署（部レベル・課レベル）を置いている企業の割合は、前回の第11次調査時の69.2%とほぼ同様の69.7%いう結果となっています。

また、「法務専門の部署はないが、法務専任担当者がいる」「法務専門の部署はないが、法務と他の業務を兼務している者がいる」という回答を含めると、全体として94%の企業に、法務機能を有する部門があるという結果となっています。ちなみに、資本金500億円以上の区分では、法務専門部署（部レベル・課レベル）を設置していると回答した企業は97.7%程度を占めているという結果になっています。

なお、法務担当者数別としては、法務担当者が31名以上いる企業の場合には、法務専門部署があるという回答は96.1%、11名以上から30名以

◉法務担当者の総数と平均人員

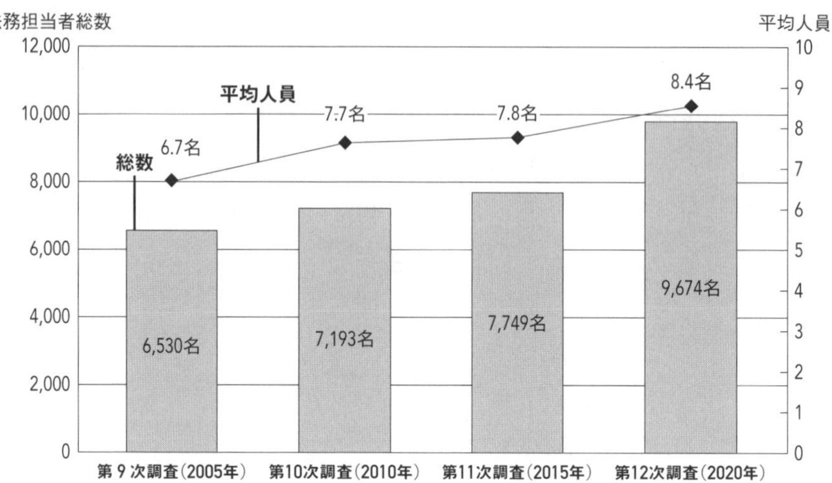

出典：『第12次法務部門実態調査』商事法務から作成

下の場合は85.4％となっています。ある程度の人員を有する企業では、それを専門的な組織としている企業が多いようです。これを業種別でみると、金融業で74.7％、製造業で71.8％、商業で68.4％、サービス業その他で65.8％となっています。これらを過去の調査結果と比較すると、法務機能の専門化の程度や比率は増加しています。

上記の表によると、法務担当者数は一貫して増加傾向にあり、前回より人員で1,925名増加の9,674名、この５年間で着実に伸びてきており、調査回答の総数が増えているものの、小規模法務に属する企業における平均値の引下げ効果が一要因であることにより法務部門のすそ野の広がりという結果になっています。調査は、約1,200社からの回答ですので、全体像は不明ですが、この10年で20％近い増員となっています。ここから見えることは、企業にとって、法務部門の存在が重要であると認識されていることは間違いなく、また人事総務部門や財務部門、また知的財産権関連等の組織において、実質的に法務業務が実施されていることを考慮すると、法務担当者数の増加とともに、法務業務担当組織も拡大しており、また法務担当者の男女比では、女性の人員や割合の高まりがみられ、33.1%と、ほぼ3分の1を占める状況となっています。

② 企業グループとしての法務体制

企業とその子会社から成る企業グループ（企業集団）による経営が進展し、親会社やその株主にとって子会社の経営が重要度を増していることを踏まえ、企業集団に係る内部統制システムについてのルールが法律に格上げされています（平成27年（2015年）5月1日施行の会社法改正）。これは企業集団の業務の適正を確保するための体制整備が法的に義務付けられたものです。その結果、グループガバナンスの強化のための取組みとして、グループ会社としての法務体制をどうするかという点も問われているわけです。つまり、グループ内の会社にすべて法務部門または法務担当を設置することができるかどうか、あるいは親会社としてもこのようなグループ会社の法務部門に対して、積極的に支援するかどうかという問題です。

つまり、グループ会社全体としてのコンプライアンス経営の重視が求められ、そのために企業の法務部門が充実し、強化されることにより、親会社の法務部門や法務担当者が、グループ内子会社の法務業務をどこまで取り扱うことができるかということです。かつては、弁護士法72条により、親会社の法務部門による子会社への法務業務の提供は避けるべきだとされてきました。しかし、昨今のように企業の分社化が顕著になり、かつ前述のように企業集団としての内部統制システムの整備や運用が親会社取締役の義務だということが法律上明確になると、法務部門としては、グループ内の子会社に対する法務サービスの提供は避けられません。

そこで、親会社の法務部門が、自ら中心となってグループ内子会社に独自の法務部門を置くとか、法務担当者を置くこともグループ全体としての重要な課題となっています。このグループ全体としての法務部門のあり方に関しては、グローバルなビジネスを展開している企業グループにとっては、非常に重要な問題ともなっています。

この解決に向け、グループ企業憲章や行動指針等の浸透、グループ内部通報制度の導入など、グループコンプライアンス体制の整備とその運用について、グループコンプライアンス委員会といった組織をグループ内に構築して、全体として実施している企業が最近増えています。また、法務担当業務についても、グループ全体としての連携を強化し、定期的な協議等が必要となっています。

前述の第12次法務部門実態調査によると、国内におけるグループ会社としての法務体制について、「全部のグループ会社に設置している」が6.3%、「一部のグループ会社に設置している」が31.4%となり、両者を合わせて、約40%近くが法務を設置しているという状況です。また、海外グループ会社では、全部または一部でもグループ会社に法務部門を置いているという企業は、39.6%であり、国内グループ会社における設置状況とほぼ同じ状況となっています。一方で、国内グループ会社や海外グループ会社で法務部門を設置していないとするのも、35%程度あり、国内グループ会社、または海外グループ会社の一部のいずれかに法務部門を設置しているところも、15.9%程度存在している状況となっています。

ちなみに、法務部門を有していないグループ会社に関して、法務部門がどのように管理・把握しているかという点に関しては、国内グループ会社に対しては、68.4%が「法務相談・契約書審査に関与している」と最も多く、「重要案件に関与している」が53.0%、「親会社の法務部門が直接指導している」が49.2%、「訴訟・紛争に関与している」が47.4%、「リスク管理・危機対応に関与している」が32.9%、「弁護士・委託業者の選定に関与している」が30.3%となっています。また、海外グループ会社に対しては、「法務相談・契約書審査に関与している」が45.1%、「重要案件に関与している」が42.9%、「訴訟・紛争に関与している」が30.4%という状況となっています。

3 法務部門に求められる役割

1 法的リスクマネジメント

① 法的リスクマネジメントとは

これまで、企業法務とはなにか、またその業務の概要を解説してきましたが、ここでは企業法務に求められる役割とはなにかについて、まとめてみたいと思います。

企業の法務部門は、昭和45年ごろ（1970年代）の高度成長期や二度にわたるオイルショック、さらにバブル経済の絶頂期およびその後の崩壊期を経て、その存在や必要性が強く認識され、徐々に組織化されてきました。その後、法務部門や法務担当者等の不断の努力により法務部門が強化され、結果として経営陣や営業部門からの信頼も高まりました。また、法律問題以外でも、内部統制システムに関連したコンプライアンス体制の運用問題や、危機管理の一環としての事業継続計画（BCP）の策定等、様々な経営課題や重要取引における法的なリスクマネジメントについての意見を求められる機会も増えてきています。コンプライアンス体制とその運用に関しては、法務部門をベースとした独立した組織を設ける企業もあります。

一方、グローバルなビジネス活動や投資活動についても、法務部門の役割やその強化が必要とされています。法務部門としては、国内だけでなく、海外の法規範に関する基本的知識等について、すべてではなくても視野に入れておくことが不可欠であり、特に高い見識が求められる部門だといえます。そして、法務関連業務の適切な処理のために、法務要員の育成・増強と、法務部門全体としての能力向上が求められています。わが国の企業においては、様々なビジネス上のリスクに対応するため、また不祥事等のリスクへの対応度に応じて、法務部門の組織化やその陣容の拡大を進めてきました。これにより、リスクマネジメントを担う組織としての法務部門の重要性やその存在意義が特に認識されるようになっています。

これまで、企業においては、経営の効率性や利益の確保を意識するあまり、企業の意思決定や会計処理等に関して監視機能が適切に機能しない等により、不祥事事例が増えてきています。また企業経営や企業活動の現場においては、適法性のチェックや、企業として社会的責任を果たすという目的との整合性のチェックが十分に行われたかどうかという点が、重要な課題として認識されています。

不祥事の防止や適正な業務執行体制の確保は、企業経営や企業ビジネスの遂行にとって、リスクマネジメントの一環として認識されるべき問題であり、リスクマネジメントの主要な課題としてのコーポレート・ガバナンス（企業統治）の問題であるとともに、内部統制システムが適切に機能しているかどうかの問題でもあります。またビジネス活動における適法性、さらにはコンプライアンス体制とその運用の問題であると指摘されています。そして、企業においては、このようなリスクマネジメント機能の一部を主たる分掌業務としている組織が法務部門であり、その業務の内容や組織のあり方は重要な経営課題となっています。これが法的リスクマネジメントです。

②　法務部門の役割

企業の法務部門の役割は、単に法的な業務の処理という事務処理に留まるものではありません。企業経営や企業のビジネス活動に関係するあらゆる法的な問題への対応、およびその管理がこれにあたります。さらには、企業が抱えることのあるリスクに法務的に如何に対応するかというリーガル・リスクマネジメント機能もあります。

その具体的な業務としては、第2章「企業法務とは」で説明したとおり、問題が発生した場合の対応だけでなく（臨床法務）、将来の紛争対応や法的な問題への対応等を予防する部分もあります（予防法務）。日常的なクレームや不祥事等への対応は、その解決等における法的な課題を処理することが必要であり、改善策等将来の問題の発生を避けるような対応が求められることとなります。この後者が予防法務といわれている役割です。その代表的なものが契約書等の検討で、過去の事例の経験を活かすことが重要です。また、重要な取引や投資事業等に関連しては、法的なリスクを回避するため、スキームの構築等の段階から戦略的な対応やそのための法的なアドバイスをすることも必要となります。これが「戦略法務」と呼ばれるものです。また最近では企業の経営戦略を法的な側面からサポートする「経営法務」という面も強調されています。このなかには、コンプライアンス対応という役割も含まれています。

一方、グローバルな企業では、国内における法務関連業務だけに限らず、海外もその守備対象となっています。海外の場合、それぞれ各国に事業会社が設立されることが多く、法制度を含め、様々な違いを克服することが必要となりますが、直接的にこの役割や機能を果たすことには限界があります。しかしながら、グループ全体としての法的リスクマネジメントの観点では、問題の共有化を図るとともに、法務部門としても、人材の派遣等必要な協力関係を構築することが求められます。

非常に多様で広範囲な法務関連業務を扱うことが必要であるにもかかわらず、担当する人員については、米国をはじめとするグローバル企業のように多くの有能な法務人員を確保することは難しいのが現状です。かつては、少数精鋭の組織で、臨床法務や予防法務という役割が法務部門の重要な役割だと認識されてきたわけですが、戦略法務、さらには経営法務が求められると、より経営的な素養を持った法務人員の強化が必要となります。本来は、取締役会のメンバーにも法務部門の出身者がいるのが望ましい体制だと思われますが、そのためには、法務部門としても社内的な信頼を確保することが必要となります。もしこのような信頼を確保することができれば、法務人員の強化に結び付くともいえます。もしそれが可能でなければ、自ずと対象業務を限定せざるを得ないという状況になってしまいます。

ちなみに、法務部門として避けて通ることができない契約書等の検討業務に関連しては、日常の営業活動に利用される契約書をすべてチェックするわけにはいきません。秘密保持契約等定型的な契約書は、すべて法務部門のチェックを経るのは現実には無理な状況となっていますので、定型フォームを用意しつつ、その主要なポイントを整理した解説等を用意することが多いようです。その結果、重要な案件や大型のプロジェクト案件に関連する法的リスクの分析と関連契約書等の検討業務に力を注ぐことができるようになります。また、外部の弁護士に依頼するとか、ここ数年発達してきたAIを活用した契約書のチェックシステムを利用するという考えもありますが、その場合でも、法務部門や最終決定権限者としては、その結論等をそのまま受け入れることの是非を含め、社内で十分に消化するということも必要です。

コラム　リーガル・リスクとは

最近「リーガル・リスク」ということがいわれるようになってきましたが、「リーガル・リスク」とは、「企業における事業やその製品・サービスなど、また事業運営上の各種プロセスやステークホルダーとの適切な関係の構築等に対する法令その他の規制の適用について、その認識不足、誤解、重大な無関心または曖昧さに起因して、財務上の損失またはレピュテーションの毀損などの有形無形の被害が発生するリスク」をいうとされています。

具体的には、法律や契約上の問題から生じるリスク、つまり組織が関係する法律や締結している契約に違反し、そのペナルティや損害等を負うリスクは、当然のこととして、契約に基づかない権利や義務から生じるリスク、つまり組織やその構成員による行動および意思決定が違法な行動を引き起こす、または第三者に対する注意義務の懈怠を生じるリスクや、契約関係にはないものの、関係する法的な権利を主張し損なうリスクのことして、非常に広義のリスクを「リーガル・リスク」であるとされています（ISO31022：2020）[注1]。

以上のような企業が抱えるリーガル・リスクへの理解が不足し、リーガル・リスクを法的な問題に関わるものなどと限定すると、想定外の多大な損失を被るおそれがあります。それを避けるには、損失が発生する前にリスクを特定し、積極的に管理するいわゆる「リーガル・リスク・マネジメント」が欠かせません。そのためには、それぞれの企業や組織にとって、法務機能とは何か、法務機能に求められるものは何かなどを再検討するとともに、法務部門が適切に機能するために、法務組織の体制や人員構成、法務人材の育成を含め、リーガル・リスクに適時適切に対応することができるよう、「法務機能の強化」が求められることとなります。

2 チェック機能とサービス機能

法務部門の役割や機能のなかに、サービス機能とチェック機能の双方

注1　ISO31022：2020とは、国際標準化機構（International Standard Organization：ISO）により開発されたリスクマネジメントの国際規格であるISO31000をリーガル・リスクに特化して適用すべく開発された国際規格である。

がありますが、どのように使い分けているのでしょうか。サービス機能の代表的なものは、クレームや不祥事等への対応、また契約書等のチェックがあります。契約書等の検討や作成は、将来の紛争を予防するための役割を果たすことになりますので、それを徹底すれば、営業部門のリスクをあらかじめ回避するか、減少させることができます。また筆者の商社時代に、不良債権の回収等を主として担当していた時代がありましたが、より多くの債権の回収ができれば、結果として営業部門の利益に資することとなります。

一方で、戦略的、経営的な法務の役割として、法的な問題の指摘をすることは、チェック機能として求められています。しかしながら、このような法的な指摘だけでなく、コンプライアンス等様々な状況を考慮し、営業部門に対しては、否定的なコメントをすることが必要となる場合もあります。違法あるいは違法となる可能性が高い場合は当然のことですが、企業の使命や理念、また行動指針として問題だと認識した場合には、「会社の良心」たるべき組織の法務部門として、当該案件に対して是正を求め、また否定的なコメントをしなければならない場合も少なくありません。これらは、コーポレート・ガバナンスの問題であり、ビジネス活動における適法性や社会的責任との整合性であり、さらにはコンプライアンスの運用の課題であり、これらをチェックすることが重要な機能です。

①　ガバナンスと法務部門

企業が健全に経営されるために、ガバナンスとして意思決定システムがどうあるべきか、それは如何に指揮されるべきか、特に企業の意思決定の中枢にあたる取締役会の枠組みは適切かどうか、そこでの意思決定に対する監視体制は十分に機能しているかどうかという問題は、非常に重要な経営課題となります。それが適切に機能しないために様々な不祥事が発生してきたこと、また、このコーポレート・ガバナンスと内部統制が相互に密接に関係があることは、最近の不祥事事例からも明らかです。つまり、取締役会や監査役会・監査等委員会が適切に機能しているかどうかというコーポレート・ガバナンス機能は、経営方針の決定や運営状況が如何に管理・監督されるかという問題につながり、内部統制システムがどの程度有効に構築され、機能しているかが重要となります。

企業運営における適法性に関しては、直接または間接的にも、法務部門が分掌すべき業務です。また、社会的責任との整合性に関しては、企業理念や社会的倫理等、企業運営に際して、拠り所とすべきベースが無視されず適切に機能するかが問題となります。適法性や社会的責任との整合性の問題はどちらかというとコンプライアンスの問題であり、法務部門としても業務の過程において常に意識しておくことが求められます。

取締役会の意思決定や業務執行に対して、牽制機能を有する監査役会の対応が問題となった事例として、記憶に新しいのがオリンパス事件です。オリンパス事件については、すでに様々な媒体で報じられていますのでここでの詳細は省略しますが、問題の中心は、バブル経済崩壊に起因する金融資産の運用損（含み損）の表面化を避けるため、含み損を抱える金融資産を複数のファンド（受皿ファンド）へ帳簿価格で譲渡することで損失計上を先送りしたものです。その第三者委員会調査報告書【注2】において、「多額の含み損が指摘されていたにもかかわらず、その実態、発生原因、開示の要否、解消に向けた具体的な施策等の検討は行われておらず、アドバイザリー報酬が含み損の補填に使用されていること等について調査・検討が不十分であるといわざるを得ない」と監査役会の対応について、十分な機能を果たしていないと指摘されています。

そして、特に注目すべきなのは、「あずさ監査法人からの指摘事項について、監査役会とオリンパスの社内法務部との間で、オリンパスの業務執行の適法性や契約内容の問題点に関する意見交換がされていない」

注2　http://www.olympus.co.jp/jp/common/pdf/if111206corpj_6.pdf（確認日2023年1月）

旨の記載です。「監査役会としては、社外の意見を求めるほか、監査法人が指摘した点について、社内法務部に対してオリンパスの業務執行行為の適法性や締結された契約内容の妥当性について検証を求め、あるいは社内法務部と意見交換するという対応をすることも考えられるが、このような対応もしていない」旨の記載【注3】があります。

この指摘は、監査役会に対する指摘事項であるものの、監査役会による社内の組織、特に企業法務との間の連動が必要であると強調されているという点で、法務部門に対する重要な指摘であり、警告であることに留意すべきです。つまり、「オリンパスの社内法務部の業務内容には、業務執行行為の適法性の検討や契約書の内容検討もあるのに、このような社内の組織と監査役会との連動が全く見られない…」「本件国内３社等の買収に当たっては、オリンパス法務部が主導して買収監査が行われるべきであったが、これが全く実施されなかった。買収に当たり取り交わされた契約書については、その締結前に、オリンパスの社内法務部が、本件買収を主導したオリンパスの社内部署から独立した立場で、その内容を十分に検討すべきであるが、そのような検討がされたこともなかった。したがって、本件買収に関するオリンパス監査役会の対応の問題点と並び、オリンパスの社内法務部の対応についても問題があった」といわざるを得ない、と指摘されています【注4】。

これはオリンパス事件に限らず、法務部門のあるべき姿を示しているとともに、法務部門が果たすべき責任が明らかとなっています。もし法務部門がその理念に沿って本件を担当した場合、あるいは担当することができた場合には、本第三者委員会報告書以前に作成された社内委員会の報告書【注5】による「外部の会計監査人が指摘した問題をはぐらかす為の道具として活用されることとなったり、問題をあたかも隠蔽するか

注３　本報告書158頁。
注４　本報告書158頁。
注５　2009年委員会報告書。

のような目的に利用されることはなかったであろう」という指摘はありえず、この点は、企業法務の日常業務のなかで特に留意すべき事項であり、表面的あるいは形式的な審査に追われている法務部門としては、反省すべき点となります。

② 法務部門のあり方

オリンパス事件のように、含み損の処理やその損失の飛ばしに際して海外におけるM&A（企業買収）取引等が利用されている損失処理の問題等は、高度な経験と法的知識がなければそこに内在する問題やリスクを十分に理解し、それらを適時かつ適切に指摘することは現実的には困難です。しかし、法務部門が可能な限り早期に関与することによって、問題を的確に把握するとともに、取締役会への適切な情報開示を求める等、社内ルールに従った専門職集団として適切な業務執行が行われることが期待されています。これは、ガバナンスにおける法務部門としての重要な役割であり、かつ内部統制における法務部門としての課題でもあります。

このような企業不祥事の防止は、本来、企業の法務部門が「会社の良心」として中心となって取り組むべき課題だといえますし、他の企業においても、法務部門が関与して適正な会社の意思決定を導くべきであった問題でもあります。経営陣の不正な思惑のもとに、法務部門の関与が排除されたり、もしくは全く法務部門に相談がないという事態も想定され、その事態をあらかじめ想定して、様々な方策や対応をするというのは、法務部門にとっては実際には難しいかもしれません。また、内部通報制度に期待するということも現実的には無理かもしれません。しかしながら、社内の関連組織は多く存在しており、このような社内の組織全体の潜在的な力を利用するということも、法的なリスクマネジメントの視点では可能です。

3 これら機能のコントロール方法

リスクマネジメントの重要な点は、企業の構成員のすべてが、不祥事の発生に対して、あるいはその兆候や現象が表れたときに、それを遅滞なく発見し、社内で適正な対応を可能とするシステムが内在するかどうかです。その意味においてまず大切なのは、情報が容易に伝達される開かれた組織構造の構築と構成員の意識改革であり、これを支えることができるのが企業の法務部門だともいえます。その法務部門は、様々な機会を利用して、適切な情報伝達の重要性を訴え、その実現のために努力することが求められます。特に、コンプライアンス経営においては、その情報がトップダウンとなりがちですが、コンプライアンスそのものは一般従業員にとっても重要な問題であり、情報がトップにも伝わりやすいボトムアップ体制や環境整備が課題として求められています。

また、違法なことはしないが法の逸脱スレスレのこととか、グレーゾーンや微妙なところでうまく調整するのが法務の仕事だとする向きもないわけではありません。しかし、これを法務のサービス機能の一つだとして評価されるということは、あるべき姿ではありません。企業における法務部門は、企業や企業活動に対する様々な社会的規範に正面から向き合って、企業活動の正当性を主張し、企業の経済的あるいは法的な責任を果たすということが求められる、重要な役割を有した組織です。

企業の法務部門は、求められた課題について、与えられた情報の分析により、必ずしも法的に正しい回答を出すことだけが求められているわけではありません。最初に与えられる情報は不十分である場合が多く、また自分に都合の悪い情報を提供するのを避けることも少なくありませんので、法務部門としては、必要な調査を通じて正しい情報を的確に把握することが常に期待されています。そのためには、やはり社会の動きや状況を見ながら、社内で何が起きているのか、会社の経営や運営に関してどのような法的リスクが内在するのか等を日常の業務のなかで意識し、そのリスクを払拭するために必要な準備を講じることが大切です。それにより、将来的なリスクをも回避するという結果をもたらすことが、企業の法務部門に求められた役割であると認識すべきです。

4 他部門との連携・信頼関係の構築

企業における法務部門が担当すべき法務関連業務は、当然のことながら、法務部門が組織化される前には、人事労務問題に関しては人事労務部門が、また経理財務や税務関連問題に関しては経理財務部門がそれらを処理していました。またメーカー等では、知的財産権の問題等は、知的財産権を専門とする部門等が設置され、そこで処理されています。この傾向は、専門的な法務部門が設置された後でも、それほど変わらず、このような部門に法務的な業務を担当する機能や人材が含まれている企業も少なくありません。

また企業活動が広がり、組織が拡大すれば、企業活動に関する法的業務も企業内の各組織で分担して処理しているところが増えてきます。最近では、特に大企業等では事業活動の分社化が行われ、経営管理機能を少人数の精鋭で対応しようとして、法務部門等の間接部門がスリム化される傾向も多くなってきています。そして、最近のように経営法務の機能が強化され、コンプライアンス対応も法務部門とは別に組織化されると、従来のような法務部門の担当業務はある程度限定されてきます。企業や企業集団を全体としてみると、従前より法的関連業務そのものの守備範囲は増えていることに間違いありません。ただし、これら企業の別組織で担当する分野においても、訴訟問題に発展するとそれは法務部門が主として担当するところが多いようです。

最近は、「３線防衛体制」というリスクマネジメント体制が利用されることが増えてきていますが、法務部門には第２線として、第１線の業務等についての監視や支援の役割を果たすことが期待されています。

いずれにしても、企業内においては、それぞれの部門も法務部門との連携が適時・適切に行われることが求められます。それがうまくいかないと、問題が拡大したり、その解決に影響が出るような場面も少なくありません。経営陣や社内の各部門において、法務部門の専門性を認識し、法務の実質的な価値や戦略的な意義を理解してもらうことで、より適切に法的問題に対応することができることとなります。そのためには、法務部門自体も能力を高める必要があります。

法務部門としての不断の努力により、営業部門を含め、社内の各部門との連携を高め、かつその信頼を得ることがまずは重要となります。組織間の連携の重要性は、いずれの組織でも必要となりますが、連携がうまくいけば、経営陣や社内の各部門からの信頼を得ることにつながります。それにより、関連情報は自ずと法務部門に集まってきますし、適切な情報が適時に集まれば、より期待される成果をあげることができるようになります。

5 弁護士の活用等

法務部門の守備範囲が拡大し続けているにもかかわらず、それを担当する法務人材を増やすのは容易ではないということはすでに指摘しています。内部では人材を増やすことができないために、外部の弁護士を起用するというケースが増えています。訴訟の場合には、内部に弁護士がいたとしても外部の弁護士を起用するという企業が多いというデータもあります。特に海外における訴訟については、ほとんどが外部弁護士を起用せざるをえない状況です。

通常は顧問契約を締結している弁護士事務所がありますが、この顧問弁護士事務所ですべてを解決することはできません。そのため複数の事務所との間で顧問契約を締結するというケースも少なくありません。一般的には、株主総会対応を含め、日常的な法務関連業務に関する相談等は、この顧問契約を締結している弁護士事務所に依頼するケースが多いようです。

契約書の審査や企業買収等のスキームを構築する際に、外部の弁護士に弁護士意見書等を依頼するケースがあります。しかし契約書に関しては実務的ではなく、実際に使えない契約書が出来上がってしまうケース、また前提条件や免責事項が多く、実際には理解ができず、利用できない意見書となるケースも少なくありません。これらは、依頼時に、十分な説明ができていない場合や交渉が並行的に進んでいるためドラフティングが追い付かないといったことが理由である場合もあります。しかし、弁護士には、やはり得意としている専門分野がありますので、専門外の法務関連業務に関しては、別の弁護士に依頼するということが必要となります。いずれにしても、外部弁護士の専門分野を理解したり、その対応の是非を判断するためには、弁護士や弁護士事務所との関係を構築しておくことが重要であり、適切な弁護士に依頼ができるよう、日頃から情報を収集しておくということも必要です。

外部の弁護士事務所を起用する場合に、法務部門に相談しないで直接案件を依頼したり、忙しすぎるということで外部弁護士を起用するケースもありますが、これをそのまま放置しておくことは法務部門の信頼を失い、その崩壊につながることにもなりかねません。法的な関連業務に関しては、最終的には法務部門が責任をとることも必要となりますので、何らかの形でコントロールをしておくことが求められます。

外部の弁護士に依頼する場合に留意すべき事項の一つが、弁護士報酬となります。大手渉外事務所等では時間制で報酬が請求されますので、その業務の処理に関する時間が長くなると弁護士報酬が高額になります。弁護士報酬が高額となっても、その結果がそれを超えるものであれば問題はありませんが、高額な弁護士報酬のみが残るというケースも少なくありません。そのため、依頼した業務に関しては、定期的に報告をもらうとか、費用がどの程度かかっているかを認識するため、一定の期間ごとに弁護士報酬の請求をしてもらうということも必要となります。

このように弁護士による業務内容と同時に、弁護士報酬の管理を適切に行うことができない場合とか、専門外や無理な業務を依頼する等、弁護士の起用方法を間違えると、法務部門自体の信頼を失うことになりかねません。そのため、事前に外部弁護士の起用に関するルールを取り決めておくとともに、弁護士報酬のコントロールを適切に行うことも外部弁護士の起用に際して、留意すべき事項となります。

4 法務人材の養成

1 あるべき企業法務像

企業法務の仕事というのは、通常の弁護士と同様、依頼人その他の説明をよく聴き、事実を的確に認識し、関連情報を含め事情を十分把握することから始まります。それに法的な観点から分析を加え、そこに含まれた法的な問題点とともに、企業が目指す目的を実現するために実践的・実務的な課題を抽出することが必要となります。さらにはそれらに対する適切な解決方法を見つけ、あるいは考え出すことが求められます。最終的には、その解決策を実行に移すべく、必要に応じて、弁護士のほか相手方や裁判所その他の関係者に説明し、説得することにより、企業の目的を実現することとなります。

企業法務の場合、依頼人は同じ企業内の役職員等ですので、法的な問題点の指摘やその解決方法を示すだけでなく、自らが企業組織の一員として、それを実行しなければなりません。その意味では、解決策等も実行可能なものを提案することが求められます。法的な問題も含め、問題や課題の指摘自体はそれほど難しくはありませんが、指摘した問題や課題に対して如何に対応するか、あるいはどうすればリスクを回避できるか、またその実行可能な具体的かつ現実的な解決策を提案することが非常に難しいというのが現実です。

事実を冷静・的確に認識し、事情を十分把握するためには、幅広い教養、社会に対する広い視野、事実調査や認定の技能、および人間関係や社会に対する深い洞察力や創造力、市民感覚や人権感覚といった豊かな人間性や感受性、さらにはバランス感覚等のリーガルマインドが必要とされます。また、法的な分析のためには、幅広い法的専門知識や法令・判例等の調査技能、論理的思考能力・分析能力等が必要とされます。さらに、適切な解決策を見つけるには、単なる法律知識に留まらない法制度の原理的・体系的理解や創造的思考力、柔軟な思考力・適応力、バランス感覚や決断力、またコミュニケーション力等が求められることになります。最近は、これらを総合して「法務力」と呼ばれ、個々の法務担当者の「法務力」を強化することの重要性が認識されています。

そして、相手を説得するためには、文章ないし言葉で自分の考えを的確に表現する能力や、確固たる理由付けや論理構成の能力、交渉や折衝の能力、一定の実務的技能等が必要とされます。

企業法務において対応が必要となる主要な担当業務内容については、

法務部門の対応が必要となる紛争の種類	国内(%)	海外(%)
その他	1.7	2.8
会計・税務問題(不正会計、移転価格税制等)	1.3	4.4
環境法(産業廃棄物処理法・各種汚染防止法等)関係	1.6	2.5
人権問題(過重労働、児童労働、LGBT、サプライチェーン管理を含む	2.5	5.7
贈収賄、腐敗行為	3	4
消費者対応(景表法、消費者契約法、eコマースを含む)	12.9	3.2
情報セキュリティ(トレード・シークレット、個人情報を含む)	15.9	15.6
会社法・金商法	17.5	3.4
ハラスメント	18.2	4
債権管理・担保管理・保証・与信管理	19.2	12.1
M&A(投資、合弁事業を含む)	20.2	22.8
独禁法(下請法を含む)	22.1	13.5
知的財産権	23.5	23
製品・サービスの事故・品質問題(BtoB、BtoCを含む)	24.2	22.1
労務問題	30.9	14.4
取引契約(契約解除・中止を含む)	70	60.4

出典：『第12次法務部門実態調査』商事法務から作成

前掲の第12次法務部門実態調査によりますと前頁の内容となっています。これは、時代の変遷により変化していきますが、おおよその概要や傾向はわかるかと思います。

2 企業法務に求められる能力・資質

次に、このような企業法務業務を担当することができる法務部員に求められる能力や資質はどうでしょうか。

法務業務の重要な機能としては、すでに説明したようにサービス機能とチェック機能がありますが、そのバランスが重要となります。具体的な取引を遂行するにあたり、企業において、最初から違法行為や違法だとみなされるような行為はまずありませんが、リスクマネジメントの観点からリスクが高い事案も少なくありません。法務担当者としては、リスクを分析し、それを回避するための選択肢を示すだけでは十分ではありません。実際にどれを選択すべきかを決めた上で、その選択肢に関する問題や課題を明確にし、それぞれのリスクやその回避方法を説明することが求められます。その結果、法務担当者であっても、重要な決定を自らの責任で下す決断力が問われると同時に、結果に対する責任を持つという覚悟が必要となります。

法務部員に求められる能力や資質は、以下だといわれています。もちろん、基本的な訓練や企業人としての基本的素養は必要ですが、これらの能力が備わっていれば、どのような問題にも十分対応できるはずであり、必要な法律知識もそれほど苦労しないで身につくはずだと考えています。

①基本的法律知識
②新しい情報の探知力
③問題発見能力、法的分析力、論理的記述能力、説得力

④ヒアリング能力

⑤理性、人間性、バランス感覚

企業内において、法務関連業務を担当するためには、専門的知識のうち、法律知識が必要なのは当然ですが、各担当者がすべての法律知識を修得することはほとんど不可能です。しかしながら、基本的法律知識や幅広い法律知識（たとえば、民法、商法、会社法、金商法、独占禁止法、労働関係法、税法、業界規制法等）は少なくとも理解しておくことが望まれます。そして業界の事情や一般的な社会常識はそれらの基礎として当然必要となりますし、新しい情報の探知力や洞察力も求められます。法務担当者として、様々な選択肢を提供するためにも、創造性、理性やバランス感覚が必要となりますが、その心構えの基本は、企業という組織のなかで「会社の良心」であるという覚悟ではないでしょうか。

以上のような基本的能力の育成教育を受けてきていれば、企業における法務担当者としての能力や適合可能性はあるといえます。また、このような能力や資質を備え、かつそれを発揮できるのであれば、十分に法務部員として通用します。企業法務の担当者としては、このような基本的能力があり、積極的に担当業務に向かうことができる積極性と粘りがあれば、弁護士資格の有無は関係ないといえます。法曹養成制度として法科大学院が創設され、実務を意識した教育を受けた修了生が増えていますが、法科大学院の創設当時の理念であった「多様なバックグラウンドを有した者に対して、幅広い教養をベースとした基本的法的思考力を有する法曹教育を提供する」というものであれば、その修了生は、法曹資格の有無にかかわらず、企業の法務部員としても十分にその能力を発揮できるものといえます。しかしながら、司法試験の合格だけを目指し、かつ訴訟実務を中心として研修してきた法科大学院の修了生は、それだけにこだわるのであれば、企業の法務担当者としてそのまま適応できるかどうか、少なからず疑問があるというのが正直なところです。

3 人材育成

最近のように、企業活動が複雑になり、グローバル化やIT化が進化してきている状況下では、単に法律だけを法務担当者の能力育成の対象とするよりは、経済、経営あるいは情報等企業活動に関連する幅広い分野の能力育成教育も必要となります。それに対応していかなければ、企業の要求に応えることができなくなり、また、国際的にも通用できなくなってしまいます。

これまで述べたように、法務組織およびその機能の変化に伴い、それを担う人材についても変化が求められています。グローバルな取引や投資活動のウエイトの高まり、国際も含めた業務内容の複雑化、取引の仕組みの多様化・複雑化、バブル崩壊の影響や不祥事の多発等による訴訟やクレームの増加に対応するため、従来に増して法務人材の養成や法務部員の育成が急務となっています。企業によっては、外国人弁護士や外部弁護士の受入れをはじめとし、法曹資格を有する社員を増やす等により、業務処理能力のアップと若手教育の刺激剤とするところもあるようです。しかし、このような一時的な法務組織の戦力化は、当面の課題を解決するという目的には沿うものの、長期的な観点で法務部門に求められている人材の養成にはつながりません。

法務担当者の能力育成には時間がかかります。現在、法務担当者に求められているのは、法的な基本的知識や専門知識だけではなく、企業経営そのものに対する経験と実績に裏付けされた洞察力や社会全般に対する緻密な配慮等優れたバランス感覚が重要だといわれています。今や法的な知識だけでは企業法務に求められる業務を十分に処理することはできないところまできています。このような法務担当者の養成にはやはり時間をかけることが必要であり、様々な経験をさせることにより、育成していくことが求められています。

4 企業内弁護士の増加とその役割

① 企業内弁護士と外部弁護士の役割分担

企業法務における担当業務のうち、現在、外部の弁護士に依頼する業務のほとんどが、訴訟、そのほかの裁判所等への法的手続が中心となっています。これ以外は、株主総会に関する業務、大型プロジェクト案件やM&A案件等重要な取引についてのデューデリジェンスと呼ばれる事前調査、契約書作成や検討といった業務が多くなっています。いわゆる大企業においては、ほとんどの法務関連業務が法務部門で処理されており、外部の弁護士に依頼するのは、大型案件や企業にとっての重要案件のほかは、ほとんどが訴訟関連業務だけといっても過言ではありません。もちろん訴訟等が発生した場合には、企業内法務部門や企業内弁護士が、営業部門等からの聞き取りや書類の整備を含め、外部の弁護士との連絡業務を行うことになります。

企業内弁護士の担当業務と外部の弁護士への依頼業務の棲み分けは、法務部門が行うこととなります。企業によっては、外部の弁護士に求めるより、社内の弁護士のほうが専門性が高い場合もあり、社内の者のほうが、企業内部の情報には精通しているケースが多いので、このあたりも考慮されることとなります。最近の状況は少し異なるかもしれませんが、企業において訴訟になるケースは、増加しているとはいえ年に数件程度という状況においては、外部の弁護士への依頼業務も比較的限定されてしまいます。国際取引やグローバルな投資活動に関しては、国内の大手弁護士事務所を起用することも多く、また海外の弁護士事務所を直接起用することも増えていますので、対象地域や関連する業務の内容により、最適な弁護士を起用することができるかどうかは、法務部門の将来にかかっているといえるのではないでしょうか。

一方で、自前の法務組織が充実していない企業では、法的な問題をそのまま外部の弁護士に任せるというところも少なくありません。そうでない企業、つまり、自前の法務組織を持ち、それが機能しているところでは、企業内法務と外部の弁護士の機能はある程度分化されてきています。企業法務と弁護士は車の両輪的な機能を果たしていますが、企業法務の組織に弁護士が加わったとしても、企業内の弁護士に訴訟等をすべて担当させるというケースはそれほど多くはないと思われます。もちろん、訴訟になった場合には、企業内弁護士には、企業内でしかできない訴訟関連業務を行うことが求められます。ただ、企業内弁護士を代理人に選任して訴訟のすべてを担当させることが、企業内法務組織の業務運営体制として必ずしも適切かどうかは疑問ですし、またすべての訴訟を内部で処理することも現実的には無理な状況だと思われます。

企業法務における組織内弁護士の存在が適切ではないといっているわけではありませんが、弁護士資格は企業法務にとって有利に働くとは言い切れないものだと考えたほうがよいのかもしれません。いろいろな企業の法務部門では、資格の有無は関係がないといっており、世の中で求められている人材は、単に法律の知識を豊かに持っていることだけでなく、ビジネスマインドも兼ね備え、テクノロジーのこともわかり、ビジネス全体のことをよく理解しているような人だといわれています。

実際に、企業法務の組織内の弁護士には、訴訟手続を任せるよりは、より客観的に法務関連業務をこなすことができる立場にいるものとして、企業内の法律相談業務や契約書等の検討業務を中心に行うことが多いようです。また企業組織の内部の暗黙の了解や友好な信頼関係に依存せず、ある程度独立した立場に立っているものとして、独立性の高い弁護士によるリスクマネジメントや経営管理という業務にその法務力を注いでもらうことが望ましいのではないでしょうか。

② 企業内弁護士の増加

これまで述べた企業における法務業務の担い手をどのように養成するかという問題は、企業における重要な経営課題となっています。特に、平成16年（2004年）４月にスタートした法科大学院という法曹養成制度は、いわゆる法曹三者（弁護士、裁判官、検察官）の養成のためだけでなく、企業法務要員等の養成等をも担うことにより、どちらかというと広義の法曹人口を増やし、社会の法化を目指すというものであったはずなのですが、その後どうなったのでしょうか。

法曹人口が急激に増加し、市場で吸収できない等の理由をあげ、当初目指した合格者3,000人という目標を一度も達成することなく、年々合格者が減ってきています。スタート時には７万人を超えた法科大学院への志願者数も、平成28年（2016年）度は１万人を割り、74校あった法科大学院が半数以下になり、法科大学院を修了しなくても司法試験の受験ができる予備試験制度が導入されたことにより、今や実際の入学者についても2,000人以下となっています。かつては数万人が目指し、難関中の難関であった法曹という職業に対する魅力や興味も失ってしまったのでしょうか。

司法試験の合格者についても、平成28年度は1,583人（前年は1,850人）で、その後も1,500人台で推移し、令和４年（2022年）には、1,403人の合格者にとどまっている状況をみると、当初の目標であった3,000人の50%未満しか合格者がなく、いわゆる狭義の法曹だけでなく、広い意味での法曹人口を増やすという当初の目標は達成できない状況となっています。

一方で、企業のなかには、企業内弁護士を抱えているところも増えています。第12次の調査結果によると、企業内弁護士が在籍しているという回答は、28.3%（1,224社中346社）、在籍していないというところが、71.7%（同878社）という結果となっています。人数的には、企業内弁護士は1,108人となっています。ちなみに、法務部門には942人、コンプライアンス部門を含む他部門へは、166人が属しているという状況となっており、いわゆる法務部門だけに限定されていませんが、大企業の法務組織においては、弁護士資格を有している者だけでなく、弁護士資格は有していないが、法科大学院を修了した者が、従来のような学部出身者とともに働いている状況となっています。

このように、企業においては、企業法務の担い手を法科大学院に求め、修了者が就職しているケースは増えており、また司法試験に合格し、弁護士資格を持って企業法務等組織内弁護士として活躍するようになってきた者の数も、法科大学院の最初の修了生以来、ここ10年ほどで急増してきています。ちなみに、日本組織内弁護士協会によると、5年前の第11次の実態調査時（平成28年6月）には、企業内弁護士の数が1,700人を超えたのが、現在では、1.7倍の2,965人とほぼ3,000人規模に増えています。

もし法科大学院修了者が減少し、司法試験だけを目標とし、かつ訴訟実務だけをメインに修習する者が増えてきますと、今後、企業法務にとっては、人材確保の窓口をどこに求めるかという深刻な事態を抱えることとなりそうです。

◉社内弁護士在籍状況

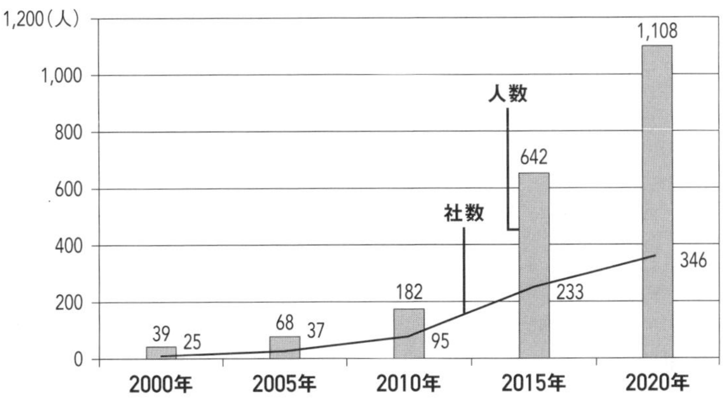

出典：『第12次法務部門実態調査』商事法務から作成

企業活動のグローバル化やデジタル化が進展している状況をみると、広い視点を持ち、海外における法律知識等を有する者やデジタル化に対応できる者も法務担当者として養成していく必要があります。これまでは、そのため、大企業においては、毎年のように海外のロースクールへの留学をさせたり、海外拠点等における実務研修をさせたりして法務人材の育成をしていました。しかしながら、法務要員の供給元が限定されてくると、このような育成する候補者選びも難しくなります。将来的には、様々なバックグラウンドを有する海外のロースクール出身者等に法務人材を求めざるを得ないかもしれません。

5 グローバル人材育成等

企業の法務部門としての守備範囲は、自社だけに留まらず、グループ会社全体を対象として考えることが求められています。すでに説明しているように、平成26年（2014年）の会社法改正により、「株式会社およびその子会社から成る企業集団の業務の適正を確保するために必要な体制」の構築が義務化され、かつ親会社の株主が子会社の取締役等の責任を直接に追及することができる多重代表訴訟制度が導入されましたので、親会社の取締役会としては、グループ会社全体の活動に関して、特に不祥事等に対しても管理責任を負うことになりました。

そのため親会社としては、グループ会社の管理をどうするかが重要な経営課題となります。企業のビジネス活動のグローバル化に伴い、海外におけるグループ会社もその対象となりますので、法務部門としては、国内外を問わず、法務関連業務、特にリーガルリスクに対してどう対応したらよいかという課題も抱えています。これは法務部門等における一元管理の問題として、その適切な対応が求められています。

ちなみに大企業等では、海外を含め、グループ会社に対して、法務担当者を出向させるとか、必要に応じて法務サービスを提供する等が行われておりますが、このような国内の別法人の会社に対する法務サービスの提供は、弁護士法に違反する可能性も指摘されています。つまり、所属する企業自身の法律事務は問題ありませんが、別会社である子会社等の法律事務を取り扱い、その対価を得ますと、弁護士以外のものが報酬を得る目的で法律事務を取り扱うことが禁止されている弁護士法72条の規制に抵触するのではないかという疑義が提起されてきています。この問題は、会社法が要請するグループ会社全体の内部統制の一環であるという説明も成り立つのですが、まだ明確な結論には至っていません。また、無償による役務提供だとされれば、税務上の問題が発生するという懸念もあります。

これを回避するためには、グループ内の子会社それぞれにおいて、法務組織を構築するとともに、法務担当要員を育成し確保することがベストですが、すべての子会社等にそれを求めることもできません。これはグローバルな内部統制システムをどう構築するかという経営課題にも関係することとなります。その機能の一部を担う法務担当組織の構築や人材の確保に関しては、国内のグループ子会社における場合と同様、グローバルな法務体制をどうするかという課題であり、その法務を支える人材の育成をどうするかという問題でもあります。海外で弁護士を雇用するとか、法務部員等との交流を図るという方法もありますが、将来的なことを考えると、外国における経験を積み、海外のロースクール等において研修をすることが望ましいのではないでしょうか。

6 自己啓発・外部研究会等

以上、企業法務の現状および将来像、さらには法務人材の育成問題等をみてきましたが、企業法務の中心的業務は、前述のとおり臨床法務や予防法務および戦略法務は当然として、最近は経営法務の分野にも拡大しています。このような経営法務つまり経営管理に関連する法務業務のためには、企業経営や業界に関する情報等が必要であり、企業に関する制度や政治・文化等に精通していることが求められます。

グローバルなビジネス活動を実施している企業にとっては、グローバルな視点に立って、法務関連業務を処理することが求められることとなります。そのためには、ビジネス活動に関連する国々の法情報等に関する知見も必要となります。このような企業では、経営陣の意向を受け、経営管理の一環として、また長期的視野や展望をもって、グローバルな法的問題の検討等も含め、法的リスクマネジメントに対応することが求められています。そのためにも、法務部員のそれぞれが、グローバルな視点をもち、企業の将来像を見据え、法的リスクマネジメントに対応すべく、自己啓発に努力しなければなりません。これまでのようなOJT（On the Job Training）だけでは十分ではありません。

自己啓発のために、企業組織内における研修等も増えてきていますが、組織内だけでは限界があります。最近は、各種団体やセミナー会社等が提供している講演やセミナーが多数ありますので、学ぶ機会には事欠きません。なかには、最新かつ最先端の情報が体系的にまとめられている資料や、法律家以外の実務家も多く参加している学会（国際取引法学会や国際商取引学会等）の研究発表の場も多くあります。

このような機会を利用して、様々な外部の研修や研究等に参加することは、体系的な法務関連業務に関する法的知識を修得することができますし、異業種の企業法務部員との交流や情報交換をすることによって最新動向や多様な考え方を理解することにもつながります。そして、そうした大学や社外研修等で得られた情報を組織内で共有することができれば、法務部門の組織全体としてのレベルアップにもつながります。

PART 2
各論編

1 リスクマネジメントと法務

1 リスクマネジメントとは

Q 「リスクマネジメントとは何か」という質問がよくされますが、法務担当者としてそれをどのように説明したらよいでしょうか？

A リスクマネジメントの重要性は認識されていますが、まずは、各自の業務のなかで、リスクとは何かを認識し、その重要度を分析することで、どれから管理するかという優先度を判断することが必要となります。

① リスクマネジメントの考え方

リスクマネジメントとは、事故や地震などの危機や、不祥事などの事件等が、もし起きたらという前提で考えるのではなく、必ずいつか起きると考えることからスタートするといわれています。これまで発生したことのない事象でも、いつか発生する可能性がありますし、ほかで起きた事件や事故等は、自社において、いつ起きても不思議ではありません。

企業におけるリスクを100％管理することは不可能です。100％に限りなく近づけることは可能ですが、多大な費用もかかります。最近は、企業の各組織において、それぞれの業務に関連するリスクの洗出しをする場合が増えていますが、そこでリストアップされたリスクをすべて管理することが求められているわけではありません。分析に応じて、経営に重大な影響を及ぼすものから優先的に管理することが必要とされています。

まずはリスクを認識することが重要となりますが、管理対象とする必要のないものであっても、組織として認識しておくことは必要です。なお、企業を取り巻くリスクの例は、以下の図のとおりです。

◉企業を取り巻くリスク

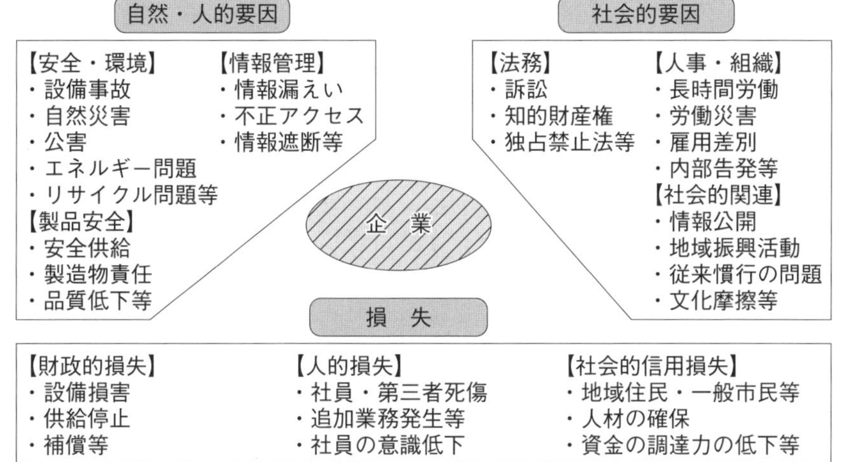

②　リスクの認識

リスクを認識する手法は様々ありますので、いくつかを紹介します。

❶　チェックリスト方式

社内規定やマニュアルなど、すでに文書化されたものを基に、文書や記録の状況などをチェック項目化し、リスクを洗い出すという方法です。

❷　アンケート方式

過去の経験やその他の情報源から、リスクと考えられる項目をリストアップすることによりあらかじめ候補を準備し、担当者に潜在性の有無を問う方法です。これは、部門別、取引先別、業務目標別などの分類ごとにリスクを洗い出すことができるというメリットがあります。

❸　ブレインストーミング方式

複数の担当者により、リスクに関してそれぞれ自由に意見を出し合い、出された意見を適宜分類してリスクをリストアップして、仕分けする方法です。これは、様々な視点から意見交換ができるというメリットがあります。

❹　インタビュー方式

当該業務を担当していない比較的リスク認識力の高い担当者が、インタビュー形式でリスクに関する問いかけをすることで洗い出す方法です。これはリスクの考え方を説明しながら、リスクを引き出すことができますので、最初のリストアップ時に役に立ちます。

❺　イベントツリー方式

ある事象を基に、次々と発展する状況を整理し、可能性を導き出すことで事象が誘引する別のリスクを洗い出す方式です。リスクが顕在化した際の別のリスクを洗い出すのに役に立ちます。

❻　ヒヤリハットレポート方式

日常業務において、事故や事件に発展する可能性のある状況を体験した現場担当者にその内容を報告してもらい、要因を分析する方法です。現場におけるヒューマンエラーやトラブルが発生する可能性を洗い出すのに役に立ちます。

❼　シミュレーション方式

地震などの災害時や停電、また感染症の拡大など、業務の中断が予測される事象発生時に、どのような状況に陥るのかなど、シミュレーション的にリスクを洗い出す方法です。

このようにリスクの洗出しをし、リスクの認識を行う際に、様々なリスクが顕在化する確率の違いはありますが、可能性はゼロではありませんので、「ありえない」という考えを排除することが肝要です。リスクマネジメントでは、最悪の状況を取り上げ、文書化し、可視化することが重要となります。また、「リスクは必ず顕在化する」とか、「人間は間違える」という事実を受け入れることも必要です。「あってはならない」ということを強調しすぎると、それが圧力となって、隠すようになり、隠蔽工作へと発展するおそれがあります。「当たり前」のことであっても、それを文書化し、可視化しておくことが大切です。特にグローバルビジネスにおいては、文化や習慣が異なっていますので、常識と考える内容が違うという点に留意すべきです。さらに、リスクは損失に繋がりますので、意識的に物事を明確にせず「曖昧」にしたままとすると、リスクが特定できなくなってしまいます。

いずれにしても、全社的リスクマネジメントとしては、各部署においてリスクを認識し、管理することが求められますが、まずは、「考える」ことが必要となります。それにより組織間あるいは社員間において認識の相違や新たな「気づき」を発見することに繋がることになります。

③ リスクの種類

リスクの種類には、以下のようなものがあります。

❶ 純粋リスク（損失の発生）
—火災、地震・台風・洪水、事故、テロ・誘拐、役員の背任行為

❷ 投機的リスク（損失・利得の発生）
—為替変動、金利変動、株価変動、商品開発、法令・制度の変更、規制緩和

❸ 静態的リスク（損失の発生）
—純粋リスク

❹ 動態的リスク（損失・利得の発生）
—技術の進歩、規制緩和、市場の変化、景気変動、社会の変化

❺ 主観的リスク
—個人の精神的態度あるいは心理状態から発生するリスク

❻ 客観的リスク

―偶然や不可抗力から発生するリスク

❼ 人的リスク

―人に関する死亡・疾病や感染症などのリスク

❽ 物的リスク

―財産などに与えるリスク

❾ 地政学的リスク

―地理的な関係による政治的・社会的・経済的・軍事的な緊張が高まるリスク

❿ 一般的リスク

―自然災害の発生、社会慣行の変化、経済的・社会的リスク

⓫ 個別的リスク

―個別の原因により、特定の個人や企業に影響を与えるリスク

④ リスクの評価

以上のようにリスクを認識することができたとしても、そのすべてに対応することはできません。そこで、認識されたリスクのなかから、組織としてどのリスクから対応するかという優先順位を決定することが重要になります。そのためにも、リスクの評価が必要となります。

このリスクの評価方法には、特定の計算式があるわけではなく、企業の組織のそれぞれが独自に計算式や算出に使用する情報、さらには、そ

◉リスクの優先順位の数値比

数値	目安
1	10年超の年数に１度程度
2	10年に１度程度
3	３～５年に１度程度
4	１～２年に１度程度
5	１、２年に複数回

◉発生頻度の目安

数値	目安
1　－（マイナス）	ほとんどない
1　＋（プラス）	
2　－（マイナス）	たまにある
2　＋（プラス）	
3　－（マイナス）	頻繁にある
3　＋（プラス）	

の評価基準などを定義しておきましょう。できれば数値化することで、リスク分析の際に比較検討しやすくなります。

ほかに、発生頻度の目安やそれを数値化するという方法もあります。

これは、リスクに優先度をつけるための評価ですので、あまり厳密な評価をする必要はなく、以上のように特定されたリスク等につき、リスクが顕在した場合の企業への影響度と発生頻度を検討し、重要度を算定することとなります。そして、リスクの影響度と発生頻度を大・中・小に区分することで、優先度や重要度を判定することになります。なお、定量的には、リスクの内容により、利用される指標は異なることとなりますが、対応を実施するリスクを選出するための分別ライン（下図での点線部分）を経営陣やリスク管理担当者が決定するということで優先対応リスクを明確にすることもできます。また、次のような基準により、マトリックスを作成することも可能です。これは簡略化したものですが、大枠的な観点で比較するためには、効果があると思います。

—リスクの影響度が大きく、リスクの発生可能性が高いリスク
—発生頻度は低いが、影響度の大きなリスク
—影響度は小さいが、発生可能性の高いリスク
—影響度が小さく、かつ発生可能性も低いリスク

◉リスクマップ

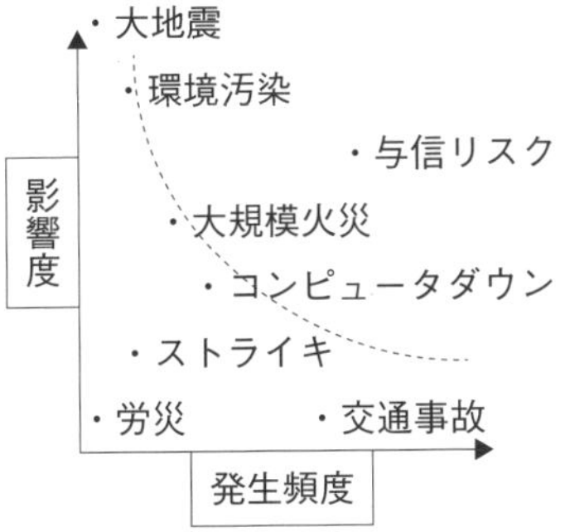

・大地震
・環境汚染
・与信リスク
・大規模火災
・コンピュータダウン
・ストライキ
・労災
・交通事故
影響度
発生頻度

◉リスクマトリックス

↑ 影響度 ↑				
	大	大地震 工場火災	工場停止 自然災害	
	中	コンプライアンス違反	リコール CPU ダウン	景気変動 為替変動
	小		労働災害	ヒューマンエラー
		低	中	高

→　発生頻度　→

⑤ リスクへの対応

リスクを認識した後は、リスクの分析や査定を行うことになりますが、このリスクへの対応は、基本的に、回避、低減、移転、保有という四種類に分類することができます。

「リスクの回避」とは、発生頻度の高いリスクを取り込む取引はしないことをいいますが、リスクが潜在する根本的原因を排除するということもあります。

「リスクの低減」とは、リスクの回避はしないとしたもののなかで、その発生の予防を行うこと、さらにはその影響度または発生頻度を低減させることをいいます。その結果、損失の低減につながります。これは「リスクコントロール」と呼ばれています。このリスクコントロールは、発生前、発生時、発生後の三段階に分類し、発生確率の低減、影響度の低減を目的として対策を立案することになります。

「リスクの移転」とは、リスクの低減対策が困難な場合、またリスク低減対策を講じたにもかかわらず、まだ大きな損失の可能性が残っているような場合に、そのリスクを他へ転嫁する、つまり移転するというものです。その典型的な例としては、保険を付保するというものや、契約等により他へ転嫁し、分担させることをいいます。為替変動リスクをカバーするための為替予約などのオプション契約やデリバティブによるヘッジなどもそれにあたります。

「リスクの保有」とは、発生頻度や影響度もそれほど大きくないような場合、「何もしない」という選択をするというものです。つまり、リスクをそのまま受け入れることになりますが、リストマップなどから除外せず、リスクの発生可能性や影響度を認識しておくことが必要です。

2 リスクマネジメントの必要性

Q 企業が抱えるリスクには、多種多様なものがありますが、リスクマネジメントの必要性について、法務担当者としてどのように説明したらよいでしょう？

A リスクマネジメントの重要性を認識するとともに、それぞれのリスクの種類や内容に応じて、適切に対応することが求められています。そのためにも、リスク認識や重要度の分析が不可欠であり、全社的にそれを共有化することが必要となります。

① リスクマネジメントの目的

企業を取り巻く、社会環境や企業経営環境等が急速に変化し、それに対応していくためにもリスクを認識し、適切に管理することが企業経営にとっても重要な経営課題になっています。それを怠れば、倒産や再編に追い込まれる可能性が高まっています。多様化したリスクに適切に対応することがリスクマネジメントの究極の目的だということがいえます。

ここでは、社会環境や企業経営環境の変化等についての主要なリスクがどのようなものかという点を整理しておきたいと思います。

② 社会環境の変化

規制緩和

規制緩和とは、「自己責任原則による社会へと転換する」政策ですが、それまでの許認可制度によって守られた「護送船団方式」と呼ばれる政策とは、「国による規制をもって行う経営指導やサポート体制を撤廃し、財務的な支援も銀行などの金融業界の判断に委ね、そのために、経営リスクに対応できない企業は、自己責任においてそのリスクを受容してもやむを得ない」というものです。

これは、行政指導型から自己責任原則へというパラダイムの転換がなされています。企業にとっては最低限順守しなければならないルールのガイドラインとして役割を果たしてきたものが、各企業がそれぞれ自社の手法で認識し、管理することが求められるようになりました。最終的には市場原理に頼るというものです。そして行政のあり方としては、事前規制型から、事後規制型（事後チェック型）に転換されるようになりました。

リスクの多様化

情報技術や情報伝達ツールは、急激に進化しており、ビジネスのグローバル化やデジタル化、また産業自体のグローバル化を含めた世界の分業化、消費者意識の変革、社会的責任の強化、またビッグデータやIoT等への対応も含め、サイバー攻撃や情報漏えい等に対応する情報セキュリティ対策等を迫られている状況です。

このITの利便性や発展により、企業としてのリスクが拡大し適切に対応することが必要となっています。本章でも解説している風評リスクなどは、一旦インターネット上に開示された情報はなかなか消えることはなく、コントロールが困難です。また、情報の漏えい問題やSNSなどを利用した情報の流出という問題も増えています。

危機管理

危機（クライシス）によるリスク管理もリスクマネジメントが必要とされている対象となります。この詳細は、本章の以下において説明をしていますが、わが国では、地震や津波等の自然災害による損失のリカバリーが求められており、災害から社員やその家族等を含め企業自身を守るということのほか、事業の継続計画（BCP）の必要性も重要な要素となっています。

経営環境の変化

社会環境の変化と同時に、企業の経営環境も大きな変化を迎えています。大企業を含め、不祥事が多発している環境下、業務の適正を確保するための体制構築やその適正な運営が求められています。その過程で企業運営の透明性が求められ、また上場会社においては適切な情報開示について企業経営者が責任をもって取り組む必要があります。企業経営者の独走を牽制する観点から独立性のある社外役員の導入など、各企業のコーポレート・ガバナンス（企業統治）の状況を投資者に、より明確に伝える手段として、「コーポレート・ガバナンスに関する報告書」の開示が求められます。さらには、コーポレート・ガバナンス・コード等の採用により、それへの対応や説明責任がステークホルダー（利害関係者）からもより求められている状況になっています。

また、グローバル化に伴い、より誠実な企業経営が求められ、そこではコンプライアンス（法令等の順守）は当然のこととする公正な取引、つまり「公正さ」、ステークホルダーが求める情報が入手しやすいシステムの構築という「透明性」の確保、さらには、ステークホルダーとのコミュニケーションを前提とした「説明責任」を重視するという経営基盤が必要とされています。

利益を目指すリスクマネジメント

グローバルビジネスは、規制緩和やグローバル化の進展により、より厳しい競争にさらされています。そこでは、リスクを回避するだけでは利益の追求はできず、リスクを積極的に取っていかなければならないとされています。そのためにも、リスクを管理することでリターンを最大化して利益を確保するということが必要となっています。

3 リスクマネジメントの体制

Q 組織のリスクマネジメントにあたって、「3つのディフェンスライン」（Three Lines of Defense）を考慮すべきとされていますが、意義について法務担当者としてどのように理解したらよいでしょうか？

A 「3つのディフェンスライン（Three Lines of Defense）」とは、COSOの「内部統制の統合的フレームワーク」において示されている考え方であり、組織の部門を①現業部門、②管理部門、③内部監査部門に分類し、それぞれに対して、リスク管理における3つの役割（ディフェンスライン）を担わせることによって内部統制を実行していくということを理解することが必要です。

① 3線ディフェンスとは

近年、金融機関や上場企業等を中心として、COSO「内部統制の統合的フレームワーク」が示す「3つのディフェンスライン（Three Lines of Defense）」の概念を意識したリスクマネジメント体制の整備が進められています。

このCOSO「内部統制の統合的フレームワーク」の3線ディフェンスは、組織内の内部統制運用にあたって必要となる各組織における役割と責任を示し、これをどのように分担すべきかという考え方を提示するものですが、内部統制に留まらず、広く組織のリスクマネジメント全般にも有効な枠組みと考えられ、組織内でのリスクマネジメントの役割やその体制の是非を議論する際に利用されています。

３線ディフェンスの概念は、リスクマネジメントに必要になる役割と責任を指摘し、それを組織内の各部門にどのように分担させれば、最適な効果を発揮することができるかという考え方の指針を示すものです。具体的には、それぞれの役割は以下のとおりとされています。

◉３線ディフェンスの概念

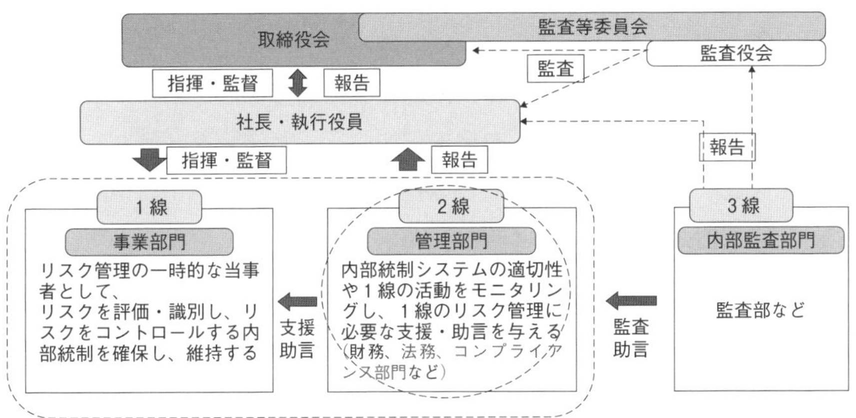

②　各ディフェンスラインと法務部門の立ち位置

（1）　第１のディフェンスライン（１線）

第１のディフェンスラインは、現業部門の経営者および当該部門の構成員です。

現業部門は、事業遂行の担当者として、ビジネス推進に伴って発生するリスクの発生源ですが、リスクの管理者でもあります。そのため、自らがリスクの所有者（リスクオーナー）であることを意識しながら、これをコントロールする（重大なリスクを識別・評価する、低減させる、内部統制のプロセスを維持するなど）直接的な責任があります。

（2） 第2のディフェンスライン（2線）

第２のディフェンスラインは、リスクマネジメント、財務、人事、法務およびコンプライアンス等を含む間接管理部門です。法務部門は、この２線のディフェンスラインの役割を担うこととなります。

この２線部門は、１線部門が導入したコントロールの手段やリスクマネジメントのプロセスが適切に設計されているか、また、確実な運用がなされているかを１線とともに並行的にモニタリングして、必要な支援・助言・監督を行う視点からの責任を負っています。

（3） 第3のディフェンスライン（3線）

第３のディフェンスラインは、内部監査部門です。

内部監査部門は、１線部門や２線部門の行った業務を評価し、その適切性を保証するほか、必要な助言を提供するという役割を負担しています。３線部門は１線部門、２線部門とは切り離されていることが必要であり、信頼性を確保するという点で、自ら業務執行を行うことは想定されていません。内部監査部門は、その組織上、高度な独立性を有し、職務の客観性を保持しなければならないとされています。

なお、取締役・執行役員などの経営陣や取締役会は、いずれのラインの一部でもないと考えられていますが、事業遂行者または内部統制のオーナーとしての立場から、１線部門や２線部門の活動に最終的な責任を負っていますので、積極的な関与をもって、両者の活動を指揮・監督することが求められることになります。

この３線ディフェンスの詳細は、一般社団法人日本内部監査人協会（Institute of Internal Auditor：IIA）が「３つのディフェンスラインと内部監査人協会（IIA）の「３ラインモデル」[注1]を公表しています。

コンプライアンスやリスクマネジメント体制の強化を考えている企業においては、まずは、上記のような３線ディフェンスの概念を参考とした機能分化と牽制の仕組みの構築を目指すべきではないでしょうか。

4 危機管理対応

Q リスクマネジメントのなかでも、危機（クライシス）管理も必要だとされていますが、法務担当者としてそれをどのように説明したらよいでしょうか？

A リスクマネジメントの重要性は認識されていますが、そのリスクのうち、特に、自然災害やテロ行為等のクライシス（危機）を取り上げて、そのリスク認識や重要度を分析することにより、どのような管理をするかを全社的に認識することが必要となります。

① 危機とは

「危機」とは、それがひとたび起きれば、企業およびその関係者に多大な損害を与えずにはおきません。「危機」とは何を意味しているのでしょうか？　英語では「Crisis」と書きますが、その意味を辞書で調べてみると、「政府の危機、財政危機など政治や商業における危険な瞬間、またはどっちつかずの不安や気がかりな状態を指す」としています。「危機管理」という点からみると、異常損失の原因となりうる、差し迫った、あるいは発生しつつある危険が「危機」ということだとされてい

注1　THE IIA'S THREE LINES MODEL ～ An update of the Three Lines of Defense, 2020, The Institute of Internal Auditors, Inc. 日本語訳は、一般社団法人日本内部監査協会事務局IIAの「3ラインモデル－3つのディフェンスラインの改訂」（『月刊監査研究』2020年8月号）参照。

ます。自然災害やテロ行為等、また、ここ数年の新型コロナウイルス感染症などを含め企業の行う商行為以外の原因で、企業の意思に反して被る損害だと定義することもできるかもしれません。また、その被害の対象は人命、企業の資産、商品、企業活動そのもの、企業の社会的信用など、それは非常に広範囲にわたることになります。

② 危機管理とは

企業は、地震や津波などの自然災害、感染症の拡大、不買運動、製品リコール、システムのウイルス感染、またテロ行為等も含めると多種多様のリスクに直面しております。ひとたびリスクが顕在化すると、稼働が中断するなど企業活動が機能しなくなり、全社的経営にも大きな影響を与えかねない状況となります。したがって、このような企業が被ることのある潜在リスクを予測して、顕在化への対策を講じることはもちろんのこと、重大なリスクが発生した場合の対応プランを事前に準備しておくことは当然のこととされています。その準備を怠れば、利益の喪失、企業イメージ・評判の悪化につながり、最悪の場合には、企業の不祥事の発生による場合と同様、企業の倒産や企業そのものが消滅してしまうという結果になる危険性を持っています。

ここでは、様々なリスクのうち、自然災害など外部の原因に起因する危機（クライシス）を対象として、リスク管理に焦点を当てることとします。この災害対策・危機管理とは、「クライシス・マネジメント」とも呼ばれますが、主としてその対象となるものが、平成23年（2011年）の3.11東日本大震災に代表されるような外部的な要因である地震、津波などの水害や大規模火災などの自然災害や、令和元年（2019年）12月に発生した新型コロナウイルス感染症と、その世界的な拡大、2001年の9.11米国同時多発テロ事件などに代表される、戦争・テロ・誘拐・コンピュータシステムの故障などのどちらかというと人的災害なども対象となり、それらに対する対策および後処理を意味しています。

これまでは、このような外部的要因による災害等の対応については、不可抗力的な事由であり、避けることができない、やむを得ない事由によるものであるという意識が高かったのですが、それでも企業の維持や存続にとっては非常に重要な問題です。つまり、企業の維持や存続のためには、これらに如何に対応するか、あるいは管理するかが、企業の経営にとって非常に重要な課題となっています。

クライシス・マネジメントの目的は、危険防止・危機管理も含め、企業の倒産防止にあり、企業経営の維持管理ないし保全管理にあるといえます。そしてクライシス・マネジメントは、このような危機を予知し、その危機を制御し、危機に対して準備するための管理的活動であり、危機についての合理的処理とその費用化の活動であるともいえます。それは、（a）危機の予知・予測、（b）危機の予防・回避・事前の諸準備、（c）危機対応、（d）危機再発防止という、万一の場合に備えた四段階のノウハウだとされています。

このような危機が発生した際の対応は、それ次第では企業の生死を左右しかねない重要な課題となっていますが、一般的な対応策としては、

—被害の最小化

—不測事態への適切な対応

—事業再開対応（リカバリープラン）

—事業継続計画・事業継続マネジメント

などがある一方、危機の予知・予測や危機の再発防止など予防措置も重要だとされています。

また、危機管理の問題として重要なのは、危機に遭遇した場合、如何に対応するかということですが、その対応策として、

—リカバリー（再開措置）

—継続性の確保

という点が重視されるようになってきています。再開措置（リカバリー）は、事後対策となりますが、継続性の確保は、どちらかというと事

前対策という面が重視されています。

③ BCP・BCMとは

米国同時多発テロの事件以来、事業の継続性が企業経営にとって、大きな関心事になりましたが、この代表的なものが「Business Continuity Plan：BCP」（事業継続計画）であり、このBCPは、災害や事故等の発生に伴って通常の事業活動が中断した場合に、可能な限り短い期間（時間）で、事業活動のうち最も重要な機能をまずは再開できるように、事前に計画・準備し、かつ継続的なメンテナンスを行うリスクマネジメントの一つだとされています。そのため、「Business Continuity Management：BCM」（事業継続マネジメント）とも呼ばれています。

わが国でも、事業中断への備えという点では、クライシス・マネジメントの一環として、すでに多くの企業が取り組んでいます。典型的な例としては、企業が製品の生産等に必要な図面やデータなどのバックアップシステムを確保するため、東京の企業であれば、東京以外の関西などにデータセンターを保有したり、部分的にクラウドサーバーを利用するなど、同時にバックアップをしておく必要性が指摘されて、東日本大震災やその後の洪水などの災害に対する備えを実施している企業も増えています。その準備が適切に行われていれば、重大リスクが顕在化し、事業の中断に至ってしまった場合であっても、いち早く重要な機能を再開・復旧し、事業を継続していくことが可能となります。企業経営にとっては、このようなBCPは不可欠な体制であり、新型インフルエンザや今回のような新型コロナウイルスなど、感染症の流行などにより工場の閉鎖を余儀なくされた場合にも役に立つとされています。多くの企業で感染症の拡大に対する対策として、BCPを整備しているところも増えています。

以上のようなクライシス・マネジメントに対する様々な体制を構築する際には、法務部門としては、リスクの洗出し、リスクの分析・評価、およびリスクへの対応措置や優先順位の判断など、さらには、これらリスクが具現化した際の対応等について、これまでの他社事例や法的な対応策などを参考に、必要な協力を求められます。特に、法的には、このような事案が不可抗力に該当するかどうか、また不可抗力として取引契約上免責の主張が可能かどうかという点のコメントも求められることとなります。そのためにも準備が必要となります。

5 コンプライアンス対応

Q コンプライアンスとかコンプライアンス経営ということが頻繁に指摘されていますが、その対象範囲について、法務担当者としてどのように説明したらよいでしょうか？

A コンプライアンスの重要性は認識されていますが、法令等のハードローは当然として、それ以外のソフトローはどこまでが対象となるのか、あるいは対象とすべきかという点を常に考慮しておくことが必要です。

① コンプライアンスとは

法令や規則等いわゆるハードローといわれているものの順守は、企業にとって最低限の義務であるとの認識のもと、社内の規則等や社会規範・企業倫理などに加え、各企業がもつ価値観（企業理念や社是・社訓など）に照らし、社会的に許容される範囲で企業の経営が行われることがコンプライアンス（法令等の順守）に沿った経営であり、このような経営が、理想的な「コンプライアンス経営」であると認識されています。

それを企業として、より具体的な価値判断基準として示したものが、「企業行動規範」・「企業行動基準」であり、それらは多くの企業によって策定され、HP等で公表されています。これら社会的責任を含めてすべてを順守することがコンプライアンスだという時代になっていると思います。このコンプライアンスに関しては、各論編第6章において説明をしていますので、そちらを参照してください。

コンプライアンスとは、法令のグレーゾーンも含む法律専門家の判断、アドバイスに基づいて行動する部分も含まれており、法令だけでは網羅できない部分の順守、つまり社会の構成員としての企業、企業人として求められる価値観・倫理観、その他の社会的規範、業界としての自主的なルール、利潤の最大化、事業の効率化、雇用の促進など、また人権や文化の尊重、環境保全、安全性なども対象とされており、最近では、サステナビリティの中核であるESGやSDGsを含めた社会的責任などもこの対象だとされています。

この法令等の順守、つまりコンプライアンスのプログラムは、会社法でも求められている内部統制システムの重要部分となっており、これは、もともとは会計システム全体のコントロールを確立するという意味でした。その目的としては、業務の効率性確保、財務報告の正確性確保、および企業行動における法令等の順守とされています。

② コンプライアンスの必要性

コンプライアンスの必要性が強調されるようになったのは、ここ20年～30年の間の社会環境の変化があります。そこでは、コンプライアンス違反を起こした結果、不祥事による企業のダメージが大きくなったこと、また組織主義的な価値観から個人主義的価値観への転換とともに、雇用形態の流動化が行われ、内なる国際化と呼ばれるグローバルスタンダードの要請、企業の社会的責任（CSR）が重要な企業戦略の一つであるなどとされた社会環境の変化があります。

また、事前規制から事後規制への制度環境の変化や、民法改正、商法改正、独占禁止法改正（リーニエンシープログラム）、公益通報者保護法成立・改正、有価証券報告書開示内容（内閣府例改正）などの法規制の変化、また経営トップの姿勢の変化があります。特にコンプライアンス態勢構築へのリーダーシップ発揮とともに、トップの熱意と執着に基づき、コンプライアンス担当責任部署の設置や、経営トップによる社員に対する継続的啓蒙活動の推進がこの傾向を後押ししています。コンプライアンスは会社の最重要経営課題であるという意識付けが、入社式や年頭・年度初めの挨拶、経営方針発表等社内向け公式行事や社内報等で行われています。

③ コンプライアンス態勢の構築

コンプライアンス態勢の構築に際して、何を実現すべきかという問題がありますが、基本的には、全社をあげた仕組み作りにおいて、経営者や管理者だけでなく、一般社員も与えられた役割を果たすこと、それにより内部統制システムを構築と運用することであるといえます。そのためには、法律・規則などの十分な理解、手続等の正しい処置、疑問・不安を残さない仕事の進め方などを含め、仕組みの整備と運用（PDCA（Plan（計画）－Do（実行）－Check（評価）－Act（改善））サイクルの展開）とともに、経営トップによる社風構築のための社内外への決意表明、率先して制度・行事・取組みにコミットをするということが必要だといえます。

そして、その仕組みが機能するためには、トップからのコミュニケーションだけでなく、従業員からトップに向けたコミュニケーションも円滑になるようなコミュニケーション・システムを整備し、それを適切に運用することが必要です。そこには、「報」－「連」－「相」と呼ばれる報告・連絡・相談体制や、また、行動基準やマニュアル、研修での疑問点を気軽に尋ねることが可能な部署を設置したり、社員の疑問を適切な専門部署が対応できる仕組みとともに、社内の報告・連絡体制、つまりコンプライアンス担当部署＝各部門のコンプライアンス担当者から成るコンプライアンス委員会などという体制も必要となります。

そして、ほとんどの企業において設置されている、いわゆる内部通報制度（ヘルプライン）というものの設置も必要となります。これは、外部への告発が行われる前に、社内に通報されることにより、企業内部の自浄作用により適切な解決を図るというものですが、秘密保持、公正な調査、相談者への適切なフィードバック、徹底した不利益取扱いの禁止など、会社としての適正な対応が求められることとなります。特に、重要なのが、経営トップの意識の変革であり、内部通報の存在意義を認め、社内の意識改革をすることなど、社員への明確な意識付けが必要となります。

そして、通報受理後の調査体制として、実質的な調査のできる体制の構築や企業内部の協力体制、また調査後の通報者への報告（調査中だとしても進捗状況等の報告）をすることが必要であり、最大でも20日以内に行うことが必要とされています（公益通報者保護法３条）。

この公益通報者保護法については、その改正法が令和４年（2022年）６月１日に施行されており、不利益な取扱いを禁止する制度に加え、通報者が、どこへどのような内容の通報を行えば保護されるのかというルールを明確にする制度とともに、内部調査等に従事する者に対し、通報者を特定させる情報の守秘を義務付けるなどが新たに制度化されています。これら公益通報に関し事業者等がとるべき体制の整備やその他の措置を定めるためには、法務部門の積極的な関与が求められることは当然のことでしょう。このあたりは、第６章❻内部通報制度において、その詳細が説明しているので参照してください。

6 IT リスク対応

Q 「IT の発展に伴うリスクにはどのようなものがあるか」という質問がよくなされますが、法務担当者としてそれをどのように説明したらよいでしょうか？

A IT の発展によるリスクは、まずスピード感が異なっています。そしてそれを補強するための法律やルールが後追いになっていますので、リスク対応は後手に回ってしまうということを意識しておくことが必要となります。

① 拡大する IT リスク

企業経営やビジネスの現場では、多くの業務がコンピュータやインターネットを利用することが必要であり、IT 技術や IT のシステムに頼ることが当然となっています。そして、情報それも悪い情報が瞬時に広範囲に広がる、多くの情報が一瞬に流出する、データ破壊で情報が消失する、停電でコンピュータが利用できない、誤った情報の入手の可能性が高まる、また、サイバー攻撃の対象となりやすいなど、多種多様なリスクにさらされている状況となっています。

その上、このような情報化社会においては、インターネットや情報技術に関する法律やルールが、その発展のスピードについていけない状況です。企業としては、予想もできないような事故や事件に巻き込まれ、多大な損失を被るリスクと遭遇しているものの、それらリスクのすべてを管理することも現実的には困難な状況となっています。

② サイバー攻撃リスク

近年、国内外において政府機関等だけでなく、民間企業に対してもサイバー攻撃が続発しています。重要インフラの基幹システムを機能不全に陥れ、社会の機能を麻痺させてしまうサイバーテロや、情報通信技術を用いた諜報活動であるサイバーインテリジェンスの脅威は、国の治安、安全保障、危機管理に影響を及ぼしかねない問題となっているとともに、企業の活動に関しても重大な脅威となっています。

サイバー攻撃には、（a）攻撃の実行者の特定が難しい、（b）攻撃の被害が潜在化する傾向がある、（c）国境を容易に越えて実行可能であるといった特徴があり、サイバー空間の脅威に対する対処能力の強化が求められています。その手口としては、攻撃対象のコンピュータに複数のコンピュータから一斉に大量のデータを送信して負荷を掛けるなどして、そのコンピュータによるサービスの提供を不可能にする攻撃や、セキュリティ上の脆弱性を悪用してコンピュータに不正に侵入し、不正プログラムに感染させることなどにより、管理者や利用者の意図しない動作をコンピュータに命令する手法等があります。

この不正プログラムに感染させる手口としては、業務に関連した正当な電子メールを装い、市販のウイルス対策ソフトでは検知できない不正プログラムを添付した電子メール（標的型メール）を送信し、受信者のコンピュータを不正プログラムに感染させる標的型攻撃メールや、端末やサーバーを使用できないようにして復旧のための金銭を要求する「ランサムウェア」などサイバー攻撃の被害が相次いで発生しています。

これらに対しては、現状は、外部からの不正アクセスを防御するためのセキュリティ・システムの強化を図るとともに、社内に向けた不審なメール等は開かないなどの啓蒙活動を実施することで対応せざるをえない状況かと思います。

③ 情報に係るリスク

インターネットの発展により、様々な情報、特にビッグデータを含む専門的な情報が簡単に入手でき、容易に利用できるようになっています。しかしながら、インターネット上の情報は、そのすべてが正確なものであり、正当に入手されたものだということはいえません。利用する側において、正確か不正確か、また正当に入手されたものかどうかの判断やそれらの利用の是非などは、自らの責任で行わなければなりません。また、著作権等知的財産権を侵害するような利用をする可能性もあるということに注意をしておくことが必要となります。

同時に、自社が保有する重要な営業機密や個人情報を含めた重要情報の流出には、特別な留意が必要となります。最近は、競合企業等からの転職も増え、転職先への顧客リストやノウハウなどの営業機密の漏えい事案が増えています。この営業機密の漏えい問題に関しては不正競争防止法の問題ではありますが、企業としては、適切な情報管理や情報管理システムの構築をしておかなければなりません。特に、個人情報の取扱いについては、その第三者への提供に際して、オプトアウト対応をするかどうかなどの管理が必要となっています。

7 カントリーリスク対応

Q 「カントリーリスクとは何か」という質問がよくなされますが、法務担当者としてそれをどのように説明したらよいでしょうか？

A カントリーリスクとは、取引先企業の信用力とは別に、相手国における政治・社会・経済等の環境変化に伴って発生する、外貨不足に起因する商品代金の支払不能や投資財産の回収不能等をいいます。取引相手先企業の与信管理と同様に、相手先国のリスクも検討することが必要となります。

① カントリーリスクとは

カントリーリスクとは、格付投資情報センターによると、「海外投融資や貿易を行う際、個別事業・取引の相手方がもつリスクとは別に、相手国・地域の政治・社会・経済等の環境変化に起因して、当初見込んでいた収益を損なう、又は予期せず損失が発生する危険」と定義され、かつカントリーリスクが発生する具体的な形態として以下のような事象を想定しています。

❶ 国際収支の悪化等から外貨不足に陥り、個別事業・取引に関わる元本・配当・利息や代金の国外送金が制限される。

❷ 急激なインフレーションや為替相場の変動などで、個別事業・取引に関わる元本・配当・利息や代金の受取金額が大幅に目減りする。

❸ 革命などによる政権交代で、新政権が債務の継承を拒否する。個別事業・取引の相手先の資産に対し、国有化や国家権力による収容・

没収等の危険性が増大する。

❹ 内乱、暴動、外国の侵略、戦争等により、現地における個別事業・取引の遂行に支障を来す。

❺ 国際関係、国際情勢の変化により、個別事業・取引の円滑な推進・遂行が困難になる。

特に開発途上国においてカントリーリスクが高いと考えられていますが、先進国でも財政上の失敗より外貨の調達ができず対外債務の決済に問題が生じ、事実上の破綻となるような国もあります。このカントリーリスクは、GDP、国際収支、外貨準備高、対外債務、司法制度などのほか、当該国の政情や経済政策などといった定性的な要素を加味して判断されることになります。貿易保険を取り扱っている日本貿易保険（NEXI）においては、OECDカントリーリスク専門家会合において、国ごとの債務支払い状況、経済・金融情勢等の情報に基づき議論を行い、それぞれの評価が決定され、NEXIではこのOECDの評価を基に、国・地域のカテゴリーが決められています。日本や米国などの先進国は、Aランクとされています【注1】。なお、中国はCランクとなっている点は特筆すべきです。

このカントリーリスクには、海外への赴任者やその家族の安全を脅かすリスク、たとえばテロ・誘拐等のリスクについても認識されており、贈収賄リスクもその対象となっています。

② 地政学リスク

また、カントリーリスクと同様のリスクとして、地政学リスクと呼ばれるものがあります。それは、ある特定地域が抱える政治的・軍事的・民族的・社会的な緊張の高まりが、地球上の地理的な位置関係により、

注1 日本貿易保険の国カテゴリー表
https://www.nexi.go.jp/cover/categorytable

その特定（関連）地域の政治や経済、あるいは世界経済全体の先行きを不透明にすることをいうとされています[注2]。地政学リスクの二大要因として、「地域紛争の勃発」と「テロの脅威」があげられており、経済活動がグローバル化するなかで、そのリスクは全世界的に影響を及ぼすことが多くなっています。

現在、中東のイスラム国問題、イランとアラブ諸国との対立、パレスチナ紛争、アフガニスタン内戦、米中間の知的財産をめぐる覇権争い、ロシアによるウクライナへの侵略、中国の南シナ海等への海洋進出、北朝鮮のミサイル発射や核開発問題、日韓慰安婦問題、また世界各地で多発するテロ問題などがあります。米国のトランプ大統領の言動や高官の解任問題など、また英国のEUからの離脱（Brexit）問題も、ある意味では地政学的なリスクといえると思います。これら政治的、経済的な出来事や事件が起きますと、経済封鎖やそれに伴う投資事業からの撤退、また投資権益の没収など、世界的な株安傾向、またインフレ抑制のための利上げや為替変動などマーケットにも大きな影響を及ぼすことがあります。

このような地政学的リスクが高まれば、地域紛争やテロへの懸念などにより、原油価格など商品市況の高騰、外国為替の乱高下を招き、企業の投資活動や個人の消費者心理にも悪影響を与える可能性があります。ちなみに、米国のシリアに対するミサイル攻撃や北朝鮮のミサイル発射問題や中国の習近平体制の強化なども地政学的リスクといわれていますが、一旦、戦争やテロ行為等が開始されると、「リスク回避」ということで、リスク資産である株式から、安全資産といわれる債券や金に資金が移動することがよくあります。

注2　地政学という言葉を最初に使ったのは、スウェーデン人の政治学者・地政学者のルドルフ・チェーレン（1864-1922）であり、その概念を「国家を地理的な有機生物、もしくは空間における減少と考える科学である」と定義した。

8 レピュテーションリスク対応

Q 「レピュテーションリスクとは何か」という質問がよくなされますが、法務担当者としてそれをどのように説明したらよいでしょうか？

A レピュテーションリスクとは、企業の評判や評価に係る配慮が求められることをいいます。不祥事やクレームへの対応が企業のレピュテーションに影響することが多くなってきたため、風評被害を含め、その予防や回復のための措置が求められています。

① レピュテーションリスクとは

レピュテーションリスクとは、不祥事の発生など、企業の否定的な評判や評価が広まることによって、企業の信用やブランド価値が低下し、人材確保や資金調達等に困難を生じるなど、企業が損失を受けるリスクをいいます。企業としては、こうしたレピュテーションの維持や向上のために、CSR活動などの社会的責任を果たすなど、IR活動にも力を注いでいます。

最近は、SNSなどソーシャルメディアの発達により、誹謗中傷や風評等による被害が増えていますので、役職員による不用意、不適切な情報発信や内部情報の流出など、オンライン・レピュテーションリスクに対する対応が注目されています。しかしながら、このレピュテーションの内容や、レピュテーションが低下しているかどうかの判断基準は明らかではなく、それぞれの企業の業種や経営方針によって異なっており、また世間の動きにもよることになりますので、その時々の状況を踏まえて判断しなければなりません。

一方、「レピュテーショナルリスク」という言葉も利用されていますが、どちらかというと悪評を受けるリスクのことをいうとされています。不祥事の発生など不測の事態が起き、マスコミ報道、評判、風評、風説などによって、企業が悪評を受けて評価や評判を低下させるということも起こり得る状況が増えています。レピュテーショナルリスクによって顧客離れや株価の急落、また製品の不買活動などといった被害を受けることもあります。

② レピュテーションリスク対策

実際にレピュテーションが低下し、またそのおそれがある場合には、企業としては、それによる損失やその拡大の防止を図るために、対策を立てたり、対応を検討しなければなりません。しかしながら、レピュテーションリスクについては、必ずしも法的な責任の有無が問われるということではなく、企業としての社会的責任や道義的責任などが問題となることが多くなっています。そのため企業としては、統一的な対応をする必要がありますが、広報窓口を一本化し、IR 対策を図るなど、企業の経営方針を踏まえた対応が必要となります。

実際に、レピュテーションの低下が問題となった場合には、その低下の原因となった事実の確認や調査を行い、法的責任の有無を含め、対応策を検討し、早急に実施に移すことが必要となります。また、第三者による行為によりレピュテーションが低下し、自社の権利が侵害されているような場合には、法的な手段をとるということもありますが、その法的な手段そのものが、さらにレピュテーションを低下させるということにもつながりかねませんので、状況に応じて冷静な手段を選択することが求められることとなります。

一方で、役職員の不適切な情報発信や内部情報の漏えい等によるレピュテーションリスクについては、情報管理に対する内部規定等を整備するなど、情報管理システムの構築を図るとともに、適切な情報管理を進めることが求められることとなります。同時に、不適切な情報発信や内部情報の開示に起因する問題の重大性など、役職員に対する啓蒙活動を常に行うことが必要となります。もちろん個人情報の保護に配慮しながら適切な内部通報制度の運用を妨げることは避けなければなりません。

自社のレピュテーションを低下させる名誉毀損に相当するような情報発信がなされた場合には、そのWEBサイト上の情報発信者やサーバー管理者等に対して、削除の請求や仮処分の申立て、さらには損害賠償請求を行うなどの手段も考慮すべきであり、また名誉回復措置としての謝罪文の掲載などを求めることも手段の一つとなります。このあたりは、法務部門の機能が期待されることとなります。

9 リスクマネジメントと企業法務の役割

① リスクに対する企業法務のあり方

以上、企業として遭遇することのあるリスクやそのリスクマネジメントを主としてみてきましたが、そのなかでも企業法務部門の役割は、第1章「リスクマネジメントの体制」において説明したとおり、3線ディフェンスにおける2線としての中心的な役割を担うことになります。そこでは、法的問題に限定することなく、広くリスクの防止に資するような対応も求められているのではないでしょうか。いずれにしても、企業が抱える様々なリスクに対して、そのリスクの分析と同時に、どのように対応すべきかということを理解し、あらかじめ準備しておくことは、企業法務部門としての非常に重要な役割であり、企業法務担当者としての責任を常時意識しておかなければなりません。

そのためにも、最近の不祥事事例から、コーポレート・ガバナンス機能における企業法務のあり方、および企業運営における適法性という企業法務が担当すべき業務を含め、企業法務の果たすべき責任がどのようなものかということを、ここで整理しておきたいと思います。特に、オリンパス事件の第三者報告書においては、その監査役会に対する指摘ではあるものの、企業法務をはじめとする社内組織との連携や連動が必要であることや、法務部としては、独立した立場で関連契約書を十分に検討すべきであるとされ、法務部の対応においても問題があったと指摘されています。

このような企業法務が果たすべき責任とその具体的な対応内容については、一律に説明することは難しい問題かと思います。企業活動のグローバル化やデジタル化に伴い、企業法務の責任領域は国内だけでなく、海外にも拡大し、データ社会への対応や、グローバルな動きへの対応に関するコンプライアンスも求められている状況を考えると、企業法務組織のあり方もグローバルな視点やデータ社会に対応できる能力をもった組織が求められ、そのための人材の確保や育成が重要となりつつあります。同時に、企業法務組織としては、その職務分掌内容に加え、その権限も明確に確立されるべきである旨指摘されたのが、このオリンパス事件の第三者報告書ではないでしょうか。

② リスクマネジメントと内部統制

企業経営においては、企業の価値を維持・増大していくために、事業に関連する内外の様々なリスクを適切に管理するということが重要となります。リスクマネジメントはもともと、災害の発生に対する危機対応や、金融面での不確実性の管理という観点から生まれ、発展してきたものですが、現在では、より広範なリスクを管理するための活動として理解されるようになってきています。

このリスクマネジメントおよび内部統制は、それぞれが異なる背景を持ち、違った経路を経て発展してきていますが、企業を取り巻く様々なリスクに対応し、企業価値を維持・向上するという観点からは、その目的は多くの共通部分を有しています。昨今、環境変化や人権問題への対応が市場等により厳しく評価されるようになっているなかで、これらを一体的に捉え、機能させていくことが必要となってきています。

しかしながら、企業ごとの取組みの水準には大きな差があり、また、これらに関する関係者間の共通の認識は必ずしも存在していませんでしたが、このリスクマネジメントは、わが国の経済が拡大していくなかで、後追い的あるいは横並び的発想での経営が行われることが多く、個々の企業が明確な意識の下でリスクを管理する必要性に迫られていなかったことによると考えられています。

以上のような点を踏まえると、個々の企業において、以下のような対応を重点的に実施することが必要であると考えられます。

❶　リスクマネジメントおよび内部統制の一体的運用

経営者は、企業価値に影響を及ぼすリスクに対応して内部統制体制を構築するとともに、常にリスクの変化を敏感に察知して適時・適切に対処し、併せて内部統制体制を見直すことが必要となります。

❷　法令順守等に係る行動規範の確立と社内への周知徹底

企業が健全な事業活動を遂行するためには、コンプライアンス（法令等の順守）を含む行動規範を明確に打ち出し、経営者が率先垂範するとともに、社員一人ひとりがこれを強く認識し、自発的に行動することが必要です。そのためには、たとえば、違法な手段等による業績は評価しないとか、研修等により従業員教育を徹底するとともに、コミュニケーションの円滑化を推進することが求められます。

❸　職務権限と責任の明確化

職務権限と責任を明確化することで、企業構成員の行動の基準を定めるとともに、特定の従業員への権限の集中や広範な裁量の付与を避け、３線ディフェンス体制の構築など社内において健全な相互牽制機能を維持することが必要となります。

❹ 内部監査機能の確立

経営者等が適正かつ効率的な事業活動の遂行や適切な内部統制の運用を確かめることを支援するために、通常の業務執行部門からは独立した専門性を有する内部監査機能を設け、組織横断的に内部監査を実施することが必要となります。また、内部監査等により指摘された統制上の問題に関する業務プロセスの改善やフォローアップの手続を明確にし、問題を放置せず、適切に対応することが求められます。

❺ 企業価値に重大な影響を及ぼす事象発生時等の対応

企業価値に重大な影響を及ぼす事象発生時等には、被害の限定や復旧に向けて必要な対処を行うとともに、社外への迅速な情報発信等を行うことが必要であり、そのため、考えられるケースについて対応方針を事前に明確にしておくことが求められます。

③ 内部統制体制における企業法務の役割

これまで多くの不祥事においては、企業としては、何が起きたのかの事実確認やその原因の解明に追われ、また損失を最小限に抑えるための対応や関係当事者に対する訴訟の提起など、対外的な対応が遅れることがままあり、適時の対外的公表にまで機転が回らないのが現実でした。しかし、より早い時点で企業法務が中心となって、広報やIRの関係部署とも協議・相談した上で対外公表しておくことによって、不祥事により惹起される「リスク管理体制への不信」を回避することが最善の方法です。かつ経営の透明性を高めることが最良の方法です。公表の遅れは、概ね社内における連絡の不徹底や連絡の失念によって引き起されることが少なくありません。「報告」・「連絡」・「相談」つまり「報・連・相」が大切であるということになります。

このような場合、企業法務の機能をより有効に利用するためには、やはり業務執行上の情報伝達経路から独立した報告経路の確立が必要であり、通常の報告経路では正しく伝達されない可能性がある情報や通報者が不利益を被る可能性がある情報等については、通常の業務報告経路とは別の報告経路（ヘルプライン、ホットライン、スピークアップ制度等）を設け、適時かつ適切に問題に対応することが必要となります。その際、通報者が社内で不利益を被らないような手立てを講じることや、そのためにも法務部門としての適正な意見具申は重要となります。

このような情報の適時の報告や早期の伝達が、企業のリスクマネジメントにつながることもあり、それが実現できれば、リスク管理体制に対する不信も解消することができるとともに信頼の確保にもつながることになります。

2 取引審査・取引リスク管理

1 新規取引

Q 新規取引を開始する際に、与信管理とは別に、法務部門が行わなければならないチェックとは何かについて、どのように説明したらよいでしょうか？

A 取引そのものに、法的問題があるかどうかは当然として、企業が掲げている理念や行動規範に反していないかどうか、また社会的責任に貢献できるものかどうかなどという視点でも、取引先および取引内容をチェックすることが求められています。

企業において、内部統制システムが整い、法令等やそれらの実施のための社内規定等が整備された場合に、それらの順守を徹底するための中心的な役割を担うのが法務部門だという点は、どの企業でも同じだと思います。大事なことは、企業の経営や業務を推進する過程において、法務部門がどのように関与することができるかどうかという点であり、企業や業種によって様々な関与の仕方があると思います。

たとえば、製造業であれば当然のことながら製品等の生産過程で発生する問題やその製品等の品質問題、また新たな製品等の研究開発などに関する問題がその課題の中心となります。企業によっては、この部門を法務部門から独立して知的財産部門などという組織を構築しているところも少なくありません。その場合、法務部門としては、訴訟等になった場合の協力のほか、間接的な関与となる場合も多いようです。

一般的に、企業はそのビジネス活動や業務の発展、またその経営の継続性を確保するためにも、新しい製品等の開発や新しい分野への進出など、常に新たな取引にも取り組んでいくことが求められています。このような新規取引のなかには、企業として取り組むべき相手かどうか、また取引内容として適切かどうかが疑問となるような取引もあるのではないでしょうか。従来から継続して実施してきた取引などは、それなりに過去の経験で、法的なリスクについて分析が行われており、その対応も準備ができています。そうでない新規の取引や取引先に関しては、このあたりの法的なリスクマネジメントを徹底しておくことが求められます。

新規取引先に関しては、第３章「与信管理、債権管理と回収」のところで解説しますが、与信先としてのチェック機能を働かせることもできます。新規取引の内容に関しては、不用意にも架空取引に巻き込まれるケースや、マネー・ロンダリングなど組織犯罪に巻き込まれる可能性も少なくありませんので、より慎重な対応が必要となります。そのために、法務部門としては、取引に関与することとなった経緯など、取引自体の必要性や正当性を含め、合理的な説明ができるか、また取引自体に異常性はないか、さらには組織における決定過程において、企業が掲げた経営理念や社是社訓に違背していないか、また企業が貢献することとした社会的責任に反することとならないかという観点でのチェックも必要となります。

これらは、企業のガバナンス機能のなかで、取締役会における意思決定の過程や監査役等の牽制機能に頼ることもできますが、法務担当の役員が取締役会のメンバーでもない限り、通常の最終的な意思決定の段階では、それを止めることは非常に困難を伴います。法務部門としては、可能な限り早い段階でそれを指摘することが期待されます。その意味で、総論編第３章の「法務部門に求められる役割」としてのチェック機能とそれによる法的リスクマネジメントは、非常に重要な役割となるわけです。

企業によっては、法務部門は、法的なチェックのほかは、契約書等を検討するだけでよいとするところも少なくありません。現実には、明らかに法的な問題の有無や、許認可の必要性の有無などといった問題を指摘する以外、このようなリスクマネジメントの一環としてのチェック機能を適切に果たすということは、大変な難しさを伴います。内部統制システムの適正な運用のため、内部監査部門の役割が強化されるようになると、法務部門としても、直接または間接に同じく関与すべき時代が来ていると思います。これは、総論編でも述べたとおり、臨床法務から予防法務を経て、戦略法務、そして経営法務という変遷を経てきた法務部門に対して期待されている重要な役割だということを認識しておくべきです。そのためにも、日々の研鑽が求められ、法務部門としての信頼を確立していくことが求められるようになります。

本章では、この戦略法務や経営法務としての法務部門の役割を中心に説明することとします。

2 重要プロジェクト

Q **重要プロジェクトには、法務部門として、早い段階で関与すべきとされていますが、どのように関与したらよいでしょうか？**

A **新規取引と同様、大型投資や重要プロジェクトについては、取引スキーム構築の早い段階から、税務面を含め、また海外における法的な問題に関しては、より慎重なリスクマネジメントが求められています。**

企業にとって、大型投資が必要なプロジェクトとか、経営にとって重要な影響を及ぼす可能性のある重要なプロジェクトへの参加は、企業経営にとって戦略的な面で常に必要とされることとなります。特に、グローバルな事業投資などにおいては、その法的問題や運営上の問題だけでなく、投資環境や現地への影響度なども意識しておくことが必要です。

通常は、この重要なプロジェクトをはじめる場合、全社的な関連組織を巻き込み、様々な部門からのメンバーが加わったプロジェクトチームが結成されることが多く、詳細な検討が進められていくことになります。そのなかで、法務部門としては、投資先における法的な情報や投資規制などの投資環境など、初期的な調査を含むインフラ環境の調査を行うことが求められます。場合によっては、現地弁護士を含む、社外の専門家を起用することも必要となります。そして、初期段階で、ある程度の概要が判明すれば、より詳細な調査を行うこととなり、そのプロジェクトの実現可能性を判断することになります。これは、「フィージビリティ・スタディ（FS）」と呼ばれており、法務部門としては、様々な法的規制、特に外資規制、外為法、税法、労働関係法などの調査を行います。

また共同パートナーを起用する場合には、関係する情報交換等が行われることになりますので、必要に応じて秘密保持契約の締結を行うとか、プロジェクトの実施を進めるためにも予備的な合意書（Letter of Intent）などが交わされることがあります。法務部門としては、これらの検討にも関与すべきです。予備的合意は、一般的にその確認時点での当事者間の合意事項や正式契約締結までに解決すべき懸案事項などを確認する手段として利用されますが、それ以外にも誠実交渉義務、秘密保持義務や独占的交渉権、さらには交渉の過程で第三者から申込みを受けた場合などの優先的権利（first refusal right）等が規定される場合もあります。

フィージビリティ・スタディにおけるプロジェクトの実現可能性には、当然のことながらプロジェクトの採算性なども含まれていますが、法務部門としても、具体的な事業計画や資金調達計画、人員計画を含め、全体的なスキーム作りや、作成すべき契約書類がありますので、その内容等をよく理解しておくことが求められます。このような海外への投資事業への参画に際しては、人権、労働、環境および腐敗防止に関する10の原則からなる国連グローバル・コンパクト【注1】など関連法規制等に対してのコンプライアンスの徹底を図ることが求められています。これらは、サステナビリティとしてのESG経営につながることになります。

万一、コンプライアンス違反が生じるようなことがあれば、撤退を余儀なくされることにもなりかねません。また、わが国の親会社をも含めた訴訟リスクや信頼等の失墜による事業上の損失につながる可能性もあります。この点は、会社法の改正により、企業集団における業務の適正を確保する体制の整備が求められていますので、従前にも増して、留意すべきです。実際、これまでのわが国企業も、様々なコンプライアンス

注1　1999年の世界経済フォーラム（ダボス会議として有名）で提唱されたイニシアティブのこと。
https://www.ungcjn.org/gcnj/principles.html

違反の事例を経験してきています。このあたりのコンプライアンス対応に関しては、第５章「法令等の順守とコンプライアンス」を参考にしてください。

3 M&A 取引・事業再編

Q 企業買収や事業再編が盛んに行われておりますが、法務担当者として、その概要をどのように説明したらよいでしょうか？

A 企業買収の方法や事業再編の方法には様々なものがありますので、それぞれの方法に関して、メリットやデメリットを比較し、説明することが理解しやすいと思います。特に、事後の経営統合の重要性を意識しておくことが必要です。

グローバルな事業活動や新たなデジタル社会に対応するためのビジネスを展開するための方法として、新規に法人等の組織を構築するだけでなく、既存の企業の全部または一部を買収するということがよく行われています。それを「M&A」と呼びます。そのうち一部を買収する場合には、既存の株主との共同事業にしたり、また新たなパートナーとともに共同事業として経営を行う場合もあります。

一方、買収した事業を自社の既存事業と合体化させたり、分社化したりするなど、事業を再編することも通常行われています。ここでは、共同事業とはなにかについて解説するとともに、M&A 取引、また事業再編について簡単に説明することとします。

①　共同事業

グローバルな事業活動に関して、その形態には様々なものがあります。新たな技術や設備の研究開発、多額の投資を必要とする資源開発、あるいは大規模な不動産開発や発電所建設・プラント建設などの大規模プロジェクトなどもあります。それらは通常、多額の資金とリスクの負担責任が関係しますので、複数の当事者間で実行する場合が多く、それを「(国際）事業提携」と呼ぶことが多いようです。「共同事業」とも、また「ジョイント・ベンチャー（Joint Venture)」とか「合弁事業」などとも呼ばれています。このような事業形態は、いわゆる典型的なものではなく、それを規律する法律やルールもほとんどありません。実務的には、当事者間の契約において、それぞれの権利義務を規定することとなります。

最近、共同事業として増えているのは、新たな技術や機器・設備等の共同研究開発であり、単独での研究や開発に対する限界を克服し、研究開発リスクを国際間で共同分担するという目的で行うものとなっています。そのために、各当事者の役割分担や、貢献分野、リスクの分担割合などを取り決めるため「共同研究開発契約（Joint Research & Development Agreement)」と呼ばれる契約が締結されています。また、複数の当事者が共同して、石油や天然ガス、石炭、鉄鉱石などの資源を開発する大型プロジェクトも、産出された産品の分配を受け、その販売から得られる利益の分配ならびに損失の分担を取り決めることが主要な目的の「国際共同開発契約（International Joint Development Agreement：あるいは生産物分与契約：Product Sharing あるいは損益分担契約：Profit Sharing Agreement)」と呼ばれる契約が締結されて実施されています。

このような大規模な開発プロジェクトや共同研究開発などでは、開発や実施に多額の資金が必要であり、参加当事者による資金の拠出分担やそれぞれが有する専門性に期待するなど、各当事者の義務や役割分担を規定することにより、そこから得られる利益を享受し、多額の投資リスクを分担負担する契約が締結されます。法務部門としては、将来の紛争やリスクを避けるために、契約書の作成・検討という重要な役割を担うこととなります。

② M&A取引

国内におけるM&A取引、つまり企業買収には、株式買収の方法による場合と、資産や事業を買取る場合とがありますが、いずれの場合も、支配権を確保することが重要になります。企業の支配権を確保する場合には、企業の株式買収とか、事業の資産買収にかかわらず、人的資源および取引先との契約等も継承するかどうかにより、その選択肢が決まることとなります。国際的な企業買収とは、買収対象企業やその資産が法制度の異なる国に存在する場合であり、単に商品や情報あるいはその他の権利を取得するだけでなく、経済活動を実施している主体の全部または一部、あるいは従業員という人的資源も取得する場合もあるために、様々な問題や紛争が生じる可能性があります。

たとえば、企業の設立などは会社法に基づくこととなりますが、どの国で設立するか、あるいは主たる事業をどこで行うかが重要となります。この会社法は、世界に共通して通用するものではないために、個々の国家が制定した法律制度の違いや、当事者間での考え方の相違により紛争が起きやすくなります。また、買収にあたり検討すべきリスクや法的検討課題が多様化するとともに、買収後の企業の運営や経営上の紛争などが起きやすく、問題となることも少なくありません。

米国企業を買収した日本企業が、日本とは異なる慣行にとまどい、セクハラや雇用問題などで多額の損害賠償請求をされるような事件も多発しています。また、事前に法制度などを含め、十分な調査を行わなかったために、買収後に予想外の問題が発生し、その処理をめぐり紛争となることも十分にあります。この点は、外国企業が日本において日本企業を買収する際などにも同様の問題が起きます。ちなみに、合併や新たに導入された株式交換などによる企業の買収が行われるようになると、従来、適用されていた会社法がどこまで適用されるかが問われることになります。逆に、株式交換により米国企業の株主となり、その権利義務関係も米国の会社法に準じて理解しなければならないということも考えられます。

一方、複数の企業が合同で企業買収を行ったり、また、買収後に複数の企業が共同で企業の経営を行うことも少なくありません。一般的に合弁事業と呼ばれていますが、このような合弁事業の運営に関して問題が発生することもあります。合弁事業の運営に際しては、当初の目論見とは異なり、当事者間で意見の相違などが起き、合弁事業の円滑な運営ができなくなることもあります。そのような場合に合弁事業を継続するかどうか、あるいは清算すべきかどうかなどで意見の対立が起きて、当事者間で紛争になることもあります。これらの紛争は企業買収そのものというよりは合弁事業という企業の運営に係る紛争といえるものです。そのためにも、買収後の経営統合という問題をあらかじめよく検討しておく必要があります。

③ 経営統合（PMI）とは

国内外で、規模の大小を問わず多くのM&Aや事業提携・再編が盛んに行われています。いざ買収や再編などはしてみたものの、買収企業と被買収企業との間、また再編の対象となる企業やその役職員等との間において、買収・再編後のマネジメントや組織体制あるいは人事の交流など、企業経営を円滑に実施することが難しくなり、また失敗に陥るようなケースが決して少なくありません。

この企業買収後あるいは再編後の企業経営が順調に運営できるかどう

かが、経営統合の問題として強い関心がもたれるようになっています。最近では、買収や再編後の経営統合を見据えた買収の検討、特に企業のガバナンス体制や経営体制、つまり経営陣をどう構成し、どのように処遇するかという点、さらには、組織や人事制度をそのまま残すかどうかを含め経営統合が重視されています。企業の経営統合をスムーズに進めることが、買収や再編を成功させるという点で、非常に重要な企業買収や企業再編等の要素であると考えられています。

この買収・再編後の経営プロセスが、「Post Merger Integration : PMI」と呼ばれています。M&Aによる統合効果を確実にするためには、M&Aの初期の検討段階より統合を阻害する可能性のある要因等について事前の検証を行い、統合後にそれを反映させた組織統合マネジメントを推進することが重要であるとされています。一般的には、企業買収の場合、ほとんどの関心や努力が買収を実現させることに向けられており、買収直後の経営体制や運営体制までを意識することは、比較的後回しになっているのではないでしょうか。

この買収後の企業結合のうち、どのようなことを対象として検討すべきであるかという事項の概略を取り上げてみます。この企業統合、つまりPMIの対象は、大きく分類すると、（a）経営の統合（経営理念や戦略、ガバナンス体制の統合など）、（b）業務の統合（業務、インフラ、人材や組織の統合など）、（c）意識の統合（企業風土や文化の違いの統合など）などがあります。この最後の企業風土等の統合は、短期間では非常に難しく、企業買収や経営統合また事業提携を成功裏に導くためには、時間をかけてでも実現をしていかなければならない問題です。

経営理念等の統合

企業の経営理念は、それぞれの企業において、独自の価値観に基づき構築されたものであり、創業者のもつ理想であったり、伝統であったり、また各企業における従業員等の行動規範や行動指針等の基となるものです。買収後に、価値観の異なる自社の経営理念との統合を実現するということは、実際には非常に困難を伴います。経営理念を含め、ガバナンス体制や経営の統合がうまくいけば、買収後の様々な経営課題や経営戦略等の構築においては、大きな阻害要因とはならないと考えられます。

このような経営理念の統合は、お互いに相手方の価値観を尊重しつつ、共通の価値観を創り出していかざるを得ません。そこでは、このような価値観の転換には、多くの時間と労力がかかったという例も実際に存在していますが、どちらかの価値観に統合するということではなく、統合の結果としての新たな価値観を創り出すという可能性も模索すべきではないでしょうか。

一方、ガバナンス体制や組織体制の統合とは、最終的には複数の事業会社の経営母体を統合することであり、統合後の会社あるいは統合後の各事業会社の意思決定の根幹となるものゆえ、経営統合を実現するためには必要不可欠なものであり、買収後の統合作業の求心力ともなるものです。この企業におけるガバナンス体制とは、意思決定という統治体制そのものです。企業買収において、買収後の経営統合を円滑に推進し、買収前に想定した経営統合を実現するためには、株主や経営陣による企業の統治システムをどのように構築するかが課題になります。

買収後のガバナンス体制を総合的に機能させるため、持株会社を設立し、買収対象事業を含め、各事業会社をその傘下に置くという方法も利用されています。このような買収後の会社の統治組織については、買収対象企業を完全に一つの企業として統合するか、あるいはそれぞれの企業の独自性を維持しつつ、統合を図るかなどにより、そのあるべき体制を検討しなければなりません。

業務の統合（業務、人材や組織の統合など）

買収後の業務の統合に関しては、自社の既存事業との間で重複するものがあれば、その重複を解消するなどにより、生産性の向上を含め、経営の効率化を図ることが必要となります。そのためには、当該関連する事業同士の完全統合ということも検討しなければなりません。企業の組織体制は、経営効率から考えても、やはりコンパクトなものであることが重要であり、前述のガバナンス体制に関しても、可能な限り、簡易な組織が求められます。つまり、いわゆるスモール・ガバメントとして、スピードのある意思決定システムが求められることとなります。トップの判断が直ちに従業員に伝わり、従業員の意見がトップに容易に伝わる、あるいは伝わりやすいのが経営トップと従業員との間の意思疎通において理想的であるといわれています。このような風通しのよい情報伝達の仕組みは、コンプライアンスが適切に機能するためにも必要となります。

買収交渉がうまくいっても、その結果、買収対象企業等の役員や従業員等がやる気を失うとか、気力を喪失するような統合に終始してしまうと元も子もなくなります。このような事態が生じると、買収にあたり期待された資源の有効な活用ができなくなってしまうという問題があります。

海外において、企業買収を行う際には、経営の継続性を維持したり、買収前のステークホルダー等との関係を良好に保つなどの理由で、買収後の一定期間は、それまでの社長を含めた経営陣をそのまま据え置く場合も少なくありません。現場での経験を積んだ者が増えると、経営統合後のマネジメントに関するノウハウが蓄積していき、海外での経営についてのノウハウも蓄積されることとなります。これが繰り返されることにより経営資源を有効に活用できるようになります。

経営統合後の人材養成のためにも、人事制度や人事政策は重要な検討事項となります。しかしながら、人事制度や人事政策は企業の文化や価値観を強く反映していることが多いため、それを単に合体させるというわけにはいきません。これを統合するということは、企業買収を最終的に成功させる意味では、非常に重要な意味合いを持つことになります。業績評価制度や報酬体系については、経営陣によっても、従業員にとっても非常に身近で最も影響が大きい事項なので、人事制度の統合や人事政策の策定に際しては、慎重な対応が求められることとなります。これが海外での企業買収の場合には、組織や報酬体系などの人事制度や人事政策の考え方が日本企業とは異なることが多く、十分な時間をかけて、適正な統合を模索する以外に解決方法はないようです。

このような人事制度や人事政策の統合がうまくいくかどうかに関しては、次の内部統制体制の統合にも影響を与えることとなります。

内部統制等の統合

企業買収において、内部統制体制の統合の重要性は、改めて指摘するまでもありません。買収を実施した企業、つまり買手企業にとっては、連結財務諸表の適正性を確保するための適切な内部統制を整備し、運用していくことが求められています。わが国においては、そのような内部統制体制の有効性について、自ら評価し、その結果を内部統制報告書にまとめ、開示することが求められることとなっています。

そのため、買収対象企業に関して、自社の連結財務諸表や内部統制報告書の作成準備のために、会計基準の連動や調整、また諸制度の調整を行わなければなりません。国際会計基準に準拠していないような場合には、会計方針や会計システム、勘定科目等の統一作業も必要となるかもしれません。同じことが内部統制報告書に関しても発生することが少なくありません。もし、買収対象企業が非上場企業の場合には、このような内部統制の評価自体が行われていない場合もありますので、まずは内部統制システム自体を導入することから始めざるを得ないことになります。

4 事業撤退

Q 事業からの撤退、特に海外での撤退は、いろいろ難しいと聞いていますが、法務担当者として、その内容等をどのように説明したらよいでしょうか？

A 国内での事業撤退も簡単ではありませんが、海外事業からの撤退に関しては、文化や法制度等の違いや許認可制度等により、制度的な問題や現実的な問題に直面します。

企業運営に関して重要なことは、残念ながら整理あるいは撤退をせざるを得ないと判断した場合に、この整理や撤退をスムーズに行うこと、また整理や撤退に伴う損失を最小限に留めることであり、そのためにはどうしたらよいかという点です。一般的に、企業にとっては、事業の整理や撤退だけでなく、マーケットからの撤退を意味する場合もあります。また、将来の期待利益を放棄すること、さらには場合によっては投資額全額の放棄に加え、追加負担が生じる可能性があることも念頭に置いておくことが必要となります。

このことから、大決断が要求される重要な経営上の意思決定であるともいえます。この撤退の決断の意思決定がタイムリーに行われないため、そのうち改善するだろうなどとして投資が継続され、結果的に損害が拡大したケースは過去少なくありません。整理あるいは撤退をしなければならないときは、勇気をもった決断をすべきであるということは、わが国国内での事業の場合だけでなく、海外での事業からの撤退にもいえます。

①　撤退の原因と課題

一般的に整理・撤退の原因が事業パートナーとの考え方の違いだとか、マネジメントの方法などの内部的な問題であれば、マネジメントの交代や、やり方を変えるなどにより事業を継続することも可能です。しかし、海外での事業からの撤退について、現地の政治・経済・社会などの変化などの外的な要因による場合には、事業の継続のためには自己努力だけではどうしようもないことが多く、やむなく整理・撤退を余儀なくされることも少なくありません。

また、事業投資の目的が明確でなく、あるいは十分なリスク分析ができておらず、商圏の確保あるいは維持のためにはやむを得ない、また他の企業も投資しているから自分たちもというような消極的な理由による場合もあります。本来は、投資をすべきでない案件にまで投資を実行したため、途中で整理・撤退もできず、損失ばかり拡大し、結果的にこれ以上はどうやっても無理だというところに至ってはじめて整理・撤退を決意したケースもあるのではないでしょうか。

実際には、海外への事業投資を始める前に、このあたりの分析が十分でないため、撤退の意思決定が遅れ、損害が拡大してしまったケースも多く存在しています。

現実には、一旦決定したり、実行すると途中でやめる決断をすることには非常に抵抗が多く、困難を伴う傾向があります。特に事業投資などは投資を一部でも実行すると、それを失うことを懸念しすぎるために、だめだとわかっていても、いずれ良くなるなどという期待で、そのまま投資を継続してしまうことが少なくありません。

これは意思決定のシステムに問題があるのか、結果が優先という業績評価システムに問題があるのか、あるいは他がやっているからという一種の使命感で投資を実行しているといったように、自ら明確な投資目的を設定していないことが原因で、途中で事態が変化した場合に整理・撤退などをするという柔軟な対応ができないからであるとも考えられます。

② 整理・撤退における問題

事業の整理または撤退を考えるにあたり、ここでは、様々な問題を含んでいるアジアを例として取り上げますが、アジア特有の問題をまず検討することが必要となります。

アジアへの進出に関しては、該当国の外資奨励政策、自由化という規制緩和の流れのほかに、外資に対しての制約が存在しています。国によっては、業種によって様々な思惑から外資側の出資比率に規制がかけられている場合が多く、国内産業保護のために小売業等への外資の出資は認めないとか、宗教・社会慣習・社会事情などによる制約もあります。その結果、アジアにおける直接投資は、多くの場合現地パートナーとの合弁事業の形態をとらざるを得ないというのが現実となっています。これが、事業の整理あるいは事業からの撤退の場合にも関係し、自由に持分を処分できないなど合弁事業のリストラや撤退交渉をより複雑にしている面があるといえます。

また、アジアにおける投資事業の場合には、合弁相手の資金調達力に問題がある場合や、日本企業が資金のほとんどの調達義務を負っている場合、また、パートナーが政府関連企業であったり、公共性の高い事業であったり、整理・撤退自体に政府の許可が要求されるなど、簡単に整理あるいは撤退を認めてもらえないような場合が多いのもその特徴となっています。そして、整理や撤退についての国ごとの制度や事情は、法的な権利義務を超えて対応せざるを得ない国もあることが、このアジアでの投資事業の特徴の代表的なものであり、整理あるいは撤退の難しさであるともいえます。

たとえば、経営不振に陥り、整理・統合の対象となった中国の政府系ノンバンクに対する外国金融機関の債権回収が、事実上不可能になるような事態が発生したことがあります。これは中国の最高裁判所にあたる中国最高人民法院が「債権者の訴えをしばらく受付けず、すでに回収を認めた判決の執行も凍結する」という内部通達を出したことによるためです。

日本や欧米などでも、破産手続や会社更生手続を行っている場合には、債権回収などのための強制執行手続や訴訟手続などが他の債権者の権利を侵害する場合、あるいは会社の更生に支障が生ずるような場合には、これらの手続を停止するという場合も認められていますが、この中国の措置はこの停止措置の範囲を超えているとも考えられ、国際的なルールを逸脱しているという非難が大きく、話題となっていたものです。

③　整理・撤退の方法

投資企業の整理・撤退の具体的な方法については、国ごとに調査をすることが必要となりますが、まずしておかなければならないこととして、当然なことですが、再建の可能性を検討することです。事業を継続しながら整理する場合はもちろんのこと、事業から撤退する場合でも、第三者に譲渡するか、あるいは清算かを含め、リストラクチャリング（事業の再構築）の可能性を検討すべきだといえます。

このリストラクチャリングの可能性を検討するためには、大きく分けて、企業の債務を整理・再構成して債務返済負担を軽減する債務改善面からみたファイナンシャル・リストラクチャリングと、企業の経営内容や業務の改善をすることにより、より利益を生む体質に改善する運営改善面からみたオペレーショナル・リストラクチャリングがあります。オペレーショナル・リストラクチャリングは企業がコストを削減し、収益を効率的にあげることにより、キャッシュフローを生み出すための必要な改革となります。余剰人員の削減、労働力の間接部門から直接部門へのシフト、コア・ビジネス以外の営業部門を整理・売却、また遊休資産も処分することに加え、経営管理システムの改善や経営者・従業員のインセンティブ導入など、意識改革も必要とされます。

一方、ファイナンシャル・リストラクチャリングは、企業の財務体質改善のために債務面と資本面の両面から行われることになりますが、最も一般的なのは、債務返済のリスケジューリングです。元本返済の据置期間も含め債務の返済期限を延長し、金利負担の軽減など、当面の債務負担を軽減する方法です。これらリスケ後の債権を株式に転換（デット・エクイティ・スワップ）した上、リストラ後の健全化された企業の株式を再度投資家に売却、あるいは証券化するなどの方法により、企業としては債務負担を減らすこともでき、債権者のほうも買取った債権の回収を可能とする仕組みも存在しています。

これらはそれぞれ一長一短があり、どちらがよいかは一概にはいえませんが、その企業の業界の特殊性や、関係国の法整備状況や、整理・撤退に関する当該国家としての制約・制限などを考慮して、選択することが重要となります。

④　撤退条項

共同事業では、通常、事業を行うことを合意したときと同じ状態がいつまでも続くとは限りません。共同事業を遂行していく過程で、運営に対して意見が異なることがあるかもしれず、共同事業が置かれた環境が変化することもあり、またそれぞれの事業者の当初の思惑も変化することがあります。このような場合に当初の共同事業契約に拘束されることが必ずしも共同事業者全員にとって最適なことばかりではありません。たとえば全員一致で決定される重要事項について、意見が一致せず決定できないために、事業の運営に支障が出ることもあります。その結果、共同事業の当事者のいずれかが事業から撤退するということになってしまう場合もあります。

共同事業はいつも必ずうまくいくというものではありませんので、このような場合に備え、共同事業につきあらかじめ一定の期間を定めるとか、一定の目的を達成したら解散するとか、あるいは一定の事由が発生したらやめるなどを規定することも少なくありません。つまり共同事業からの撤退のための引き金となる事由をあらかじめ、当事者間で合意しておくこともあります。このような共同事業を終了するためには客観的な事由をあげることが求められます。たとえば、累積損失が資本の50%以上となるような事態は、累積損失の発生に突発的な事故など特別な理由がない限り、債務超過に陥る可能性が高くなり、さらにはその事業の継続が厳しい状態が予想されます。また会計上も関係会社の純資産が「著しく低下」したとされ減損処理が必要となるなど、今後の回復の可能性が立証できなければ、その時点で、今後の事業展開についての見直しも含め、事業の再検討を行うことが必要になります。このような場合、新たな資本の導入も含め、事業の再構築ができない場合には、共同事業の清算をせざるを得ないということになります。

もちろん、いずれかの当事者が事業を引き継いで事業を継続するという場合もありますので、そのためには株式や持分権益の譲渡を行うということになり、そのための譲渡の対価をどう取り決めるかという基本的な考え方をあらかじめ合意しておくことも必要となります。日本の会社法でいえば、反対株主による株式買取請求権のようなものですが、国によっては、このような株式や権益の譲渡に関して、政府等許認可機関の認可を必要とするところもありますので、撤退の場合には、特に留意が必要です。

5 架空取引・循環取引

Q 循環取引は、法的に問題ありと話題になっていますが、法務担当者として、その真偽と意味をどのように説明したらよいでしょうか？

A 循環取引が行われ、損害賠償請求が認められた福岡魚市場事件がありますが、子会社において「グルグル回し取引」などという、いわば金融取引がなされ、その在庫が蓄積して不良在庫となり、結局親会社が金融支援したけれども破綻状態となった事件です。そこでは、取引そのものが直ちに違法だとか不当だとは明確にされませんでした。

新規取引先と取引を始める場合、与信的な問題は専門の組織による審査によることとなりますが、急激に与信額が増え、また既存の取引ルートに介入するよう依頼されるとか、これまで扱ったことのない商品を扱う場合には、より注意が必要となります。

循環取引の一つとして、商社や卸売業者では、仲間内で保有在庫を転売し、在庫の保有比率を適正に維持するための商取引が普及しています。特定の商品在庫を指定倉庫に保管したまま転売買を繰り返すうちに、自社が転売したものを買取るケースもあります。指定倉庫に保管したまま（輸送中の商品を対象とすることも）転売買を繰り返すことは商社・卸売業者にとっては、通常の業務の一つとなっています。また、商品やサービスそのものは最終消費者や需要家に提供されず、当事者や業者間で転売が繰り返されているだけの取引や、与信上の問題で、信用力のある企業に取引に介入してもらうというケース（介入取引）もあります。これら商品の転売行為そのものや介入取引自体は、違法なものとして認識されているわけではなく、それを規制するものもありません。

しかしながら、このような循環取引や介入取引においては、通常、物理的に商品の提供がないことも多く、伝票のやり取りだけで行われることになりますので、当事者間の通謀により、売上高や在庫数量等を不正に操作できることになります。また、架空の発注や、取引対象の商品が実際に存在しなくても、あたかも商品の売買が行われたかのような架空取引も行われるリスクがあります。その結果、粉飾決算につながるリスクもあります。企業の売上ノルマ達成のために取引先業者と癒着している場合や、取引先からの与信や融通を断れないまま、介入取引に手を染めている場合があり、内部監査や告発などにより発覚するケースも少なくありません。

転売買取引においては通常１％程度の売買手数料が支払われる慣習があるため、正常な取引意識においては、転売した商品を同値で買い戻すと確実に損失が発生することになります。また、ファイナンス・リース取引などの場合には、リース会社としては、物理的にリース対象商品の現実の引渡しを確認していない場合も多く、そのような場合には、商品の引渡しがないので、最終的なユーザーからリース料は払わないなどという問題も発生することになります。これは典型的な架空取引です。またこのような商流を活用し、期末に保有在庫を転売し決算後に買い戻すなどの手法をもって架空の売上げを創出することが行われる余地が生じてしまいます。

これら循環取引や介入取引自体は、すべて法的に問題があるということにはなりませんが、架空の発注や、商品がないにもかかわらず、あたかもあるように装うような架空取引や、架空の売上計上については、関係者を騙す目的で行うと法的にも問題となります。

6 グローバル投資取引

Q 海外への事業投資に際して、その保護を取り決めている条約や仲裁機関があると聞いていますが、法務担当者として、その内容をどのように説明したらよいでしょうか？

A 海外への投資に際して、投資先国で不利益を被った場合、当該投資国の司法制度を利用することも可能ですが、最近は、投資協定等における投資仲裁を利用することが可能となっています。その仲裁機関として代表的なものが、ICSID（国際投資紛争解決センター）と呼ばれています。

① 投資協定とは

グローバルビジネスには投資活動も含まれますが、企業にとって、海外へ投資するためには、投資資本の収用リスクがあるかどうか、また投資資本や配当などを適法に回収することができるかどうかにかかっています。通常、このような国際的な事業投資の保護については、国家間で締結される投資協定や経済連携協定によって図られています。

この投資協定においては、投資企業が投資先国において不利益を被った場合の紛争処理手続について取り決めることが多くなっています。特に二国間投資協定は、従来、投資受入国による投資財産の収用や、その法律の恣意的な運用等のリスクから投資家を保護するため、投資後の内国民待遇・最恵国待遇、収用と補償、送金の自由、締約国間の紛争処理、締約国と投資家の紛争処理等を主要な内容とする「投資保護協定」として位置づけられています。しかしながら、このような事後的な投資家保護の枠組みに加えて、投資許可段階を含めた内国民待遇・最恵国待遇の確保、現状維持または漸進的な自由化の努力義務、自由化の後退の禁止、透明性（法令の公表、相手国からの照会への回答義務等）の確保等を盛り込んだ新しいタイプの投資協定（「投資保護・自由化協定」）が近年結ばれています。

② 投資仲裁等

このような投資関連協定には、二国間または多国間の投資協定および投資を含む経済連携協定（EPA）、また環太平洋パートナーシップに関する包括的及び先進的な協定（TPP11）、日米貿易協定や東アジア15カ国のFTAであるRCEPなどがあります。日本では、署名済みの投資関連協定を含むと、49の国・地域と投資関連協定を締結しています（2020年1月時点）。このような協定においては、投資家と投資受入国との間で投資紛争が起きた場合に、投資家が当該投資紛争につき、国際仲裁を通じて解決することができる旨の規定を設けているケースが増えています。

この投資協定仲裁でしばしば問題になるのは、収用補償義務、公正待遇確保義務、最恵国待遇義務となっています。収用補償や公正待遇確保義務に関しては、企業が投資先国で損失を被った場合に投資協定仲裁においてしばしば援用されていますが、収用補償の主張が認められることはあまりないようです。公正待遇確保義務については、仲裁廷が一般国際法上の義務以上のものと解釈するなどの方法によって、投資家の権利を幅広く認めて投資受入国に賠償責任を認めることも少なくありません。

投資家としては、投資受入国との間で投資対象事業に関連して紛争が起こった場合に、当該投資受入国における司法手続により解決するか、また国家と投資家の間の紛争解決（Investor-State Dispute Settlement：ISDS手続）に付託するかを選択することができます。そのため、最近の国際条約には、実施を円滑に行うために、紛争処理に関する規定が置かれることが多くなっています。一般的に、国際法上は、条約の解釈適用は各当事国の権限と考えられ、国際司法裁判所等、特定の紛争処理機関で紛争処理を行うためには、両紛争当事国の同意が必要とされています。

しかし、条約中に紛争処理に関する規定が置かれると、紛争が起こった場合に、一方当事国が紛争処理機関、具体的には国際司法裁判所や仲裁裁判に申立てをすれば、紛争処理機関の管轄権が自動的に生じ、他方当事国は紛争処理機関に応訴する義務が発生します。なお、投資協定によく置かれる投資協定仲裁の場合も、条約規定に関する紛争が起こり、投資家が一方当事国を相手取って仲裁に申し立てれば、被申立国に応訴義務が発生すると解されています。そして、投資受入国の協定違反や投資家の損害を認めた場合には、損害賠償の支払いを命じることができるわけです。ただし、投資受入国の法令や政策の変更を命じることはできないとされていますし、最近のようなロシアによるウクライナへの侵攻に伴う経済封鎖措置に関連した投資権益の実質的没収などという投資紛争問題も意識しておかなければなりません。

一般的に、このような投資仲裁については解決までに平均して3年～4年を要し、その訴訟費用もおよそ数千万円～数億円かかるといわれていますので、もし仲裁手続を開始する際には、費用対効果を考えた訴訟戦略を事前に十分検討しておく必要があります。

③　投資紛争仲裁機関

この投資家と投資先国家との間の紛争解決のための機関としては、国際投資紛争解決センター（International Centre for Settlement of Investment Disputes：ICSID）が利用されることが多いようですが、最近、EU では、国際投資裁判所という機構の利用も FTA において提案しているようです。この投資家と国家との間の仲裁手続に関しては、ICSID の仲裁規則をはじめとし、国際商業会議所（ICC）やストックホルム国際商業会議所仲裁協会（SCC）などの仲裁規則や、国連国際商取引法委員会（UNCITRAL）の仲裁規則が利用されるようです。

この国際投資紛争解決センター（ICSID）は、「国家と他の国家の国民との間の投資紛争の解決に関する条約」（1966年発効）の下に設立されています。ICSIDは、政府と外国投資家との間の投資紛争を解決するための中立的な国際フォーラムを提供することによって国際投資の流れを強化することを目的としており、現在ICSIDの加盟国は147カ国となっています。投資家のホスト国と母国がICSIDの加盟国である場合、ICSIDは調停と仲裁を通してそうした紛争を解決するための手続を管理することになっています。

ICSIDの仲裁人は、国際的に高い評価を受けている法律専門家とされています。仲裁裁判所は、ほとんどの場合３名で構成され、投資家が任命する仲裁人１名、投資受入国が任命する仲裁人１名、および両当事者の合意により任命され裁判長となる仲裁人となっています。

3 与信管理、債権管理と回収

1 与信管理

Q 継続的に取引を行っている取引相手から、突然、取引額の増額と支払期限の延長の申入れを受けたがどうすべきか、と営業部から相談を受けました。法務部として営業部に対してどのようにアドバイスすればよいでしょうか？

A 与信管理上の問題があるかどうか、関連部署と相談を行う必要があります。

① 与信とは

通常、企業間で取引を行う場合には、掛売りで行われることが多く、引渡し時に現金で決済するというケースはそれほど多くありません。これは、金銭の貸付と同様の信用を買主に与えるものなので、与信と呼ばれています。

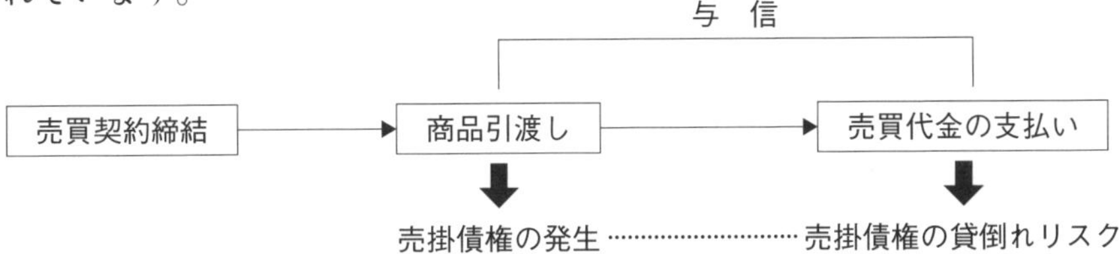

企業は、業績の悪化等によって資金繰りが厳しくなり、債務の支払いができなくなれば倒産につながります。万一、企業が倒産した場合には、一般債権者（担保や優先債権を有していない債権者）の債権は大幅にカットされるのが通常であり、資産がほとんど残っていないような場合は、債権が全く弁済されないことも多く、債権者からみると貸倒れということになります。

企業としては、取引先との取引が継続し、債権が支払期日にきちんと支払われることを前提として資金計画等を立てているため、取引先が倒産し、多額の債権の回収が困難になった場合には、企業の経営そのものや資金繰りに重大な影響を及ぼすことになりますし、最悪の場合は、連鎖倒産につながるというリスクも抱えています。

② 与信管理とは

そこで、このような取引先の倒産による貸倒れリスクから企業を守り、事業を維持・継続させていくために、与信管理は企業にとって必要不可欠な業務になっており、そのため審査部等の専門組織を有している企業もあります。

この与信管理とは、取引先の信用状況を調査・分析し、取引先ごとに与信限度（企業において許容する取引先に対する債権の上限額）を設定し、債権額がこの与信限度額を超えないように管理することにより、与信行為により発生する債権の貸倒れリスクを防止し、また、貸倒れリスクが発生した場合の損害の軽減を図ることをいいます。

取引先による取引額の増額や支払期限の延長等は、このような貸倒れリスクの発生につながるおそれがありますので、この与信管理を意識して行うことが必要となります。

③ 与信限度の設定

与信限度の設定は、与信管理の要であり、それを守ることにより、与信限度額以上の不良債権の発生を防止するという機能を有し、取引リスクにおける管理を可能とするものです。

この与信限度には、（a）売り限度（商品の掛売り）、（b）前払限度（商品代金の前払い）、（c）預託限度（商品等の預託）、（d）融資限度（金銭の貸付）、（e）借入金等の債務の保証等があります。

以上からも明らかなように、売り先だけでなく、仕入れ先についても、与信管理が必要となります。

この債権の限度額の算出方法としては、スポット（1回限り）の取引の場合は、その取引金額となりますが、一方、継続取引の場合は、取引期間中のピークの債権額がこれにあたります。たとえば、売買取引の場合は、「商品単価×月間売買見込数量×決済サイト（引渡日から代金支払日までの月数）」によって算出されます。

通常、与信限度額は、与信見込額（最大債権見込額）をもとに、次のような内容を勘案して、自社として許容できる適切な限度額を決めることとなります。

❶ 取引先の財務情報
❷ 営業部門等の戦略・取組方針
❸ リスク・リターン～与信リスクに見合った適正な利益が得られるか
❹ 自社の体力～貸倒れが発生した場合、自社に耐えられるだけの体力（自己資本の額や資金調達力等）はあるか
❺ 債権保全措置

2 債権の保全（担保）

Q 与信限度を設ける際には、たとえば、取引先の倒産など、万一の場合を想定しておく必要があります。このような時でも、可能な限り債権回収をするためには、どのような保全策を検討すればよいでしょうか？

A 担保を取得しておき、不測の事態に備えておく必要があります。

① 担保の重要性

取引先が倒産した場合には、会社資産はまず担保権者と優先債権者への弁済に充てられるため、残った資産が一般債権者に平等に分配されることになります。このため、一般債権者に対する配当は一般的には少なくなります。しかし、事前に担保を取得していれば、他の債権者より優先して弁済を受けることが可能となります。この担保についても、換価性の高いものが必要であり、これが債権保全に最も重要な点です。

担保は「転ばぬ先の杖」なので、取引の開始時に取得するのが基本であり、取引先の信用状態が悪化し、倒産するおそれが出てきてから担保を取得するのは、ほかの債権者との関係でも非常に難しいということを認識しておくべきです。

担保を取得する場合の注意点としては、

❶ 担保物件の現物を確認すること（不動産であれば現場を見る、商品であれば現物を見る）。

❷ 換価性の高い担保価値が見込める担保を選ぶこと。

❸ 対抗要件具備手続を迅速に実行すること。

❹ 与信限度額以上の担保限度額を設定しないこと。

❺ 将来の担保の解除・変更や取引の維持・拡大等を約束しないこと。

② 担保の種類

担保には、債権者と担保提供者との契約により発生する担保（(根) 抵当権、質権、譲渡担保等の約定担保）のほか、当事者間で契約しなくても、一定の要件を満たせば、法律上当然に発生する担保（先取特権、留置権等の法定担保）があります。

また、民法等の法律で規定されている典型担保（(根) 抵当権、質権、先取特権、留置権、仮登記担保等）と、民法等の法律には規定されていませんが、商慣習上発生し、判例で認められるようになった非典型担保（譲渡担保、所有権留保等）があります。

これらは、以下のように担保対象物に応じて換価性等を考慮し、どの担保を取得するかを検討しなければなりません。

担保に取れる物件とその担保の種類および対抗要件

およそ企業の貸借対照表の資産の部に載っている資産は、ほとんど担保の対象とすることができます。その主な物件、担保の種類および対抗要件は次のとおりです。

担保物件		担保の種類	対抗要件
1．現金		保証金（担保預り金）	現金の引渡し（債権者が保管）
2．定期預金		質権（債権質）	確定日付のある第三債務者（銀行）の承諾
3．不動産 （土地・建物）		（根）抵当権 譲渡担保	登記（（根）抵当権→設定登記、譲渡担保→所有権移転登記）
4．株式		質権 譲渡担保	A. 上場株式：債権者の証券口座への振替手続 B. 非上場株式 ①株券あり→株券の引渡し（債権者が保管） ②株券なし→株主名簿への記載・記録
5．動産	①特定動産 （機械・商品等）	譲渡担保	①引渡し（債権者が保管） ②占有改定による引渡し（担保提供者が保管） ③動産譲渡登記
		質権	引渡し（債権者が保管）
		所有権留保	対抗要件は不要であるが、所有者の明認措置が重要
	②集合動産 （商品等）	集合動産譲渡担保	①占有改定による引渡し（担保提供者が保管） ②動産譲渡登記
6．債権	①特定債権 （売掛金・貸付金等）	譲渡担保 質権	①確定日付のある第三債務者への通知または第三債務者の承諾 ②債権譲渡（または質権）登記
	②集合債権 （売掛金等）	集合債権譲渡担保	同上
7．知的財産権 （特許権・商標権等）		質権 譲渡担保	登録（質権→設定登録、譲渡担保→権利移転登録）
8．ゴルフ会員権・リゾート会員権等		譲渡担保 質権	確定日付のある第三債務者（ゴルフ場）への通知または第三債務者の承諾

※なお、このような担保の利点（優先弁済権）を第三者に主張するためには、物的担保の設定を第三者に知らせることが必要とされます。これが対抗要件です。

3 よく利用される担保

Q よく利用される担保には、どのようなものがありますか？また、その違いをどのように説明したらよいでしょうか？

A （根）抵当権、質権、譲渡担保等があります。また、換価性の高いものには、債権譲渡があります。

①（根）抵当権

（根）抵当権とは、担保物件（不動産等）を担保提供者に占有・使用させながら担保の目的となし、債務の弁済がなかったときにこれを競売し、その換価代金から優先的に弁済を受けることのできる担保権のことをいいます。そのため、不動産を担保の目的物とすることが多くあります。

（根）抵当権には、既に発生している特定の債権（たとえば、令和○年○月○日付金銭消費貸借契約に基づく貸付債権）を担保する抵当権と、既に発生している債権だけでなく、将来発生する不特定の債権を担保するためのものが根抵当権です。その違いは、以下の表のとおりです。

◉抵当権と根抵当権の主な違い

項目	抵当権	根抵当権
①付従性	ある（被担保債権が弁済等で消滅すれば、抵当権も消滅する）	元本確定前はない（被担保債権の範囲に属する債権が消滅しても、根抵当権は消滅せず、入れ替わりに新たに発生する債権を担保する）
②随伴性	ある（被担保債権が譲渡されれば、抵当権も移転する）	元本確定前はない（被担保債権が譲渡されても、根抵当権は移転しない）
③被担保債権の定め方	特定の債権の内容・金額を定める	不特定の債権の範囲と極度額を定める
④優先弁済の範囲	元本および２年分の利息・損害金	極度額の範囲内であれば、何年分の利息・損害金でもよい

根抵当権の被担保債権・極度額の定め方としては、（a）特定の継続的取引契約によって生じる債権、（b）一定の種類の取引（売買取引、請負取引、金銭消費貸借取引等）によって生じる債権、（c）特定の原因に基づき債務者との間に継続して生じる債権、（d）手形・小切手上の債権等という取決めを根抵当権設定契約書において定めることとなります。また、極度額としては、債権の元本のほか利息・遅延損害金等を含む債権極度額を設定することとなります。

根抵当権は、一定の事由（元本確定事由）が発生すると、その時点で存在する特定の元本債権のみを担保するものに変わってしまい、以後に発生する債権は担保されなくなります。

◉主な元本確定事由

❶ 確定期日の到来（元本確定期日を定めた場合）

❷ 根抵当権設定後3年を経過したことを理由として根抵当権設定者から元本確定請求があった場合（元本確定期日を定めなかった場合）

❸ 根抵当権者が対象不動産に対する競売手続の開始または滞納処分による差押えがあったことを知ったときから2週間を経過したとき

❹ 債務者・根抵当権設定者が破産手続開始の決定を受けたとき

② 質権

質権とは、債権者が担保として提供を受けた物件を、債務が弁済されるまで留置して、債務の弁済がなかったときにこれを競売または任意処分し、その換価代金から優先的に弁済を受けることのできる担保権のことをいいます。

質権がよく利用されるのは、債権者が占有（保管）することが可能な場合ですが、一般的には、株式や債権（なかでも預金債権や火災保険、敷金や保証金等）が利用され、また、特許権・商標権・著作権等の知的財産権に関しても利用されていますが、譲渡担保でも可能です。

この質権に関する対応要件としては、動産を質権に取る場合は、担保提供者から動産の引渡しを受け、占有することです。また、定期預金、火災保険、敷金・保証金を質権に取る場合は、第三債務者（定期預金→銀行、火災保険→保険会社、敷金・保証金→賃貸人）の承諾書を取得し、それに確定日付を得ておくことが必要となります。なお、知的財産権を質権に取る場合は、登録手続を行うことが必要になります。

③ 譲渡担保

譲渡担保とは、債権者の債務者に対する債権を担保するために、担保提供者（債務者または債務者以外の第三者）が所有する物件の所有権を債権者に譲渡して、債務者が債務を弁済しなかったときに、その物件の処分等から他の債権者に優先して自己の弁済を受けるという担保権をいいます。

しかし、譲渡担保は、抵当権や質権のような法律で定められている典型担保ではなく、商慣習上発生し、判例上認められるようになった非典型担保です。これまで、担保提供者が日常占有・使用している機械や商品等の動産を担保に取る場合、古くは民法で定める質権という方法しかありませんでした。ところが、質権の場合は、要物性を有し、担保物件を債権者に引き渡さなければ質権の効力が生じないため、担保提供者は担保物件を自ら占有・使用できないことになり、営業に支障を来すという問題がありました。

抵当権であれば、担保提供者に占有・使用させたまま担保に取ることができますが、抵当権で担保に取れるのは不動産に限られており、機械や商品等の動産は工場財団抵当を除き、抵当権の目的物とすることができません。そこで、機械や商品等の動産を担保提供者に占有・使用させたまま担保取得する方法として考え出されたのが譲渡担保です。

なお、最近では、特定債権（特定の売掛金等の債権）や集合債権（現在または将来発生する不特定の債権）、また集合物（商品等の入出荷される資産）に関しても、譲渡担保が利用されることが増えてきています。

④　担保としての債権譲渡

この債権や集合債権譲渡担保を設定する場合は、譲渡債権を特定するため、第三債務者の住所・会社名、譲渡債権の種類・対象商品・発生期間を明記することとなります（平成17年（2005年）の債権譲渡特例法の改正により、将来債権については譲渡に係る債権の総額を登記しなくてもよいこととされました）。

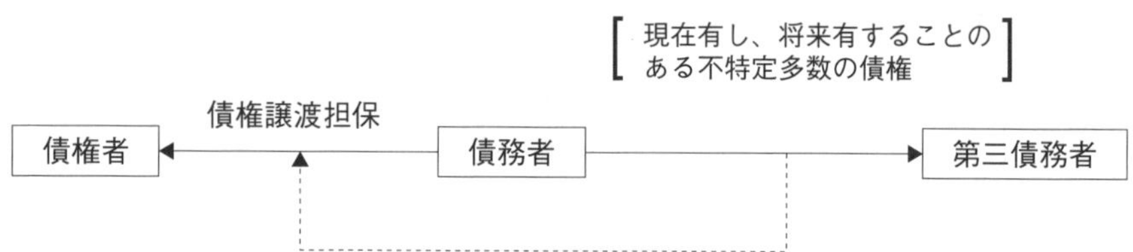

従来は、登記制度がなく、民法上の対抗要件しかありませんでしたが、契約時に第三債務者に債権譲渡通知書を発送すると、第三債務者の信用不安を引き起こすおそれがあります。したがって、債権譲渡通知書は債務者の倒産時に発送せざるを得ませんが、その場合は、「対抗要件の否認」の問題が生じます。そこで、停止条件付型・予約型契約を締結し、債務者の倒産時に効力を発生させ、第三債務者に「債権譲渡通知書」を発送する方法が取られていました。その後、対抗要件の否認を認める判例（最二小判平成16年（2004年）７月16日民集58巻５号1744頁）が出され、停止条件付型・予約型契約は対抗要件の否認の問題をクリアできる有効な手段にはならなくなりました。

一方、平成10年（1998年）に動産・債権譲渡特例法が制定され、債権譲渡の対抗要件具備の方法として新たに債権譲渡登記制度が導入されたため、現在は、債権譲渡契約を締結し、契約時に債権譲渡登記を行っておき、債務者の倒産時に第三債務者に登記事項証明書付き「債権譲渡通知書」を発送するという方法が主流になっています。

この方式は、債権流動化の一環として利用されている債権譲渡においても利用されています。

⑤　電子記録債権の譲渡担保・質権設定

電子記録債権制度とは、電子記録債権法に基づき、磁気ディスク等をもって電子債権記録機関が作成する記録原簿に電子記録することにより、はじめてその発生、譲渡等が行われることになる金銭債権のことです。

この電子記録債権制度が導入された理由としては、売買取引等により発生する通常の債権（指名債権）は、支払期日まで待たなくては資金化できませんが、指名債権を支払期日前に資金化するためには、指名債権を第三者に債権譲渡するか、指名債権を手形（手形債権）化し、この手形を第三者に裏書譲渡するかの二つの方法しかありませんでした。しかし、指名債権の場合は、債権の存在や帰属が不明確なためその確認を要し、また譲渡する際の対抗要件の取得に手間がかかる上、同一の債権が二重に譲渡されるリスクがあります。そこで、指名債権や手形債権の場合のリスクやデメリットを排除し、安全かつ円滑な債権の流通を確保するために創設されたのが電子記録債権法に基づく電子記録債権制度です。

そこで、電子記録債権の譲渡担保・質権設定も、電子債権記録機関の登録原簿に譲渡記録・質権設定記録と呼ばれる電子記録をすることによって効力が生じることになります。この譲渡記録・質権設定記録も、電子記録権利者（譲受人・質権者）と電子記録義務者（譲渡人・質権設定者）が電子債権登録機関に請求することによって行います。

4 債権回収

債権回収とは、債権者が自己の売掛金等の債権を回収することですが、その方法や手段には様々なものがあります。ただ、当然のことながら、違法な手段は許されず、適法なものであることが必要ですし、ほかの債権者の権利を侵害するような手段や方法（詐害行為）は避けるべきです。この詐害行為に関しては、それが債権者を害することを知りながら行った場合には、その取り消しが認められることとされています。特に法的な手続においては管財人等から否認され、取り消しの対象となる可能性がありますので留意すべきです。

いずれにしても債権回収は、法的な手続における制限はあるものの、債務者の財産のうち、処分換価性の高い、つまり処分が可能な財産から回収することが望ましく、そのなかでも流動性の高い売掛金などがまずは対象とされることとなっています。また、ほかの債権者に優先して早期回収を図ることが望ましく、そのためには、相手方の倒産の予兆などを可能な限り早くつかむことが求められます。そして相手方である債務者の協力が必要な場合が多いのですが、通常は、協力を得ることが難しい状態での対応が必要となることを意識しておかなければなりません。

以下、具体的な債権回収策とそこでの問題点を解説することとします。

① 具体的な債権回収策

Q 「継続的に取引を行っている取引相手が、手形の不渡り処分を受け、倒産したという情報を知ったのですが、債権を回収するためにどうしたらよいか」という相談が営業部からありました。法務としてはどうしたらよいでしょうか？

A まずは相手方の債権債務関係の確認と、法的手続の有無を確認した上で、具体的な回収手段や方法を至急検討すべきです。

納入商品の引揚げ

自社が納入した商品がまだ相手方にある場合には、引揚げることにより当該納入商品の売買代金債権の回収を図るという方法がありますが、重要なのはそのタイミングです。もし民事再生等の法的整理の申立て後であれば、通常は保全処分命令（処分禁止の仮処分等）が出されることが多いので、実際に商品の引揚げをすることは困難となります。

この引揚げに際しては、まずは売買契約の解除を行い、解除に伴う商品の返還を受けるという方法や、先取特権・所有権に基づく取戻しを請求するという方法になりますが、いずれにしても相手方から書面による同意を得ておく必要があります。万一、相手の同意を得ず勝手に引揚げた場合には、窃盗や住居不法侵入等の刑事上の罪に問われる可能性がありますし、取引先から不法行為に基づく損害賠償を請求されるおそれもあります。

債権・債務の相殺

取引先に対し債権を有している場合、取引先に対する反対債務があり、その双方について弁済期が到来しているとき（相殺適状）には、一方的な意思表示（相殺通知）で相殺が可能となります。もし相殺適状にない場合には、相手方の同意（相殺契約）があれば、相殺が可能となります。これは実は最も簡易な債権回収手段ですが、相殺を可能とする債務が債権者側に存在すること（場合によっては、取引先から商品を購入するなどにより債務を創出することもあります）、また債権自体について、弁済期が到来していることが必要となります。そのため、期限の利益喪失条項を設けることで、このような弁済期の到来を可能とする方法がとられています。

通常、（ａ）債務者が破産手続開始の決定を受けたとき、（ｂ）債務者が担保を毀損または滅失したとき、（ｃ）債務者が担保を提供する義務を負う場合において、これを供しないときなどが法的に認められている期限の利益喪失事項となっています。したがって、売買契約書や担保契約書等で以上を含めた「期限の利益の喪失条項」を定めておけば、この事由に該当したときに債権の弁済期を到来せしめ、債務との相殺が可能となりますし、「相殺予約条項」を定めている場合も同様です。

民法（債権関係）改正法（平成29年（2017年）６月２日公布）（以下、「民法改正法」という）の制定により、相殺禁止条項について、以下の改正が行われています。これまでは、相殺禁止特約があるときは、相殺することができないとされつつ、この特約を知らない善意の第三者には対抗することができないとされていましたが、改正法では、相殺禁止の意思表示については、第三者がこれを知り、または重大な過失によって知らなかったときに限り、その第三者に対抗することができることと改正されています（同法505条２項）。

債権譲渡

債権回収には、取引相手方から直接回収することだけでなく、取引相手方の取引先である第三者から回収するという方法もあります。つまり取引相手方が商品の売買などで得た第三者に対する売掛金債権という財産を利用するもので、その売掛金債権の譲渡を受けることができれば、その譲受債務と当初の債権とを相殺するというものです。この債権譲渡については、債務者および第三者に対する対抗要件を具備することが必要ですが、その方法としては、以前は、債権譲渡通知という手段が利用されており、「確定日付のある通知」が必要で、通常は内容証明郵便によって行われていました。

しかしながら、このような対抗要件を具備することは実務的には煩わしく、また債権が二重に譲渡された場合などの優劣の関係も不明確となるなどの問題がありました。そこで、指名債権や手形債権の場合のリスクやデメリットを排除し、安全かつ円滑な債権の流通を確保するために創設されたのが電子記録債権法に基づく電子記録債権制度となります。この電子記録債権は、電子債権記録機関が作成する登録原簿に発生記録と呼ばれる電子登録をすることによって効力が発生することとなっています。そしてこの発生記録は、電子記録権利者（債権者）と電子記録義務者（債務者）が電子債権登録機関に請求することによって行う制度です。

民法改正法により、債権譲渡禁止条項について、以下の改正が行われています。これまでは、譲渡禁止の特約をした場合には、譲渡は認められず（債権譲渡は無効）、ただ善意の第三者が譲渡を受けた場合には譲渡禁止条項特約は対抗できないとされ、債権の財産性と取引の安全性の調和を図っていましたが、改正法では、譲渡制限の意思表示として、債権の譲渡の効力は妨げられない（債権譲渡は有効）と改正されています（改正法466条２項)。ただし、悪意または重過失のある譲受人その他の第三者に対しては、債務者はその履行を拒むことができるとされています（改正法466条３項)。

②　法的手続による場合

法的手続による債権の回収に関しては、裁判所において認可を受けた弁済計画や配当表によって債権の分配が行われますので、各債権者が勝手に債権の回収を行うことができないなど、様々な規制があります。もし万一、法的手続外により回収を行った場合には、その行為が否認され、また取り消されて返還をしなければならないこととなります。

なお、留意すべき事項として、破産等の手続開始前の一定期間内に、担保権を取得したり、相殺等を行う行為に関しては、ほかの債権者の権利を詐害する行為に該当するとして、詐害行為取消権が行使されることもあります。

◉法的整理手続の比較

	民事再生	会社更生	破産	特別清算
①類型	再建型	再建型	清算型	清算型
②根拠法	民事再生法	会社更生法	破産法	会社法

	民事再生	会社更生	破産	特別清算
③対象企業	法人・個人	株式会社のみ	法人・個人	清算中の株式会社
④目的	事業・経済生活の再生	事業の維持・更生	債務者の財産の清算、公平な分配	迅速かつ公平な特殊な清算手続
⑤申立原因	①破産手続開始原因たる事実の生じるおそれがあるとき。 ②事業の継続に著しい支障をきたすことなく弁済期にある債務を弁済することができないとき。		①支払不能にあるとき。 ②法人の場合は、支払不能・債務超過状態にあるとき。	①清算の遂行に著しい支障をきたすべき事情があるとき。 ②債務超過の疑いがあるとき。
⑥申立権者	①債務者 ②債権者(上記申立原因①の場合のみ)	①債務者 ②一定の債権者 ③一定の株主 (②③は、上記申立原因①の場合のみ)	①債務者 ②債権者 ③債務者が法人の場合は、取締役・理事・業務執行役員・清算人等	①債権者 ②清算人 ③株主 ④監査役
⑦整理主体	債務者・再生管財人	更生管財人	破産管財人	清算人
⑧債務の弁済計画	再生計画(法定多数の同意)	更生計画(法定多数の同意)	破産管財人作成の配当表	協定(法定多数の同意)
⑨担保権の行使	担保権の行使は可能(ただし、中止命令制度・担保権消滅制度あり)。	担保権の行使が制限される。	担保権の行使は可能(ただし、担保権消滅許可制度あり)。	担保権の行使は可能(ただし、中止命令制度あり)。
⑩特徴	①会社更生に比べ、手続が簡易かつ迅速。 ②主に中小企業に適している。	①企業再建のための強力な手続であるが、厳格かつ重装備なため、時間と費用が掛かる。 ②比較的大規模、債権者多数の企業に適している。	①公平弁済に重点をおいた清算手続であるが、手続が厳格なため、時間が掛かる。 ②破産の配当率はかなり低い。	①破産と比べて手続が簡易かつ迅速。 ②清算中の会社しか使えない。

なお、法的整理破産手続においては、担保権の実行が可能かどうかによって取扱いが異なっています。

❶ 民事再生の場合は、別除権として、再生手続外で担保権の行使が可能となっています。ただし、事業継続に必要な資産について、相当期間（３カ月が限度）を定めて、担保権の実行（競売手続）の中止命令が可能となっています。

❷ 会社更生の場合は、担保権は別除権として取り扱われず、その被担保債権が担保物件の価額の範囲内で更生担保権として取り扱われます。(根) 抵当権、質権、先取特権、商事留置権のほか、譲渡担保、

所有権留保、ファイナンス・リースなども更生担保権として取り扱われています。担保物件の価値にもよりますが、更生担保権については、通常は免除されずに全額弁済されることが多いようです。

❸ 破産の場合は、破産手続外での担保権の行使が可能となっています。ただし、担保権消滅許可制度（破産管財人が担保物件を任意に売却し、当該物件に設定されているすべての担保権を消滅させる制度）がありますので、注意が必要です。

❹ 特別清算の場合は、清算手続外での担保権の行使が可能となっています。ただし、民事再生と同様の担保権実行中止命令があります。

双方未履行の双務契約の取扱い

双方未履行の双務契約とは、契約当事者の双方に対価的な関係のある債務が生ずる契約のことです。つまり、債務者の整理手続開始時点で、契約当事者双方の債務が履行されていないことをいいます。たとえば、商品の売買契約では、売主は買主に対する商品の引渡し債務が未履行の場合で、買主は売主に対する商品の売買代金支払債務も実行していない場合をいっています。

双方未履行の双務契約に関しては、以下のとおりその解除権の行使が債務者にしか認められないという制約があります。

◉法的整理における双方未履行の双務契約の取扱い

	民事再生	会社更生	破産
①契約解除・履行の選択権	債務者側	債務者側	債務者側
②債務者が選択権を行使しない場合	契約を履行するとみなされる	契約を履行するとみなされる	契約を解除したとみなされる
③契約解除を選択した場合の相手方の損害賠償請求権	再生債権	更生債権	破産債権
④契約履行を選択した場合の相手方の債権	共益債権	共益債権	財団債権
⑤約定解除権の行使（倒産解除特約の効力）	否定される可能性が高い	否定される可能性が高い	可能性は低いが、否定される場合もある

③　契約残の出荷差止など

倒産等で担保権の実行を行い、債権の回収に努めなければならない場合には、債権を増やすことは回収不能となる不良債権が増加することにもなりかねません。しかし、相手方との関係や既存の契約の解除ができず、契約上の履行義務が残るような場合には、契約残の出荷差止が必要な場合もあります。

そのためにも、倒産等の手続の場合に、契約を解除できるような取決めをしておくことが望ましいわけですが、このような取決めをせずに、一方的に契約の解除を行い、出荷の差止を行った場合は、契約違反として、損害賠償を請求されるおそれもあります。しかしながら、契約の締結後に相手方の信用状態が悪化し、代金支払が期待し得ないような場合には、信用不安を理由に商品の引渡しを拒否（出荷差止）することも認められています（信用不安の抗弁権）。そのためには、取引先の経営状態を調査するか、または取引先に財務内容の開示（決算書の提出等）を要求し、取引先の経営状態が相当悪化していることを確認することが必要となります。

4 契約作成（含む契約交渉）と契約管理

1 契約の作成

Q 「すべての契約に法的拘束力があるのか」という質問をされることがありますが、法務担当者として、どのように説明したらよいでしょうか？

A 契約としての法的拘束力は、その履行を強制したり、違反した場合に、一定の制裁や損害賠償請求などの権利の行使を認めるというものです。

① 契約とその法的拘束力

経済活動においては、「契約」が非常に重要な役割を果たしています。特に企業活動一般において、お互いの権利や義務等を確認し、また財産の移転やサービスの提供等を確認するために「契約」が利用されていることはご存知のことと思いますので、ここでは契約についての説明は省略します。

一般的な企業活動における契約関係においては、社会的制裁があるので契約は必ず守られるもの、と断定することもできません。通常、契約は順守されるものと期待されていますが、現実には契約を順守することができない状況が発生することもあります。そのような場合に対しては、契約の履行ができないことによる損害賠償等、一定の制裁が法的に認められており、これを「法的拘束力」といいます。

「契約」としての法的な拘束力を認めるということは、それに違反した場合に一定の制裁や権利が発生し、その行使が保証されることを意味しています。つまり、「契約」とは、その履行を強制したり、損害賠償請求が認められたりする等、一定の法的拘束力を有するものになります。

② 法的拘束力のある契約書とは

法的拘束力を認める「約束」、つまり「合意」が「契約」であり、この契約を書面で確認するものが「契約書」です。

一方、基本的な条件がほぼ固まった段階で、一定の合意事項を確認するために、当事者間において議事録や意向書、基本合意書あるいは予備的合意書（英文では、Letter of Intent とか Memorandum of Understanding 等という文書）等といった書面が交わされることがあります。これらの書面は、いまだ正式な契約の締結には至っていないものの、交渉当事者間で、その時点における合意事項を確認する趣旨で作成されています。

これら議事録や予備的合意書については、「契約書」ではないので法的な拘束力はないと考える営業の担当者がいます。しかし、最終的に正式契約が締結できなかった場合に、一方の当事者にその責任がある等として損害賠償請求等がなされる場合が少なくありません。そのためにも交渉途中で取り交わされることのある議事録や予備的合意書等に関して、法的な拘束力があるかどうかを明確にしておくことは非常に重要となります。

③ 契約書の作成

契約書の目的が何らかの理由で達成されない可能性もあります。そのリスクを回避するために、必要なリスク分析がなされ、法的問題を含むリスクや問題が的確に認識され、解決策をあらかじめ規定しておくことが重要となります。そのため、契約書の作成にあたっては、単なる文書作成の技術だけでは十分ではなく、法的分析力が非常に重要となるわけです。

法律実務は、紛争解決を目的とした「訴訟実務」と紛争予防のための「予防法務」に大別されますが、契約実務の世界では、紛争発生後の紛争処理のためにというよりは、紛争を未然に防ぐという予防法務がそのほとんどを占めています。

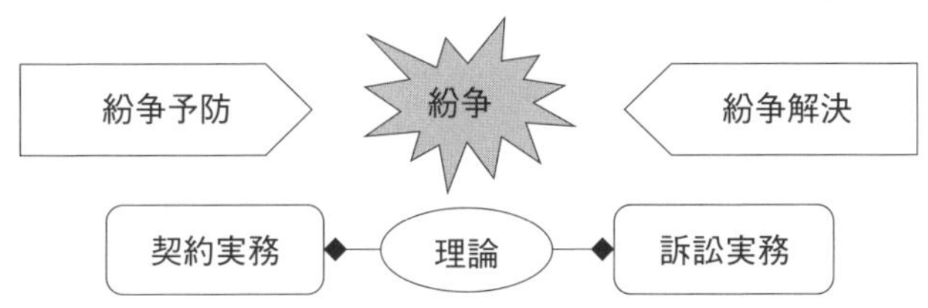

ちなみに、訴訟実務の世界では、現実に紛争となった事案に関して、如何に紛争を解決するかという点に重きを置きながら、紛争処理のための訴訟技術や紛争処理を前提とした法的知識を駆使して訴訟相手と戦うことが中心となっています。法曹実務家になるための法理論教育は、どちらかというと訴訟実務に関するものが多いのは確かです。しかし、予防法務が中心となる契約実務においては、訴訟結果を見据えた法理論の理解も必要で、どちらかというと紛争予防という目的を達成するための法理論が必要となります。

これがリスクマネジメントの一環としての予防的な役割を果たす契約実務の重要な機能であるといえます。

2 契約作成とリスク予防

Q 契約書の作成はリスクを予防するとよくいわれますが、法務担当者としては、どのようなリスクを防止することができますか？

A 取引に対して、リスクをすべて網羅するということはできませんが、法務担当者としては、少なくとも将来訴訟にならないようにする（つまり紛争を予防する）ということの重要性は、考えておく必要があります。

①　予防法務としての契約実務

契約作成プロセスのなかで、将来発生することが予想される契約の不履行のリスクやクレーム・紛争等をあらかじめ想定して、その対応策を考えておくということは、予防法務のためにも非常に重要となります。特に契約書の作成実務においては、リスクの想定、リスク分析とリスク回避というリスクマネジメントを行うことが必要です。またリスクマネジメントは紛争の未然防止ということだけでなく、取引の円滑な遂行のためにも重要となります。

契約実務においては、取引上発生する可能性のある金銭的なものだけでなく、法解釈等の法的リスクも含めた、あらゆるリスクを想定して、それぞれに対応した回避策等、紛争を予防することを目的とする必要があります。そのなかでも、それぞれのリスク分析の結果に応じて訴訟に至った場合の立証責任も含め、責任のとり方を明確にしておくことが大切です。法律や法解釈に頼るのではなく、それを契約書に取り決めておくことで、当事者間で紛争や解釈に疑義が生じた場合でも、訴訟に至るリスクも減少することができるからです。また、必要な証拠書類を用意しておくことにもつながり、万一の場合に対応がしやすくなるというメリットがあります。

② 法務担当者がやりがちなミス

企業における契約書作成実務に際して、法務担当者として注意しなければならないのは、契約書を作成する目的をよく理解し、取引を進める営業部門等の意図を事前に十分確認しておくことです。法務担当者がとかくやりがちなミスとして、営業担当者の話を十分に聞かないまま、既存の典型契約に当てはめ、定型的な契約類型に沿って作成作業に入るケースや、相手先から提供された契約書案をそのまま利用して検討するケースがあります。

以下、法務担当者として留意すべき事項について確認したいと思います。

目的は明確か

契約書を作成するにあたり、最も重要なことは、その目的が明確かどうかです。「なぜ契約書を交わさなければならないか」「そのねらいは何か」等をよく理解しておく必要があります。

一般的に、契約書を作成する目的は、取引当事者間における合意事項を書面化し、将来疑義が生じないようにすることです。しかし、そこでは取引条件に関し、それぞれの当事者が履行すべき事項の確認、および当事者間でのリスクの分担等を取り決めておくことが必要です。その結果、将来の紛争を予防するという目的が達成されることになります。

取引実態の確認

契約書を締結するということは、その前提として、取引実態の存在と、それが正確に反映されていることが重要となります。当然のことながら、取引実態や取引関係の裏付けがないようなものに関して、契約書を作成することはありえません。取引実態や取引関係を反映していない契約書は法的な効力が否定される可能性があります。

実際には、当事者間だけの話だからといって、形だけを整えるための契約書を作ることや、一つの取引に関して、複数の契約書や異なる内容の契約書を作成することもあるようですが、取引実態や取引関係が存在しないにもかかわらず、あたかもそれがあるかのように装った契約書やそれに類似した契約書は当然のことながら作成すべきではありません。

法務担当者としては、契約書のチェックに際して取引の実態を確認することが特に求められます。

虚偽の契約書ではないか

実態のない取引に対する虚偽の契約書であっても、それに実際に署名した場合には、その契約書等による取引実態や取引関係が存在しているとみなされ、その内容に拘束されることもあります。また、この契約書は頼まれて作成したものであるとか、取引実態や取引関係はないという言い訳もできません。さらに、頼まれたといっても、相手方は、いつ何時、心変わりをするかもしれません。

一般的に、虚偽の契約は、相手方と示し合わせて作成されたものとして、法律上も無効とされることになっていますが（通謀虚偽表示（民法94条１項））、それを本当だと信じた善意の第三者に対してはその無効を主張することはできません。つまり、虚偽の契約であっても一旦作成されてしまえば、それは有効な契約としての効力が生じる可能性があります。

既存契約の見落とし

契約書を作成する段階でとかく見落としがちな、特に重要な点として、対象となっている取引に関し、今までにどのような契約書あるいは文書が取り交わされていたのかを確認しておくということがあります。もしそのような文書が過去に存在していた場合には、その文書の処理を含め、整合性について検討しておかなければなりません。

既存の契約の存在を知らないまま、過去の文書は関係ないという営業部門の説明や判断をそのまま受けてしまっている場合も少なくありません。実際には、契約書自体はないものの実質的に契約となる書面等がすでに交換されていたりすることもあります。営業担当と話をしているうちに、実は、この取引に関して、このような書面の交換があったという話や、その書面の交換により、すでに両者間で契約が成立しているのではないかというようなことは、結構多いのではないでしょうか。

過去の契約と内容的に矛盾しているような場合には、どちらが優先して適用されるのかという疑問等が生じることとなります。場合によっては、どちらかが無効となってしまうか、あるいは相手方に都合のよいものだけが採用されてしまうとか、最悪の場合は、いずれも無効となってしまうこともあるかもしれません。

遡及的な契約書

すでに履行が終了してしまっている取引等に関して、後日の証拠書類とするため等として、契約書を改めて作成するという場合や日付をバックデートして作成することもあるかと思います。これに関しては、契約日には、このような契約書は成立していなかったとか、契約日における署名者は不在だとか、異なっている等という理由で、無効だと主張されるような問題が生じる可能性もあります。

このような場合でも、契約書を作成する必要性等に関して合理的な理由は必要となりますし、その契約書を作成した目的を明確に認識しておくことも必要となります。もし、どうしても遡及して契約書を作成しなければならない場合には、契約書の本文において、本契約は、遡及日にはすでに成立しており、それ以降の取引にも適用されている等という形で、過去の事実を改めて確認しておくという方法があります。

3 契約交渉

Q 契約書の交渉にあたり、相手方からそのドラフトの提案がなされることもよくありますが、法務担当者としては、どのような点に注意をしたらよいでしょうか？

A 相手方が提案するドラフトというのは、通常、相手方の都合および有利な交渉ができるようになっていることが多く、法務担当者としては、その文言から発生するリスクや問題を、あらかじめ把握しておくことが望ましいといえます。

① 相手方提案の契約書の是非

契約書の交渉に際して重要な点は、契約書のドラフトは誰が作成しているのかという問題です。自社がひな型を用意したり、市販の契約書例を利用して作成したりすることもあるかもしれませんが、現実には、相手方から契約書案の提示を受け、それをたたき台として検討してほしいという要請があることも少なくありません。

もしこのような要請があった場合には、取引形態や取引の目的は当然として、今までの当事者間における取引の経緯や歴史あるいは履行の実績等に関しても、十分な情報を調査しておくことが望まれます。こういった調査を十分に行うことなく、提供された契約書案だけをベースに契約の交渉をしたり、契約書を作成したりすると、どうしても記載されている条項の文言しか考慮の対象となりませんし、それだけをみて是非の判断をしてしまうことになります。このような形式的な検討や判断をすることによって、リスクを見落とすことにもなりかねません。

そこで、過去の取引の経緯や歴史等を意識しながら、提案された条項の意味、必要性の有無や想定リスクを含め、その条項から法的な問題や自社にとって不利となるリスクや予想外の問題等が生じないかどうかという点を検証しておく必要があります。

自社のドラフトを提案できればベストだと思いますが、十分に時間をかけることができるのであれば、相手方のドラフトから相手方の求める条件等をあらかじめ理解して、対応を検討することも可能です。そうすれば、妥協すべき点の見極めもつきますので、自社作成のドラフトに固執する必要はないと思います。

最善の状態を目指す

契約の交渉に際しては、相手方との合意を目指すという目的には変わりありません。しかし、合意の形成を重視するあまり、不必要に妥協したり、安易に相手方の条件を受け入れてしまったりという形で決着させてしまうことは、当該取引自体の目的や目指す到達点から外れてしまうことにもつながります。

交渉の結果、得られる成果に関しては、当然のことながら自社にとってベストの条件や状態であるのかどうかという点を明確に意識しつつ、社内でも共有しておくことが必要となります。ベストな条件といっても、現実的で、十分に合理的な説明がつくものであることが望まれますし、非現実的な条件の設定は、交渉を混乱させ、相手方の信頼を失うというリスクも念頭に置いておかなければなりません。

遠慮をしていないか

相手方から提案された契約書案を検討する場合、重要な点は、重要な取引先であるとか、大企業であるから等という理由で、相手側からの要求なので変更はできないとか、こちらから修正を求めることはできない等という遠慮や忖度をしてしまうことです。ちょっとした遠慮や忖度を

したために、後で悔やむということがないようにしておかなければなりません。

対象となっている契約が、いわゆる日常的なものであればともかく、そうでない場合、特に新規の取引に関するものや、複雑な取引、あるいは、これまで取引したことがない新規取引先等との契約である場合には、潜在的なリスクをあらかじめ洗い出すという点では、法務の機能が必要とされます。そのためにも、やはり取引実態や取引関係を熟知し、かつ最終的なリスクを負担する営業担当者等との間で、よく議論をしておく必要があるのではないでしょうか。

②　相手とのバランスは取れているか

どうやってバランスを取るか

契約書の作成や検討にあたり留意すべき点として、相手方との権利や義務のバランスを考えなければなりません。契約の相手方が消費者や労働者等弱者だとみなされるような場合はもちろんですが、そうでない一般の企業を相手とする場合にも、このバランスは重要な点となります。

バランスが取れていないことについてやむを得ないとする合理的な理由があるかどうか、あるいは許容できないインバランスを見落としていないか等は、特に将来的に継続的な取引関係を維持するためには重要なこととなります。つまり、下請関係にあるとか、相手の信用力、力関係、取引内容に応じて契約の規定内容にも軽重等をつけざるを得ない場合があるということです。

営業担当からは取引先との関係から、どうしても折れなければならない、もしくは強硬な姿勢で契約を進めなければならないという場面もあるかもしれませんが、法務担当者としては取引の実態や過去の経緯などを踏まえ、メリット・デメリットを伝えた上で想定されそうなリスクの有無と、その取引から得られるであろう利益との間のバランスを取ることが求められます。

Win-Win の関係を目指す

また契約の交渉でよくいわれることの一つが、交渉というのは「Win-Win の関係」が重要であり、そのような関係が最も永続性が高い関係となるということです。交渉というと、どうしても「Win-Lose 関係」という一方が勝ち、他方が負けるという関係を想像しがちですが、実際の契約交渉では当事者のすべてが、それぞれ満足する関係を確立することがベストではないでしょうか。近江商人の「三方良し」の精神が契約の交渉においても重要な要素だということになります。

当事者間で結果的にバランスがうまく取れていない契約というものは、それが長期に続けば、必ずどこかでそのバランスが取れていない部分を調整しようとする力が働くことになります。交渉の過程で満足が得られなかった当事者は、それをどこかで必ず取り戻そうとすることになるのは当然の帰結ですし、それが履行途上の契約上の条件の変更となり、最悪の場合は、契約の不履行の問題にも発展する可能性もあります。

こういった事態は契約の当事者双方にとって、ともに不幸な状態ではないでしょうか。そのためにも、契約の交渉においては、互譲の精神というものも重要な要素であるといえます。特に、長期にわたる契約関係を期待している場合には、やはりお互いに互譲の精神で譲り合った結果が契約関係に反映できるとよいと思うのは筆者ばかりではないと思います。

③　交渉を成功に導く BATNA

一般的な交渉を含み、契約の交渉の途上では、様々な困難に出くわすことが少なくありません。その場合、あらかじめ想定した結果であれば、それなりに対応をすることはできますが、想定外の事態が生じた際には、どのように対応してよいかわからないことが多く、結果として、「これしかない」という思考しか浮かばないことも多いのではないでしょうか。

交渉というものは、必ず妥結するとは限らず、多くは難航して交渉の決着も程遠い事態を迎えることも少なくありません。

このような場合に、「何ができるか」「何をするのがベストなのか」ということを常に考え、次善の策を準備しておくことが求められます。これが「BATNA」、つまりBest Alternative To a Negotiated Agreementです。つまり代替案のなかで、最良のものを意味しています。これは、交渉の相手と一緒に何ができるかという交渉のオプション（選択肢）ではなく、交渉がうまくいかないときに、自分にはどのような道があるかを考えるというものです。より粘り強い交渉力にもつながる、より幅広い選択肢を探るものだということもいえます。

このBATNAに関しては、交渉の要諦として「交渉の７つのカギ」と呼ばれる概念があります。「利益」「オプション」「根拠」「BATNA」「関係」「コミュニケーション」「合意」という７つです。これらを交渉の過程で常に意識することによって、整理が可能となるのではないでしょうか。

❶「利益」とは、自分はこの交渉で何を実現しようとしているのか、とか自分にとって本当に大切なものは何か、ということを指します。

❷「オプション」とは、自分の利益を実現するための選択肢を指します。

❸「根拠」とは、そのオプションを取る理由のことを意味しています。

❹「BATNA」とは、交渉が成立しないときに取るべき、最良の代替案を指します。

❺「関係」とは、自分と相手がどのような関係にあるかであり、交渉にインパクトを与えるものです。

❻「コミュニケーション」とは、相手は今、何を考えているのか、など相手の状況を探るための手段です。

❼「合意」とは、お互いの意志の合致、つまり交渉の結末です。

4 契約の締結

Q 契約書の締結に際して、会社の方針とは異なるものの、相手方から今回限りなので、何とかこれで締結したいという依頼があったのですが、法務担当者としては、どうしたらよいでしょうか？

A 少なくとも将来訴訟にならないように、粘り強く相手方に会社の方針を理解してもらうよう、交渉をする必要があります。

① 会社の方針と整合性は取れているか

契約書作成の目的と必要性に関連して、忘れてはならないのが、その契約書を締結することが会社の方針と合っているかどうかという点です。会社の方針とは異なる商品を対象とするものだとか、あるいは会社で承認が得られないような取引内容等であるにもかかわらず、取引先との関係が最大限に考慮された結果、取引先の意向が優先して、どうしても先方に都合のよい契約書を取り交わさざるを得ないという状況になることもあるということです。

本来であれば、会社の方針として取引をしないような取引先との間で、契約書を締結せざるを得ないようなケースや、取り扱うことはないような商品や役務サービスの提供を行ったりするケースがあるかもしれません。

そのためにも、事前に会社の方針に合っているかどうかをチェックできるような仕組みが求められます。この部分に関しては、会社としての良心が問われる問題ですので、法務担当のみならず、社内の決裁プロセスに関わる各自が強い心構えを持って常に意識しておくことが必要です。

②　取り組むべき取引か

取引を開始する場合、定款に反したり、法的に禁止されている商品や役務サービスの取扱いをすることはあり得ませんが、各企業が自社の経営理念や行動指針として取扱いを禁止している商品や役務サービスの提供を取引先から求められるケースも少なくありません。また、不良在庫や不良債権、そのほか架空取引や介入取引のように不適切な在庫等の資産や取引を隠蔽するといったケースに遭遇するということがあるかもしれません。最高裁まで争われた事件（福岡魚市場株主代表訴訟（最一小判平成26年（2014年）1月30日判時2213号123頁））のように、ダム取引あるいはグルグル回し取引等、取引自体は正常であっても、不良在庫を隠すためという不正目的に利用されるというケースもあります。

このような問題は、通常は、社内のルールに従いその適否が判断されることになるわけですが、社内決裁手続においても、会社の方針として、与信審査だけではなく、取引の相手方として適切ではないとか、扱う商品や役務サービスも適切ではないとか、取引自体を承認しない等という判断も十分にあると思います。

③　社内ルールや決裁手続は守られているか

以上のように、経営理念や企業行動指針等に沿っているかどうかなど会社方針に合っているかどうかをチェックするための仕組みとして、社内ルールの存在や社内決裁手続があげられます。

企業が契約書を締結する場合には、それぞれの企業において、契約締結のための社内決裁手続が適切に実行されているかどうかが重要となります。通常は、会社内のルールとして、いわゆる職務権限規程等を用意することにより、各組織や職位の責任関係を明確に定めているところがほとんどではないかと思います。つまり、この職務権限規程は、各職位者がその職務権限を行使することができることを社内的に承認している規程であり、この職務権限規程に則って社内的な決裁手続を経ることが規則化されているものです。また、その権限を適切に行使せず、または必要な社内決裁手続を経なかったことにより生じた結果について、その責任の帰属を明確にするためにも用意されています。

また、会社内において、それぞれの職位、たとえば社長や専務取締役あるいは常務取締役等の職務の権限を明確に規定しつつ、重要な契約を締結する際には、社内的にどこまでの決裁を求める必要があるのか、誰が最終決裁権限を持っているのか等といった社内ルールに則った承認手続を経ることが必要となります。この手続は「稟議手続」と呼ばれており、契約書を締結する場合にも、経なければならない重要な社内手続となっています。

こういったルールが形骸化してしまい、現場の判断で契約書が締結されると大きなリスクとなりますので、常にルールの周知徹底を図ることが重要です。

④ 契約締結権限はあるか

契約書締結の際の社内決裁手続の必要性に加え、契約書の記名捺印は誰が行うかという問題、つまり契約締結権限の問題があります。法律的には、企業の代表者である代表取締役が契約書に記名捺印をしている場合には、取引の相手方としては、その企業の正式な行為であるとみなすことができます。また、企業の代表者印は、稟議書等で社内決裁が得られてはじめて押印ができる等、会社印等の管理は十分に行われているものと考えることができますので、代表者印が押印されていれば、通常は、その企業の正式な行為とみなしても問題はありません。特に、最近はPDFなどの電子文書で契約書を含め重要なやり取りをする機会が増えています。インターネットの普及やクラウドサービスの発達に加え、ペーパーレス化によるコストや環境負担の削減がその流れを後押ししており、電子的に安全に文書をやり取りする方法を含め、電子的データによる保存が不可欠な時代になっています。そこで電子署名という証明方法が登場し、電子文書が署名者本人によって作成され、かつ第三者に改ざんされていないことを証明する方法が出てきています。この電子署名に関しては、本章7契約管理において、その詳細を説明していますので、そちらを参照してください。

いずれにしても、現状では、まだ電子署名へと移行しているというよりは、会社を代表して締結される契約書等については、代表者による記名捺印が原則とされているところが多いのではないでしょうか。また、その代表者印等の管理は、「印章管理規定」等により徹底されて記名捺印がなされていることが望まれます。

5 法令順守等

Q 契約に法的強制力を認めるためには、強行法規などに違反しているかどうかを検討しなければなりませんが、法務担当者として、どのように確保したらよいでしょうか？

A 契約の法的強制力は、強行法規は当然、それ以外の法令に関しても順守していることが前提となります。さらには社会的責任など倫理的な側面でもその履行が適切かどうかのチェックは必要となります。

① 法令順守等

契約内容が強行法規に違反してないかどうか、民商法や独占禁止法等の規制法上違反がないかどうか、また関連業界法等の違反はないかどうか、といった法令順守の観点からのチェックも必要となります。これは、コンプライアンス（法令等の順守）の問題としても重要な問題です。

たとえば、取引先に下請企業を抱えている企業にとっては、下請代金の支払期日等を規制している下請代金支払遅延等防止法等は、弱者である下請企業を保護するという目的で制定された法律ですので、これに違反した場合には、勧告や罰則規定の対象となってしまうこととなります。

また公序良俗に違反することはないかどうか、当事者として社会的に反するような取引に関するものではないかどうか（たとえば、暴利行為・法律の網の目をくぐるような行為・取引慣行を著しく逸脱する行為等反社会的行為等）のチェックは当然のことながら必要となります。

一方、最近のように企業の社会的責任とそのあり方が強調されるようになってきますと、従来のように法律に違反していないかどうかをチェックするだけでなく、法律には違反していなくても、企業として、契約上の義務を履行することが社会的責任に反するような取引の場合には、契約書の作成や締結はもちろん、取引自体に関しても、適切なチェックを経て、必要であれば、その旨の警告を発し、契約書の締結を含め、結果として取引を中止させることが重要となってきます。このような機能は、営業の現場でできることもありますが、企業の組織内の専門家、たとえば法務担当者に任された機能であるといえます。

この点は、法務担当者としても当然の責務として考慮すべき課題であり、そのための素養と抑止力の育成に努める必要があります。法務担当者としての常識や倫理観が問われるのではないでしょうか。特に企業内の法務担当者にとっては、企業という組織におけるコンプライアンスを実行する際の困難さに直面すると同時に、企業の経営陣等に対する説得力を試される問題であるかもしれません。

②　社会的責任

企業の社会的責任とは、企業が株主や従業員だけでなく、取引先や消費者および地域住民等企業を取り巻く、様々な利害関係者をも対象として、従来のように自社の利益といった経済的な側面だけでなく、企業倫理、雇用対策、環境対策、消費者対策、地域社会貢献や人権等の社会的側面にもバランスよく取り組むことが期待されている企業活動の社会的責務のことであるとされています。

この社会的責務を果たすために、企業の組織では、コンプライアンス・プログラムを策定し、内部通報制度を設ける等、組織内の非倫理的な行為についてもチェックをするといったコンプライアンスを実行しているところも増えています。倫理的に重要な問題を認識し、分析・検討し、あるいは処理するという企業の経営にとって非常に重要な課題は、日常の活動ではなかなかそのリスクを察知することは難しい問題です。しかし、企業および企業経営にとっては、このようなリスクを早めに察知し、また、そのリスクを回避するための可能性や方策などを考えるということが企業の社会的責任を果たすため、あるいは企業価値を高めるためにも求められています。

③　反社会的勢力との関係遮断

多くの企業が、企業倫理として、暴力団をはじめとする反社会的勢力等と一切の関係を持たないことを掲げ、様々な取組みを進めていますが、暴力団やその構成員の不透明化や資金獲得活動の巧妙化を踏まえますと、暴力団関係企業等と知らずに結果的に取引を行ってしまうという可能性もあります。

反社会的勢力は、企業で働く従業員や役職者を標的として不当要求を行ったり、企業そのものを乗っ取ろうとしたりすること等を含め、最終的には、従業員や経営陣、および株主を含めた企業自体に多大な被害を生じさせるものとなりますので、反社会的勢力との関係遮断は、企業防衛の観点からも必要不可欠な要請となっています。特に、コンプライアンスや社会的責任という問題が重視されるなか、反社会的勢力に対して屈することなく法律に則して対応することは、コンプライアンスそのものであり、企業にとっての最大の社会的責任を果たすことになります。

このように、暴力団等反社会的勢力との関係を遮断するためには、暴力団等反社会的勢力と取引をすることを禁止する条項を契約に設けることが必要です。その内容としては、相手が暴力団等反社会的勢力でないことを確認するか、相手からそうでない旨の確認を得ることになりますが、もし相手が暴力団等反社会的勢力であることを知らずに契約を締結し、取引を行った場合には、相手が暴力団であることを知った時点で、直ちに契約を解除することができるよう、必要な解除条項を用意しておくことが必要となります。

④　経理処理と税務上の問題

契約書に基づく義務を履行することによって、どのような経理処理をするかということは、適正な業務処理という観点や税務処理の観点からも重要です。

通常の商品の売買取引の場合には、商品の納入がなされた場合あるいは納入がなされたとみなされた時点で仕入処理をすることになり、また、商品の出荷がなされ、相手方あるいは相手先の指定納入先に納入された時に売上計上処理をするとされていましたが、これまでの日本の会計基準を国際的会計基準に合わせるということから、「IFRS-15」を採用した「収益認識に関する会計基準」が定められ、上場企業や大企業には令和３年（2021年）４月の会計年度から適用されています。

また、プラント設備等のように工事を伴う納入が行われ、一定の期間をかけて引渡しが行われるような場合には、どの段階で相手先に納入が完了したかは重要な問題となります。このような場合も含め、売主から買主への引渡しは何をもって完了したこととなるか等は、経理処理の観点やリスクの移転時期の観点でも重要な事項となります。

一般的には、商品の滅失毀損の危険の移転時期や条件は契約書に規定されることとなりますが、商人間の売買では、ほとんどの場合、「商品の引渡しの時、あるいは買主が受領後検査を実施した時」と規定することが多いようです。また、IFRS（国際財務報告基準）など国際的な会計基準を採用した場合や、それ以外の特殊な取引については、経理処理上の問題や税務上の問題が発生するかどうかなど、あらかじめ確認しておくことが必要となります。一般的には、取引ごとに経理処理基準を変更することは適正な経理処理を行っているとはみなされないという問題もあります。特に決算期をまたがって経理処理を変更することはその処理について、疑義を生じさせることとなりますので、注意が必要です。

6 契約実務のDX化

Q 契約実務もDX（デジタル・トランスフォーメーション）化されるという話を聞きましたが、法務担当者としては、どのように説明をしたらよいでしょうか？

A ビジネスや会社業務のデジタル化が進展することに関連して、法務業務についてもデジタライゼーションを行うことが求められていますが、まずは一般的には契約実務のDX化から進めることが必要です。

① 法務業務のDX化とは

法務業務のDX化に関しては、まずは、デジタイゼーション（Digitization）[注1]であり、具体的には、会社における業務のなかの法務関連業務に関する暗黙知、属人的な情報、その他「見える化」されていない情報を、誰もがアクセスしやすく、見えるようにデータ化して整理・整頓することになります。具体的にデジタル化が可能であり、実施されている法務業務は以下のとおりではないでしょうか。

❶ 契約書作成・管理

契約書の作成支援ツールとして、モデル契約書、モデル条項など豊富な条文例や修正指針を用意し、契約書の新規作成のみならず条文修正や作成の手間を削減するとともに、最近ではAIによる条項の審査機能を備えたものもあります。また、締結された契約書をクラウドなどで管理し、検索や参照を容易にする機能を備えたものもあります。

❷ 電子契約

従来は紙で行っていた契約書の締結や管理をインターネット上で完結させるものですが、現状では、まだ署名捺印された契約書をPDFデータをもって契約書原本としているところが多いようです。この電子契約については、様々な方法がありますので、後述の契約の電子化の部分、および本書の該当部分において、別途説明しています。

❸ 法令・判例調査

法務業務に関連して必要となるのが、法令、判例、法律関連の文献、つまり法律関連情報の調査や分析ですが、これらをインターネット上で検索できるサービスが増えてきています。現在利用されているのは、第一法規の「D1-Law」、LexisNexisの「ASONE」や弁護士ドットコムなどの国内系と、LexisNexisやWestlawなどの海外系が市場を争っている分野でしょうか。

注1　デジタイゼーション（Digitization）とは、アナログ信号をデジタル化し、それを製品に落とし込んだものやデジタルを活用して業務を行うこと（どちらかというと守りのデジタル化）をいうが、デジタライゼーション（Digitalization）は、複数のデジタル技術を組み合わせ活用することで、業務フローやプロセスを最適化し、既存のサービスとは異なるサービスを創出すること（攻めのデジタル化）をいう。

❹　登記・申請

不動産登記、商業・法人登記等、登記および電子公証に関する手続をオンラインで申請するサービスです。

❺　民事裁判のIT化

令和4年（2022年）5月18日、民事訴訟法等の一部を改正する法律が成立・公布され、今後順次施行されていくことになりますが、将来は、訴えの提起等をオンラインにより行うこと（eファイリング）、訴状等の送達も原則としてオンライン送達が、また口頭弁論・争点整理手続のIT化やWEB会議等による尋問なども可能とされ、ファスト・トラック（法定審理期間訴訟手続）が採用され、訴訟記録の電子化も可能となる予定です。

❻　証拠調査・保全

訴訟関連書類や不正調査に係るデータを保全・収集、調査までを一貫して提供するサービスで「フォレンジック」とも呼ばれています。法的証拠を見つけるための鑑識調査や情報解析で、デジタル機器やデジタル情報が主流となった現在では「デジタル・フォレンジック」と呼ばれ、データ化された情報から必要な情報を容易に収集することができるために利用されることも増えています。

②　電子契約・電子契約書とは

契約の締結から管理までを電子化・クラウド化する電子的契約システムの利用が促進されていますが、そこで作成されるものを「電子契約」または「電子契約書」といいます。これらは、電子署名を手書きの署名や押印と同等に通用させる「電子署名法」「IT書面一括法」「e-文書法」や「電子帳簿保存法」（平成10年（1998年）施行；令和4年（2022年）1月改正法施行）などにより、契約書を電子データで保管することが税務面でも法的に認められ、現在ではほとんどの契約について電子化が可能となっています。

現在、電子契約書の基盤となっているのは、「電子署名法」（「電子署名及び認証業務に関する法律」；平成13年（2001年）４月施行）であり、法制化の当初は公開鍵暗号方式による電子署名（秘密鍵）とその認証機関（最も権威があるのは、総務大臣、経済産業大臣および法務大臣の認定を受けた認定認証事業者）から構成される方式が想定されていましたが、この「電子署名」の定義と効力を、より簡便な方式で、実現させるやり方（電子契約システム）が民間により開発されてきています。

一方、平成13年（2001年）４月施行の「IT 書面一括法」（書面の交付等に関する情報通信の技術の利用のための関係法律の整備に関する法律）は、顧客保護などの観点から事業者に書面の交付や書面による手続を義務付けている法律について、顧客などの承諾を条件に（送付される側の同意を条件として）、書面に代えて電子メール・FAX などの情報通信技術を利用する方法で提供することができることを定めたことにより、現在盛んに利用されている PDF 化した契約書の普及にも貢献しています。

③　電子契約システムとは

電子契約システムとは、大別すると「当事者型」と「立会人型」とに分かれます。「当事者型」とは、契約をしようとする本人が電子署名を付与する方式であり、「立会人型」とは、契約を行う当事者ではない第三者（システム提供事業者）が、当事者の指示に基づいて電子署名を付与する方式となっています。

現在、主流のクラウド型電子契約システムは、立会人型が多く、PDF 化した契約書をクラウドに設置した保管場所に置き、それを相手方が読むことにより申込みが成立し、当該相手方が電子的な承諾の行為（クリックなど）を行った時点で立会人であるシステム提供事業者による電子署名が施され契約が成立するという形式をとったものです。いずれにしても、このように電子契約システムを利用する場合を含め、電子署名等を実施する場合には、電子署名者を誰にするのかなどの署名権限を含め、それをルール化する電子署名管理規程などを策定しておくことが必要です。

このようなクラウド型電子契約システムが普及し始めた理由は、①印刷、押印、郵送などの事務作業・費用がかからない、②印紙税が不要(現時点では電子データは課税文書にあたらないとされているため)、③契約書の保管場所が不要で、かつ、検索が容易である、というものとなっています。

④　契約書作成支援サービス

契約書の作成等に関連したサービスについては、多くのサービスが「AIよる契約書チェックサービス」を売りものとしており、システムに組み込まれたAIが条項ごとの重要度や欠落条項を瞬時に判定し、変更条項例や解説を表示するというものとなっています。

「AIレビューシステム」と呼ばれたりしており、①契約書の条項について「自社にとって有利であるか不利であるか」や「不足している項目や余分な項目はあるか」等契約に潜むリスク判定ができる、②具体的な修正案の提示や判定理由も表示されるなどにより、特別な知識がなくても契約書をチェックすることが可能、また自社にどんなリスクがあるのかも示してくれるというサービスですが、このサービスの実際の利用に関しては、そのためのリスク認識を含め、それを使いこなすだけの法務知識・リテラシーを備えた人材が自社にいるかどうかという問題もあります。また、このようなサービスの提供業務に関しては、弁護士以外による法律事務を禁じている弁護士法上（72条）の問題もあると指摘されています。

AIが発達すれば法務部門や担当者は必要なくなるのではないかという点については、当該ビジネスの背景と法的な検討が不可欠であり、それができるのは知識と経験を積んだ法務担当者という「人材」しかないといえますし、法的な判断業務はこれからも人間に残された重要な業務であり、またその責任であり続けるのではないでしょうか。

7 契約管理

Q 契約書の管理は、どの会社でも重要な課題となっていますが、法務担当者としては、どのような管理が望ましいとお考えでしょうか？

A 会社が締結するすべての契約書の保存・管理は、重要なリスク管理の一部であり、その業務の中心となるのは、やはり法務担当部署または法務担当者です。法律上の保存義務等にも注意して、IT 環境を利用する等により適切に対応しておく必要があります。

①　契約書の管理とは

企業において作成される文書、特に契約書は基本契約的なものから、日常利用されている注文書・請書など多種多様です。どの企業においてもその量は膨大なものとなっており、日々その数も増え続けている状況かと思います。それらを保存し、管理するためには、効率的かつ半強制的に行うことが求められており、そのためにも、「文書管理規程」「印章捺印規定」等社内のルールを取り決めていることが多いと思います。

このように契約書に関しては、まずどの契約書を対象とするかということから、どこまでの内容を管理するか、さらには、企業内のどの部署が管理をするのか等、現実には様々な問題があります。しかしながら、企業内で契約書の保存・管理体制を構築し、それを適切に実行することは当然必要なことですし、企業という組織においては、特定の部署が責任をもって管理することが求められています。

管理といっても、単に締結済みの契約書の原本保管をしておけばよいという問題ではありません。企業の規模が大きくなればなるほど、この契約書の保存や管理の業務に関しては、人的にも、また時間的にも管理部署における負担は無視することができません。また電子化で簡素化ができるということでもなく、そのための電子署名管理規程などの社内規程や社内のシステムなどを企業の実態に合わせて構築することがまずは重要となります。

② 契約書の保存義務

契約書の保存とは、将来的に当事者間において、紛争が生じたり、どのような契約書を締結しているか、また合意内容の確認が必要となったりした場合等、それを常に参照することができる状態にしておかなければなりません。また、紛争が生じた場合には、重要な証拠の一つとなりますし、新たに契約交渉を行う場合等には、過去の契約締結状況の確認等が必要となります。

税務関連文書等、法律上、一定期間の保存義務が課せられている契約書も存在していますが、今般、国税関係（法人税法や所得税法）の帳簿や書類を電磁的記録（電子データ）で保存することを認める法律「電子帳簿保存法」の改正（令和４年（2022年）１月１日に施行）が行われ、それまでは紙で印刷したものを原本として保管することでよしとされていた「電子取引情報」の保存ルールが変わり、以降は「電子取引情報」は原則電子データで、かつ電子帳簿保存法の要件に則って保存することが必要となっています。また、「電子取引」とは、取引情報の授受を電磁的方式により行う取引をいい、「電子取引情報」とは、電子取引に関して受領し、または交付する注文書、契約書、送り状、領収書、見積書その他これらに準ずる書類に通常記載される事項をいうとされ、「電子取引情報」には、メール添付のPDFやWEBサイトからダウンロードする上記書類が含まれています。これら電子帳簿保存に関しては、国税庁のHPでその詳細が説明されています【注2】。

また、法律上の保存義務とは別に、契約書自体の有効期間が存続する間や有効期間経過後も、部分的に存続する条項等が存在する場合には、保存・管理をしておく必要があります。一方で、紛争リスクがなくなるまでは、関連する契約書を保存しておくことが必要となりますが、これまでは、時効を考慮すると取引終了から5年間（商事消滅時効（商法522条））というのが一つの目安でした。この消滅時効については、民法改正法の制定により、商事消滅時効を5年としていた商法522条が削除されました。「権利を行使することができる時から10年間行使しないとき」に債権が時効消滅するという点については、現行民法に変更はありませんが、「債権者が権利を行使することができることを知った時から5年間行使しないとき」には消滅することに改正されています（改正法166条1項1号）。

③ 契約書の審査状況の確認

最近は、締結済の契約書原本の保管システムだけでなく、契約書の審査手続や決裁システムをも一元的に管理することの必要性や重要性も指摘されるようになってきています。特に契約書の作成や検討の際に、電子データを利用して、契約条項の修正過程等が容易に記録される状況になってきたため、相手方との交渉記録も容易に認識できるようになりました。

これがデータベース化されますと、全社的にも閲覧が簡単に行えますし、それぞれの組織から決裁のために申請された契約書案に関する決裁

注2　国税庁「電子帳簿保存法一問一答【電子取引関係】」
https://www.nta.go.jp/law/joho-zeikaishaku/sonota/jirei/4-3.htm

状況等を見ることができるようになり便利です。もちろん、全社員に閲覧させることが問題であれば、アクセス権限を付す等ということも可能となります。そして、契約締結申請から承認および締結といった一連の流れも把握できますし、決裁者にとっては、データ上で、社内の関係部署による意見や関連の契約書等の情報も把握しやすくなります。また、検索機能を利用することでプロセスの共有に役立てることができます。

④ 契約書の期日管理ほか

保管されている契約書に関して、その有効期間の管理等は、契約管理システムを利用することにより、期日が迫ってきた場合等のアラームを発信するなど、期限管理の機能を活用できるようになります。この結果、自動更新条項付契約書等の場合のように、更新時期を見過ごすことなく、取引条件の見直し等を見据えた対応が容易に行うことができるようになります。

そこで、そのための契約管理システム等を利用する企業が増えてきています。大企業のように膨大な量の契約書の蓄積が必要なところは、このような契約管理システムを構築するための費用等もそれなりに高額になると思われます。もし、それほど多額の費用をかけたくないという場合には、たとえば、「Microsoft Access」等の市販のコンピュータ・ソフトを利用してこれに対応することもそれほど難しくはありません。このシステムを全社的なコンピュータ・ネットワークに接続することができれば、様々な用途にも利用することもできることになるのではないでしょうか。

コラム 電子帳簿保存法の定める保存方法

電子帳簿保存法では大きくは次の3つの保存方法を認めています。

❶　電磁的記録での保存

パソコンを用いて作成し、そのままハードディスクやDVD、CDなどのメディア、クラウドサーバーなどに保存する方法です。電磁的記録での保存の対象となる文書は、総勘定元帳や現金出納帳などの帳簿関連書類、貸借対照表や損益計算書などの決算関連書類、契約書、請求書などの取引関連書類となります。

❷　スキャナーによる保存

紙の書類をスキャナーで電子データに変換して保存する方法です。スキャナーでの保存方法では、原紙の改ざんによるデータの書き換えを防ぐために、タイムスタンプの付与といった対応をする必要があります。スキャナー保存の対象となる文書は、契約書や見積書などの取引関係書類のみで、帳簿関連書類や決算関連書類は対象となりません。

なお、上記要件を備えた保存がなされるなら、原本である紙の書類は廃棄してもよいとされていますが、引き続き原本である紙の書類を保存し続けるのであれば、必ずしもタイムスタンプの付与などを行う必要はないということになります。

❸　電子取引により受領したデータの保存

「電子取引情報」をそのまま保存する方法です。ただし、当該データが以下のいずれかの要件を満たしている場合に限るとされています。

・タイムスタンプが付与された後の授受
・授受後遅滞なくタイムスタンプを付す
・データの訂正削除を行った場合に、その記録が残るシステム、または訂正削除ができないシステムを利用
・訂正削除の防止に関する事務処理規定の備付け

5 法令等の順守とコンプライアンス

1 不祥事の発生とは

Q 企業の不祥事が叫ばれるようになって久しいですが、「不祥事とは何か」という質問に対して、法務担当者としては、どのように説明したらよいでしょうか？

A 不祥事には様々なものがありますが、それをすべてなくすことはできません。企業としては、不祥事の発生原因を分析するとともに、その再発防止に取り組むことが求められます。

① 不祥事とは

企業活動において、コンプライアンス（法令等の順守）が叫ばれて以来、各企業においては、コンプライアンスの重要性が取り上げられてきました。そのためのコンプライアンス体制が構築され、コンプライアンス経営の徹底が求められる状況になっています。しかしながら、様々な企業不祥事がメディアをにぎわせ、コンプライアンス違反ともいえる不祥事がいまだになくなりません。

企業不祥事の対応策として、その原因等を明らかにし、実効性のある再発防止策の立案等のために、独立した第三者委員会が設置され、その報告書が公表されています。その報告書の分量は、オリンパス損失隠し事件しかり、東洋ゴム免震偽装事件や東芝不正会計事件しかり、最近の三菱電機品質不正事件や日野自動車認証不正事件などにおいても膨大なものです。また、その数も令和になってからのここ3年半（令和元年（2019年）5月～令和4年（2022年）10月）で、170件にもなる第三者委員会の調査報告書が公開されています。上場会社の不祥事に相当するものとしては、実際には、それ以上あったといえるでしょう。

企業経営の適法性を含め、コーポレート・ガバナンス（企業統治）の重要性が意識されるようになり、会社法等で社外取締役の設置やその監督機能が強化されるようになってから、また同時に内部統制システムの構築が法的に整備されるようになってからも、企業における不祥事はなかなか解消されることはなく、自社製品の品質不正や不正会計により決算情報を偽るなど、企業ぐるみの不祥事事例が発生しています。

企業の不祥事は、時代やビジネス環境とともに変化し、ガバナンスの脆弱性が原因となるものも増え、拡大しています。最近の不祥事は、企業に重大な不利益をもたらす可能性のある業務上の事件であり、どちらかというと業績優先の企業風土や上層部からの意向を絶対視する企業風土が主要な原因であったとするものが多かったと指摘されています。

②　不祥事の防止

企業経営において、すべての不正や不祥事を未然に防止することはほとんど不可能に近いといえます。それらを早期に発見して、適切に対応することが、最大の課題であることは当然のことです。そのためには、ガバナンス機能の強化や、適正な内部統制システムの整備が必須であったのですが、これまでの不祥事事例からは、どうもそれらが適正に機能しているとはいえない状況であったことが読み取れます。

企業における不祥事を防止するためには、不祥事の発生原因を分析するとともに、それぞれの企業においてコンプライアンス体制を構築することにあります。そのためには、まずは、他社事例を検証しつつ、同じような事例が自社で発生するかどうかを見極めることが必要となります。その上で、不祥事の早期発見、再発の防止が損害の最少化という点で重要です。また、信頼回復を最速化するという点では、事実調査・原因究明・再発防止といった自浄作用の発揮と、利害関係人への説明責任を果たすということが必要です。ちなみに、再発防止のためには、根本的な原因解明が求められます。場合によっては、それまでの内部統制の不備や脆弱性をみつけ、つまり担当役員や社長ほかの責任者の内部統制整備義務違反を暴き出すことにもつながりかねません。

ここでは、企業における不祥事の発生原因を検証しつつ、不祥事を分類すると、「役職員が企業内で行う不正」「役職員が企業の行為として企業の外に向けて行う不正」および「それ以外」の三つのタイプに分類して解説します。

役職員が企業内で行う不正

役職員が企業に対して行う不正の典型としては、「会社資産の不正流用」がありますが、これは意図的で、どちらかというと個人的な利得目的に行われます。もしも不正会計を伴わないのであれば、通常は内部的な問題として、対外的な説明責任は負いません。これは内部統制システムの問題だといえます。

ただし、このような行為を役員が行った場合、あるいは従業員による行為であっても金額が大きくなるような場合は、その不祥事が対外的に公表されることも少なくありませんので、企業としては、内部だけの問題として処理することはできません。対外的な説明も必要となります。もし内部的な処理に終わらせることができないと、レピュテーション（企業の評判）リスクも負うこととなります。

役職員が企業の行為として企業の外部に向けて行う不正

役職員が、企業の行為として企業の外部に向けて不正を行うことがありますが、これには不正会計やデータ不正、リコール隠し、食品偽装や不当表示、談合などがあります。これらの不正は法令等に違反することが多く、また意図的、組織的に行われることが少なくありません。通常、対外的な説明が求められることになります。この場合には、企業のダメージも大きくなり、レピュテーションにも影響を及ぼすという特徴があります。これは内部統制やコンプライアンスだけでなく、企業としてのガバナンスの問題にもなり得ます。

なお、不正会計は、単独で発生する場合もありますが、他の不正により併発される場合もあります。たとえば、資産の不正流用は、それを隠蔽しようという行為を伴うことが多いため不正会計が行われる場合も少なくありません。また、違法行為は、会社に罰金や課徴金等が課されたり、被害者から損害賠償金等の請求を受けることにより、結果として、特別損失等会社の決算に影響を与えることもあり、それを避けるために、隠蔽しようとして、不正会計が行われる場合があります。

それ以外

その他役職員が行う不正としては、長時間労働やハラスメント、労働災害、インサイダー取引などがあります。これらのなかには、意図的でなく、不知や不注意により引き起こされるものもありますが、いずれも内部統制の問題であり、コンプライアンスの問題だといえます。これらを放置したり、適正に対応しなければ、企業にとってはレピュテーションにも影響する不祥事になります。

③　不正の原因

Q 企業の不正の発生に関して、不正のトライアングルということがいわれますが、それはどういうものですか？

A 不正の発生には三要素があることから、不正のトライアングルといわれています。米国の組織犯罪研究者が体系化した理論で、三要素は「動機・プレッシャー」「機会」「正当化」です。

「不正のトライアングル」は、米国の犯罪学者ドナルド・クレッシーが体系化した理論ですが、不正を生じさせるのには、「動機・プレッシャー」「機会」「正当化」という三つの要素があり、すべて揃った時に不正は発生するという理論です。

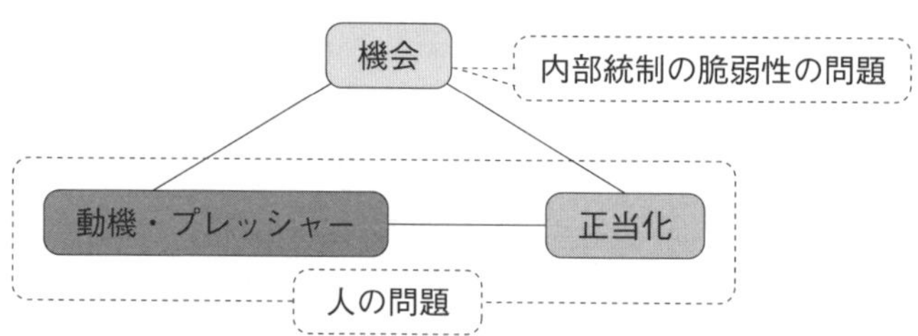

ちなみに「不正」とは、「不当または違法な利益を得る等のために、他者を欺く行為を伴う、経営者、従業員または第三者による意図的な行為である」とされています【注1】。

この不正の発生には、様々なパターンがありますが、動機やプレッシ

注1　企業会計審議会監査部会の「監査における不正リスク対応基準」による。

ャーがあって、かつ不正を起こす機会があった場合に、その不正行為を正当化したときに不正は実行されるというのが一つのパターンです。もう一つのパターンは、不正を行い得る機会があるために、不正を行う動機が誘発されることとなり、その不正行為を正当化したときに不正は実行されるというものです。

最近、「忖度（そんたく）」という言葉が話題となっています。自分の所属する組織を守り、結果的に自分自身の身分を守るという思いが根底にあるにもかかわらず、経営トップや上司の期待に応えるためという理屈で、過大な利益を計上する等が行われますが、これが「忖度」です。これらは、自分のために行っているわけではなく、会社のためだという正当化がなされることとなります。

これら三つの要素のうち、「動機・プレッシャー」と「正当化」は、「人の問題」であり、「機会」は「内部統制の脆弱性の問題」であるといえます。これら不正行為の三つの特徴と、それらに呼応する対策を行うことが重要です。

不正行為者は、発覚を恐れる

内部通報制度の利用度が高い状況を創出することが、不正行為者への牽制となります。従業員に利用されない制度であれば、その本来の目的である不正の早期発見を達することはできませんし、不正行為者への牽制ともなりません。内部通報制度はそのためにも重要な制度といえます。

不正の証拠は隠蔽されることが多い

不正の証拠が隠蔽されやすい環境は、不正行為者が望む環境であり、それ自体が不正を誘発することとなります。不正を早期に発見するためにも、また不正が発生した場合の処分を確実に行うためにも、不正の証拠が保全されやすいIT環境、情報管理体制の確立が重要となります。

不正は、内部統制が弱いところで起きる

不正行為者は、「内部統制が弱いから不正は見つけられない、隠せる」と考えます。内部統制が脆弱だと、不正の発生リスクが高まります。内部統制は、このような不正の発生機会をなくすための制度です。「不正リスクが高い領域」を把握し、それらの領域について個々のリスクを識別・評価し、優先度の高いリスクについて個別的な対応を行うことが重要となります。

④　法務部門としての関与

法務部門の関与とは

以上のような企業の不正行為などの不祥事の防止に関して、法務部門がどこまで関与できるかが重要です。通常、関与度の高低は、法務部門の機能が正当に活かせるような組織体制が構築されているかどうか、また会社が法務部門をどこまで信頼しているかどうかによります。東芝のケースは、不正な会計処理が問題でした。会計処理の問題は、経理・会計部門の専権事項ですので、どちらかというと「法務部門」が関与できる対象ではなく、また関与できたとしても例外的な場合であっただろうと推測できます。

しかし、オリンパス事件の場合は、第三者委員会報告書において、「本件国内３社…の買収に当たっては、オリンパス法務部が主導して買収監査が行われるべきであるが、これが全く実施されなかった。買収に当たり取り交わされた契約書については、その締結前に、オリンパスの社内法務部が、本件…買収を主導したオリンパスの社内部署から独立した立場で、その内容を十分に検討すべきであるが、そのような検討がされたこともなかった」とされ、監査役会との連携が不十分であったことをはじめ、法務部の対応に問題があったと厳しく指摘されています。

ちなみに、東洋ゴム免震偽装事件の報告書では、「当初からコンプラ

イアンス上の問題が意識されていたにもかかわらず、法務・コンプライアンス部門の関与も非常に希薄であった。法務・コンプライアンス部門からは調査に直接関与した者はなく、（中略）法務・コンプライアンス部門が強く主張を述べたり、リーダーシップを発揮して対応することはなかった」と、法務・コンプライアンス部門の関与の程度が問題となり、その地位の脆弱性が指摘されています。

以上からも、法務部門が案件に積極的に関与できる場合はともかく、東芝のケースのように法務部門などの内部統制部門が積極的に関与することができない案件に関しては、不正な会計処理の事実やその可能性を偶然知り得ない限り、法務部門単独で不正を認識しそれを組織内で問題として取り上げるのは非常に難しいと思われます。

しかしながら、法務部門をはじめとして、組織内の内部統制部門が、適切な情報の収集力を持ち、これらの情報に関して正しい情報の共有ができ、また正しい意見を述べることができるよう発言力を高めることができ、このようなケースは早期に発見でき、損失を最小限に留めることができたのは間違いありません。

法務部門のあり方

経営の効率性を優先するあまり、企業の意思決定において監視機能が適切に働かないケースや、企業運営の現場において、適法性のチェックや、企業として社会的責任を果たすという目的との整合性のチェックが十分に行われないケースがあります。企業経営にとって、重要なリスクマネジメントの一環として認識されるべき問題であり、とりわけリスクマネジメントの重要課題としてのコーポレート・ガバナンスのあり方、さらにはコンプライアンス体制とその運用の問題となります。また、本書で別途解説した３線ディフェンスの２線としての役割のようにリスクマネジメントの実行体制の一組織である法務部門のあり方の課題でもあるといえます。

そのために企業として意識すべき事項は以下のとおりです。

❶ 健全な企業風土の醸成とグループ企業への浸透

・経営者による健全な企業風土の醸成と、グループ企業への浸透。

❷ 公正な人事評価

・過度な成果主義を選択することで、従業員があえてリスクの高い行動を選択し、あるいはコンプライアンスに違背する等の行動を誘発するリスクや、従業員の行動を監視すべき立場にある管理者が、自らも成果主義の影響を受けることによって、その監督機能を喪失するというリスクがある。

・倫理的な行動と部下への教育・指導を評価対象とする。

❸ 不正を起こさない、不正に立ち向かう人を採用

❹ 行動規範研修

・経営トップの意思として全役職員に浸透させる。

❺ 不正行為者に対する厳正な処分

・処分の周知は不正予防策となる。

・「会社は不正を許さない」という態度を全役職員に周知する。

・処罰をする場合には、明確な処罰の方針が必要である。

2 法令等改正情報の収集

Q 企業においては、法改正状況や立法動向のフォローが求められています。法務部門あるいは法務担当者としてどのように対応したらよいでしょうか？

A 企業活動に関連する法の知識を身につけることや、法改正の状況を定期的にフォローする体制の整備やその運用は、リスクマネジメントの一環となっています。法務部門の役割とは、まずは、各関連部署における法律関連の情報のフォローとともに、それを全社的にコントロールすることです。

① 改正情報のフォロー

不正行為をはじめとする不祥事問題については、特に法令等に違反していないかどうかということが重要です。これが企業経営におけるコンプライアンスの基礎となっており、これら法令等に違反しているかどうかを判断するためには、当然のことながら、企業のビジネス活動や企業組織等に関する法令等を理解していること、少なくともその存在を知っていることが求められます。最近は、様々な法令が新たに制定されるとともに、民法や会社法など基本的な法律が改正されることも増えていますので、それらを常にフォローしておくことが必要です。

フォローすべき法令等には、企業組織に関連する商法や会社法等の改正の動きや、企業のビジネス活動に関連した法改正の動き（代表的なのは、民法の債権法改正）、様々な社会的規制に関連する独占禁止法や下請法の改正、消費者保護関連法の改正、個人情報保護法の改正、労働関係法の改正等があります。また民事訴訟法の改正（平成10年（1998年）の新民事訴訟法や平成23年（2011年）の国際裁判管轄を定める民事訴訟法改正等）や仲裁法等の紛争処理に関連する法改正等、さらには、それぞれの業態に応じた関連業法を含めると、非常に広範囲な法改正状況が対象となります。以下、その主要なものの概要を解説していますので、参考にしてください。

グローバルな世界の法改正まで含めるとそれこそ大変な情報をフォローしていくことが必要となります。もちろん、これらをすべてカバーすることは現実的にはとても無理だといえます。とはいえ、現代は様々な情報がデータ化されており、データベースにアクセスすることができる環境があれば、ほとんどすべての立法動向を含め、法情報や判例情報をみることができる時代になっています。中央政府や地方自治体の条例等についても、比較的簡単に検索することができます。

なお、企業不祥事が多発する状況下では、これらハードローだけでなく、ソフトローといわれるものもフォローすることが求められています。

② リサーチの重要性

企業の各事業部門が自分の業務に関連する法改正情報等をフォローするとしても、法務部門は全社的かつそれに関連する法改正情報をフォローすることが求められます。そのなかでも、法務担当業務の遂行に関連する法令等の改正情報は、可能な限り早い段階にフォローしつつ、これまでの業務処理方法の見直しも必要となります。

このフォローに際しては、制定法、判例、文献、法令データ提供システム【注2】、新聞情報、立法経緯、論文などについて、リサーチが必要です。リサーチの結果、現状の法務業務のプロセスをはじめとする組織内の業務処理体制や方法の見直しが必要となれば、それを反映していくこ

注2　「e-Gov 法令検索」は総務省が運営している日本法令の検索・閲覧システムである。
https://elaws.e-gov.go.jp/

とが求められます。このようなリサーチは、一度きりではなく、定期的に行うことが必要ですが、企業の組織においては、すべてのものが同じリサーチをする必要はなく、担当者を選定して、各責任分野を決めて実行することが費用的・時間的にも有益だといえます。その上で、各責任担当者によるリサーチ結果について、定期的な情報交換を行い、共有化することとなります。

グローバルな法動向や改正情報をリサーチする場合には、対象国ごとの情報データシステム【注3】か、大学のWEBサイトなどを利用して検索すると便利です。

③　最近の特に重要な法改正

民法改正

直近の改正のなかでも重要なものは、平成29年（2017年）５月26日に成立した民法（債権関係）の改正法です。同年６月２日に公布され、令和２年（2020年）４月１日から施行されています。この民法改正法は、国民にわかりやすい法律にすることを目的としたものです。多くの部分は、現在までに蓄積された判例の規範や一般的理解を踏襲していますが、新たな考え方の採用、定型約款や有価証券など新たな項目の追加もあり、消滅時効や法定利率は内容自体が変わります【注4】。

いずれにしても契約に関連する改正であり、特に、瑕疵（かし）担保責任に関しては、「瑕疵」という用語が削除され、代わりに「不適合」という用語が使用されるので、契約文書の変更など契約実務への影響は少なくありません。もちろん、これまでの判例等の考え方はほとんどの契約書式等に反映されてはいるので、用語だけの問題ということもできそうです。いずれにしても、これまで利用してきた契約書フォームの見直しが必要

注３　Lexisnexis や Westlaw などが利用されている。
注４　潮見佳男著『民法（全）』（有斐閣、2017年６月）：改正を含め全般的な解説となっている。

となります。この改正は、日本法の改正ですので、グローバルなビジネスに関連する契約には、直接的には影響ありませんが、もし日本法が準拠法として適用される場合には、適用対象となる可能性があります。

会社法改正

会社法は、平成17年（2005年）の制定以来、これまでの間、何度も改正されていますが、ここでは本書出版以降の主な改正について解説したいと思います。

❶ 平成26年改正

この改正法は、平成26年（2014年）6月20日に成立し、平成27年（2015年）5月1日より施行されているものです。この改正は、主にコーポレート・ガバナンス（企業統治）の強化および親子会社に関する規律等の整備を図ることを目的としたもので、社外取締役等の要件が見直され、多重株主代表訴訟制度が導入されています。また、もう一つの重要な点が、企業集団としての内部統制システムの整備と運用であり、これまでの整備だけでなく、適正な運用がなされているかどうかが特に対象となっています。これまで会社法施行規則で規定されていた企業集団の内部統制システムが会社法本体に格上げとなり（会社法348条3項4号・362条4項6号）、企業集団としての内部統制システムの整備と運用が重要な経営課題となっています。この企業集団には、海外における子会社等も含まれています。

したがって、この内部統制システムの構築状況（内部統制システムの基本方針）に加えて、運用状況についても、事業報告に開示することが必要となっています（会社法施行規則118条2号）。結果として、内部監査部門等としても、内部統制システムの運用状況について監査を行い、それを事業報告において開示するとともに、監査役としても監査報告にその記載の相当性の判断を記載しなければならなくなっています（会社法施行規則129条1項・130条1項）。

❷ 令和元年改正

この改正法は、令和元年（2019年）12月4日に成立し、一部を除き、令和3年（2021年）3月1日から施行されています。この改正は、上場会社等に社外取締役を置くことを義務付けるとともに、業績等に連動した報酬等をより適切かつ円滑に取締役に付与するため、取締役の個人別の報酬等に関する決定方針を定めなければならないこと、取締役等に対する会社補償やD&O保険といった制度の規律の整備、株式会社が他の株式会社を子会社化するにあたって、自社の株式を当該他の株式会社の株主に交付することができること（株式交付制度）、株主が同一の株主総会において提案することができる議案の数を制限すること、また株主総会資料の電子提供制度の創設等（この部分は令和4年9月1日に施行）となっています。

ちなみに、役員報酬（取締役報酬）に関しては、改正法の施行日以降に役員報酬の支給を決定する場合には、新ルールに沿って手続を行う必要があります。特に、取締役の個人別報酬等の決定方針・株式報酬やストックオプションなどに関する事項が、事業報告における記載事項として追加されましたので、会社が毎年作成する事業報告の内容を見直す必要があります。これは、有価証券報告書やガバナンス報告書においても同様となります。

3 最近の法令違反等の状況

Q 独占禁止法違反の疑いがあるという理由で、公正取引委員会による立入検査を受けましたが、どう対応したらよいでしょうか？

A 法務としては、公正取引委員会の担当者に調査根拠や調査権限を聞き、調査対象事実と目的を確認することが必要です。また専門の弁護士へ連絡するとともに、今後の相談をすべきでしょう。そして、社内的には、文書の廃棄や隠匿、改変等、刑事罰の対象となる行為や、情報提供を拒否するようなことを行わないよう、周知徹底することが必要です。

① 独占禁止法：取引制限

独占禁止法違反とは

最近は、独占禁止法違反事案の摘発が増え、高額の課徴金を賦課される企業も増えてきています。このような独占禁止法の規制強化を踏まえ、独占禁止法への対応は、コンプライアンス体制の構築における重要な課題となっています。

独占禁止法とは、市場における企業活動の公正かつ自由な競争の促進を直接の目的とした法律です。この目的を実現するため、私的独占、不当な取引制限、不公正な取引方法を禁止し、合併等の企業結合による市場集中を規制しています。

公正取引委員会は、違反行為をした者に対して、その違反行為を除くために必要な措置を命じることができ、これを「排除措置命令」と呼んでいます。そして、私的独占、不当な取引制限および一定の不公正な取引方法については、違反事業者に対して、公正取引委員会より課徴金が課されることになっています。また、私的独占、不当な取引制限、不公正な取引方法を行った企業に対して、被害者から損害賠償を請求されるおそれがあり、この場合、企業は故意・過失の有無を問わず責任を免れることができません（無過失損害賠償責任）。さらに、私的独占、不当な取引制限などを行った企業や業界団体の役員に対しては、罰則が科せられることとなっています。

また、公正取引委員会は、このような独占禁止法違反事件に関して、必要な調査をするため、事前予告なく事務所等へ立入りを行い、業務や財産の状況、帳簿書類その他の物件を検査することができるとされています（同法47条１項４号）。そこで入手した証拠は、罰則の重要な証拠となるので、関連書類等の破棄で検査妨害を起こさないよう、また不用意な討議等をしないよう、十分留意しなければなりません。

不当な取引制限とは

ここでは、独占禁止法の規制対象の一つとなっている不当な取引制限、いわゆる「カルテル」を対象として説明します。これらカルテルには、談合と呼ばれることが多い「価格カルテル」や「数量（制限）カルテル」「市場分割カルテル」や「入札談合」等があります。

カルテルとは、基本的には、複数の事業者が相互に競争を回避することにより市場の競争を制限する不当な取引制限をいい、独占禁止法では、「事業者が、契約、協定その他何らの名義をもつてするかを問わず、他の事業者と共同して対価を決定し、維持し、若しくは引き上げ、又は数量、技術、製品、設備若しくは取引の相手方を制限する等相互にその事業活動を拘束し、又は遂行することにより、公共の利益に反して、一定の取引分野における競争を実質的に制限することをいう」とされています（同法２条６項）。

「価格カルテル」とは、事業者が、本来、自主的に決めるべき商品の価格を共同で取り決める行為のことをいいます。また、「数量制限カルテル」とは、共同で生産や販売等の数量を取り決めることをいいます。「市場分割カルテル」とは、競争関係にある事業者が互いの販売地域を分割、限定することで、一定の取引分野における競争を実質的に制限する行為のことをいいます。そして、「入札談合」とは、厳正な競争を行うことを目的とした入札を妨害する行為をいいます。

不公正な取引方法とは

不公正な取引方法は、独占禁止法19条で禁止されている行為です。「自由な競争が制限されるおそれがあること」「競争手段が公正とはいえないこと」「自由な競争の基盤を侵害するおそれがあること」といった観点から、公正な競争を阻害するおそれがある場合に禁止されることになっています。

不公正な取引方法については、独占禁止法２条９項で「不公正な取引方法」の類型を定め、すべての業種に適用される「一般指定」として16の類型の行為を、また、特定の業種にだけ適用される「特殊指定」として現在、大規模小売業者、特定荷主、新聞業の三つについて不公正な取引方法に該当する行為を指定しています。そのなかには、共同ボイコット、その他の取引拒絶、差別対価、取引条件等の差別取扱い、事業者団体における差別取扱い等、不当廉売、不当高価購入、ぎまん的顧客誘引、不当な利益による顧客誘引、抱き合わせ販売等、排他条件付取引、再販売価格の拘束など拘束条件付取引、優越的地位の濫用、取引の相手方の役員選任への不当干渉、競争者に対する取引妨害および競争会社に対する内部干渉等があります。

課徴金制度とリーニエンシー

課徴金とは、カルテル・入札談合等の違反行為を防止する行政目的を達成するため、違反事業者等に対して課されるものです。最近は、課徴金制度が様々な違反に採用されるようになってきました。独占禁止法に関しては、平成17年（2005年）に、違反行為に対する抑止力を強化するため、（a）違反行為に対して課せられる課徴金の引上げ、（b）刑事告発を目的とする犯則調査権限の導入、（c）違反行為を自ら報告してきた事業者に対し、課徴金の納付を免除または減額する制度（課徴金減免制度）が新たに設けられ、平成18年（2006年）１月から施行されています。

この課徴金に関しては、平成28年（2016年）３月に、電子部品カルテルで５社に66.9億円の課徴金が課される等、高額化する傾向にあります。また、課徴金の算定率は原則10％ですが、小売業については３％、卸売業については２％、中小企業である場合には原則４％となっています。なお、売上高に算定率をかけて算出された金額が100万円未満の場合には、課徴金納付命令は発令されません。

課徴金に関しては、減免制度が設けられており、「課徴金減免申告（リーニエンシー）」と呼ばれています。この制度は事業者に対し、違反事実を報告することよるインセンティブを与えることによって、カルテル・入札談合の摘発を容易にするとともに、カルテル・入札談合の仲間が公正取引委員会に報告するリスクを高め、カルテル・入札談合の実施・継続を未然に防止することを目的としています。

令和元年（2019年）から令和２年（2020年）にかけて施行された改正独占禁止法では、課徴金制度の見直しが大きな注目ポイントとなり、具体的には、違反の実態に即した課徴金を課すことができるように、以下の変更が行われています。

❶　課徴金の計算方法の変更

算定期間の延長や算定基礎項目の追加、事業承継子会社への課徴金賦課制度などにより、違反事業者が得た利益をより幅広く課徴金算定にあたって考慮されるようになっています。

❷　調査協力減算制度の導入

従来の課徴金減免制度では、公正取引委員会に対する違反報告の順位のみに従って、課徴金の減免率が設定されていましたが、改正後の課徴金減免制度では、調査に対する事業者の積極的な協力を促すため、協力度合いに応じた減算制度が新たに設けられています。

◉申請順位と減免率

調査開始	申請順位	申請順位に応じた減免率	協力度合いに応じた減算率
前	1位	全額免除	
	2位	20%	＋最大40%
	3〜5位	10%	
	6位以下	5%	
後	最大3社（注）	10%	＋最大20%
	上記以下	5%	

（注）公正取引委員会の調査開始日以後に課徴金減免申請を行った者のうち，減免率10%が適用されるのは，調査開始日前の減免申請者の数と合わせて5社以内である場合に限る。

出典：公正取引委員会ホームページ

このように、課徴金減免制度は、違反行為の摘発を容易にするだけでなく、事業者のコンプライアンスを推進する機能を有していると期待されています。課徴金減免申告の制度を利用せずに、違反行為を放置した場合には、株主代表訴訟の対象となる可能性もあり、事業者にとっては、違反行為が行われていないかどうか自ら監視・情報収集する体制を整備する等、内部通報制度を含めコンプライアンスの推進が一層重要となってきています。つまり、事業者としては、（a）カルテルを発生させない予防体制の構築、（b）カルテルの早期発見を可能とする体制の構築、（c）カルテル発覚後、速やかな意思決定を可能とする体制の構築が重要な課題となっています。

◉独占禁止法違反事件の処理手続

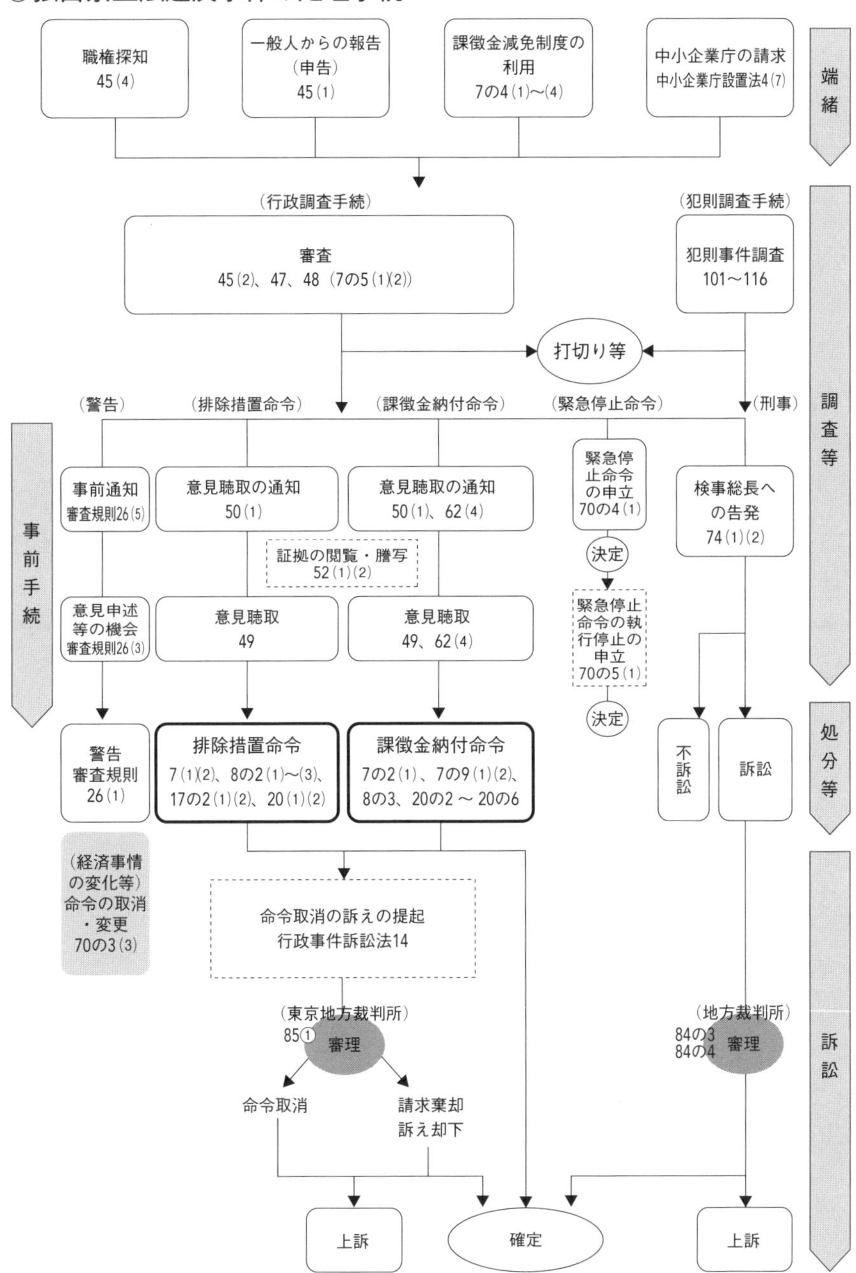

出典：公正取引委員会ホームページ

② 不正競争防止法：不正競争

Q 営業秘密の秘密管理性が問題となるケースが増えています。そのようななか、第三者が当社の営業秘密を使用して事業を行っている疑いがあるが、どうしたらよいかという相談が持ち込まれました。

A 不正競争防止法違反に該当する可能性があります。法務担当としては、まずそのような事実があるかどうか、また使用されている情報は何か等を調査するとともに、これまでどのような管理が行われていたかを確認しておくことが必要となります。

不正競争防止法とは

不正競争防止法は、不正競争を防止することにより、公正な競争秩序の促進を図り、国民経済の健全な発展を図ることを目的としています(同法１条)。

特許法等の産業財産権法は、特定の客体（特許法２条１項等）に設権行為を経た後、一定の権利を付与し（同法68条等)、保護することで産業の発展を図っています。これに対し、不正競争防止法は、一定の行為を不正競争として規制し（同法２条１項各号等)、国民経済の発展を図っています。この不正競争防止法は、産業財産権とは異なり、設権行為を経ずに一定の行為を規制する行為規制法的性格を有しています。

不正競争防止法は、規制の対象となる行為を不正競争として限定列挙しており（同法２条１項各号)、２条１項１号から10号及び13から16号に規定する不正競争は、「特定不正競争」（弁理士法２条５項）と呼んでいます。代表的な不正競争行為には、周知表示混同惹起行為（２条１項１号）、著名表示冒用行為（同項２号）、商品形態模倣行為（同項３号）、営業秘密に関する不正競争行為（同項４号～９号）等がありＱのケースはこれにあたります。

さらに、不正競争防止法は、外国の国旗・紋章や国際機関の標章を商標として使用することを禁止するとともに（同法16条・17条）、外国公務員贈賄防止条約の国内的実施のために、外国の公務員等に対して、国際的な商取引に関して営業上の不正の利益を得るための贈賄行為を禁止しています（同法18条）。なお、後者に関しては、第７章「グローバル・コンプライアンス」を参照してください。

不正競争の行為者は、民事上・刑事上の制裁の対象となります。民事的措置としては、差止請求（同法３条１項）、損害賠償（同法４条）があります。ただし、不正競争防止法事件は、通常、損害額の立証が困難なため、損害額の推定（同法５条）や書類提出命令（同法７条）等の規定が用意されています。さらに、信用を毀損することにもつながるため、信用回復措置請求の規定もあります（同法14条）。なお、不正競争については過失が推定されないため、損害賠償請求権を行使する場合には、原告が不正競争の行為者の故意・過失を主張・立証する必要があります。

営業秘密の不正利用

不正競争防止法に違反する行為としては、営業秘密の不正利用行為、技術的制限手段を迂回する装置の提供行為、他人の商品等表示と類似するドメイン名を図利加害目的で不正に取得する行為、原産地や品質等の誤認行為や信用毀損行為等が存在しています。特に、最近では、営業秘密の不正利用に係る事案が増えています。

不正競争防止法に規定する「営業秘密」と認められるためには、その情報が、（ａ）秘密として管理されていること（秘密管理性）、（ｂ）事業活動にとって有用であること（有用性）、（ｃ）公然と知られていないこと（非公知性）の３要件を満たす必要があります（同法２条６項）。

（ａ）の「秘密管理性」では、情報の保有者側における秘密保持のための積極的努力の有無が問われます。つまり秘密管理性が認められるためには、企業による「特定の情報を秘密として管理しようとする意思」が、具体的状況に応じた経済合理的な秘密管理措置によって従業員に明確に示され、結果として、従業員がその意思を容易に認識できる状態になっている（「認識可能性」が確保される）必要があります。（ｂ）の「有用性要件」は、対象情報の客観的価値の有無が問われます。また（ｃ）の「非公知性要件」は、対象情報が現に秘密といえる状態にあるかどうかを問うものとなっています。

営業秘密に関する不正行為として規定されるのは、不正取得が介在する行為類型のみならず、保有者から営業秘密を示された者や、その者から営業秘密を取得した者による当該秘密の使用等の行為類型も含まれています（同法２条１項７号〜９号）。

なお、不正競争防止法における「営業秘密」として法的保護を受けるために必要となる最低限の水準は、経済産業省が平成27年（2015年）１月に改訂した営業秘密管理指針に示されています。

また、平成30年（2018年）の不正競争防止法の改正では、データの利活用を促進するための環境を整備するため、ID・パスワード等により管理しつつ相手方を限定して提供するデータにつき、それを不正取得等する行為を、新たに不正競争行為に位置づけ、これに対する差止請求権等の民事上の救済措置を設けたものとなっています。さらに、技術的制限手段を回避するサービスの提供等を不正競争行為に位置づけるなど、技術的制限手段に係る不正競争行為の対象を拡大しています。

情報資産の保護

企業が有する「情報資産」は、商品の生産、販売、サービスの提供等の様々な企業活動の価値や効率性を高めています。「情報資産」と一口に言っても、顧客情報、発明情報、ビジネスモデル、取引情報、人事・財務情報等、多種多様で、製品やサービスが均質化しつつある近年において、他者との差別化を図り、競争力を高めていくために、「情報資産」の保護・活用は、ますますその重要性を増しています。

このような「情報資産」のなかには、他者に対して秘密とすることでその価値を発揮する情報（秘密情報）が存在しています。そのような秘密情報は、一度でも漏えいすれば、たちまち情報の資産としての価値が失われてしまい、その回復は非常に困難なものとなります。

秘密情報の保護に関しては、経済産業省が平成28年（2016年）2月に公表した「秘密情報の保護ハンドブック～企業価値向上に向けて～」で、営業秘密として法的保護を受けられる水準を越えて、秘密情報の漏えいを未然に防止するための対策が紹介されているので、参考にしてください。

③　下請法：不当取引

Q ある取引先から、資金繰りに困っているので、これまでの支払手形による支払いに代えて、現金払いにしてほしいという申出があり、どうしたらよいかという相談を受けました。

A 法務としては、取引先が下請関係にあるかどうかの確認とともに、支払が早まった期間分の利息に相当する額の控除が下請法の禁止する下請代金の減額にあたるかどうかを、念のため確認をしておく必要があります。

下請法とは

下請法とは、正式には、「下請代金支払遅延等防止法」といい、下請取引の公正化を図り、下請事業者の利益を保護するために、独占禁止法の特別法として制定されたものです。親事業者が下請事業者に発注する場合等において、親事業者が優越的地位を利用して、親事業者の一方的な都合により、下請代金が発注後に減額し、支払いを遅らせることを禁止しています。そして、平成15年（2003年）の法改正により、規制対象が役務取引にも拡大されることとなり、違反行為に対する措置の強化が行われています。

下請法の対象となる取引

下請法の対象となる取引は、事業者の資本金規模と取引の内容で定義されているので、以下のように資本金規模を見ながら、取引内容が該当するかどうかの判断をしなければなりません。

❶ 物品の製造・修理委託および政令で定める情報成果物・役務提供委託を行う場合

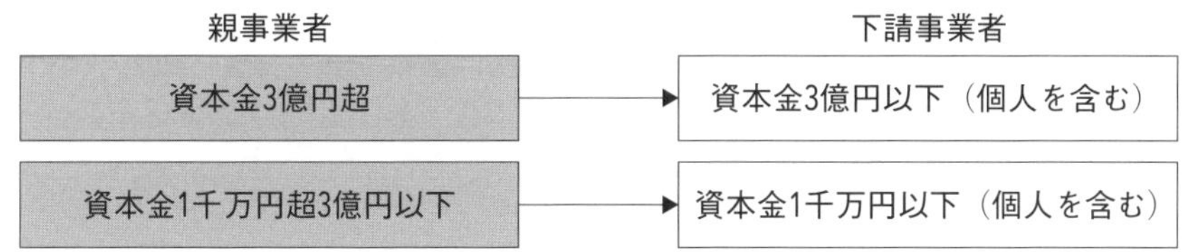

❷ 情報成果物作成・役務提供委託を行う場合（❶の情報成果物・役務提供委託を除く）

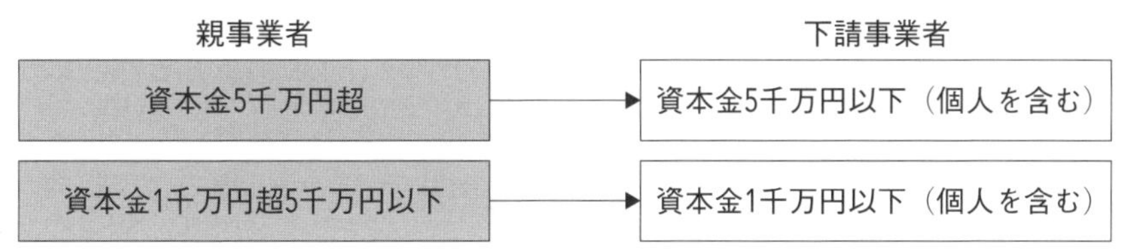

親事業者の義務

下請取引の公正化および下請事業者の利益保護のため、下請法では、親事業者には次の四つの義務が課されています（同法2条の2・3条・4条の2・5条）。

義務	概要
書面の交付義務	発注の際は、直ちに3条書面を交付すること
支払期日を定める義務	下請代金の支払期日を給付の受領後60日以内に定めること
書類の作成・保存義務	下請取引の内容を記載した書類を作成し、2年間保存すること
遅延利息の支払義務	支払いが遅延した場合は遅延利息を支払うこと

出典：公正取引委員会ホームページ

親事業者の禁止行為

親事業者には、次の11項目の禁止事項が課せられています（同法4条）。この禁止事項に関しては、たとえ下請事業者の了解を得ていても、また、親事業者に違法性の意識がなくても下請法に違反することになるので、十分な注意が必要です。

禁止事項	概要
受領拒否（1項1号）	注文した物品等の受領を拒むこと
下請代金の支払遅延（1項2号）	下請代金を受領後60日以内に定められた支払期日までに支払わないこと
下請代金の減額（1項3号）	あらかじめ定めた下請代金を減額すること
返品（1項4号）	受け取った物を返品すること
買いたたき（1項5号）	類似品等の価格又は市価に比べて著しく低い下請代金を不当に定めること
購入・利用強制（1項6号）	親事業者が指定する物・役務を強制的に購入・利用させること
報復措置（1項7号）	下請事業者が親事業者の不公正な行為を公正取引委員会又は中小企業庁に知らせたことを理由としてその下請事業者に対して、取引数量の削減・取引停止等の不利益な取扱いをすること
有償支給原材料等の対価の早期決済（2項1号）	有償で支給した原材料等の対価を、当該原材料等を用いた給付に係る下請代金の支払期日より早い時期に相殺したり支払わせたりすること
割引困難な手形の交付（2項2号）	一般の金融機関で割引を受けることが困難であると認められる手形を交付すること
不当な経済上の利益の提供要請（2項3号）	下請事業者から金銭、労務の提供等をさせること
不当な給付内容の変更及び不当なやり直し（2項4号）	費用を負担せずに注文内容を変更し、または受領後にやり直しをさせること

出典：公正取引委員会ホームページ

④　景表法：不当表示

Q　食品偽装問題をきっかけとして、最近、広告等の管理体制の整備と必要な措置が義務付けられたと聞き、その内容について、営業部から相談がきました。法務担当者としては、どのような説明をしたらよいでしょうか？

A　広告のすべてに対して、法務担当者がチェックをすることはできませんが、少なくとも将来法令等に違反することのないようにする（つまり紛争を予防する）ため、不当な表示に関する規制やその意味は理解しておく必要があります。

一般的に商品の表示は、消費者を誘引するための手段として、事業者が自ら製造販売したり、供給する商品・サービスの品質、規格、その他の内容や価格等の取引条件について、消費者に知らせる広告や表示全般を指しています。この表示については、数年前に発生した一連の食品偽装問題などをきっかけとして、不当表示等の行為を規制するために関連する法改正が行われていますが、その代表的なものは景表法や消費者基本法です。

ここでは、景表法を取り上げることとします。

景表法違反とは

景表法とは、正式には「不当景品類及び不当表示防止法」といい、商品やサービスの品質、内容、価格等を偽って表示を行うことを厳しく規制すること、また過大な景品類の提供を防ぐために景品類の最高額を制

限して、消費者がより良い商品やサービスを自主的かつ合理的に選べる環境を守ることを目的としています。

もし景表法に違反する不当な表示や、過大な景品類の提供が行われている疑いがある場合には、監督官庁である消費者庁は、関連資料の収集、事業者への事情聴取などの調査を実施することとされています。これらの調査には、当然協力をすることが必要ですが、もし調査の結果、違反行為が認められた場合は、消費者庁から、不当表示により一般消費者に与えた誤認の排除、再発防止策の実施、同様の違反行為を行わない旨を命ずる「措置命令」が出されることになります。

また一連の不当表示が多発した結果、事業者が不当表示行為をしたと認められた場合には、課徴金の納付が命じられる旨、法改正が行われました（課徴金納付命令：平成26年（2014年）11月改正）。この課徴金の対象となるのは、景表法の「優良誤認表示」と「有利誤認表示」の二つで、その対象期間は最大３年となっています。

不当表示

不当表示行為の「優良誤認表示」（景表法５条１号）とは、商品・サービスの品質、規格そのほかの内容についての不当表示をいいます。「有利誤認表示」（同条２号）とは、商品・サービスの価格そのほかの取引条件についての不当表示をいいます。

「優良誤認表示」

❶ 実際のものよりも著しく優良であると誤認させる表示

❷ 内容について、事実に相違して競争業者に係るものよりも著しく優良であると誤認させる表示

「有利誤認表示」

❶ 取引条件について、実際のものよりも取引の相手方に著しく有利であると誤認させる表示

❷ 取引条件について、競争業者に係るものよりも取引の相手方に著しく有利であると誤認させる表示

以上のほか、商品・サービスの取引に関する事項について一般消費者に誤認されるおそれがあると認められる「そのほかの表示」も対象となっており、不動産の「おとり広告」などがそれにあたります（同条3号：内閣総理大臣指定の表示)。

景品規制

景表法では、景品類の最高額、総額等を規制することにより、一般消費者の利益を保護するとともに、過大景品による事業者側の不健全な競争をも防止しています。

これは、事業者が過大景品を消費者に対し提供することにより、消費者が過大景品に惑わされて質の良くないものや割高なものを買わされてしまうことは、消費者にとって不利益となるというのがその制定の理由です。また、過大景品による競争がエスカレートすると、事業者は商品・サービスそのものでの競争に力を入れなくなり、これがまた消費者の不利益につながっていくという悪循環を生むおそれがあるという理由もあります。

「景品」とは、一般的に、粗品、おまけ、賞品等を指すと考えられていますが、景表法上の「景品類」とは、

❶ 顧客を誘引するための手段として、
❷ 事業者が自己の供給する商品・サービスの取引に付随して提供する
❸ 物品、金銭その他の経済上の利益

とされており、「景品類」に該当する場合は、次頁のような景品規制が適用されることとなります。

この景表法に基づく景品規制とは、一般懸賞に関するもの、共同懸賞に関するもの、そして総付景品に関するものがあり、それぞれ、提供で

きる景品類の限度額等が定められています。そして、限度額を超える過大な景品類の提供を行った場合などは、消費者庁長官により、提供を行った事業者に対し、景品類の提供に関する事項が規制されたり、または景品類の提供が禁止されることになります。

◉一般懸賞における景品類等の限度額

懸賞による取引価額	景品類限度額	
	最高額	総額
5,000円未満	取引価額の20倍	懸賞に係る売上予定総額の２％
5,000円以上	10万円	

＊「一般懸賞」とは、くじ等の偶然性、特定行為の優劣等によって景品類を提供することであり、共同懸賞以外のものをいいます。

◉共同懸賞における景品類の限度額

景品類限度額	
最高額	総額
取引価額にかかわらず30万円	懸賞に係る売上予定総額の３％

＊「共同懸賞」とは、複数の事業者が参加して行う懸賞です。

◉総付景品の限度額

取引価額	景品類の最高額
1,000円未満	200円
1,000円以上	取引価額の10分の２

＊「懸賞」によらずに提供される景品類は、一般に「総付景品」、「ベタ付け景品」等と呼ばれており、具体的には、商品・サービスの利用者や来店者に対してもれなく提供する金品等をいいます。

留意すべき事項

景品規制に関しては現在、（ａ）新聞業、（ｂ）雑誌業、（ｃ）不動産業、（ｄ）医療用医薬品業・医療機器業および衛生検査所業などの特殊業種について、告示により、各業界において提供される景品類に制限が設けられています。景品付き広告等にあたっては、注意が必要です。

なお、不当表示に関連しては、広告はそれが不特定多数向けであることから、消費者契約法の適用を受ける「勧誘」にはあたらないと除外されてきましたが、最近の最高裁判決（平成29年（2017年）１月24日）において、消費者契約法に定める不当な勧誘行為にあたらないということはできないとされました。消費者向けの広告における重要事項の記載に関しては、不実告知、断定的判断の提供や不利益事実の不告知などの不当行為にあたらないようなチェックも必要です。

一方、平成25年（2013年）に発生した一連の食品偽装事件をきっかけとして、事業者のコンプライアンス体制の強化を内容とする景表法の改正が行われました（平成26年（2014年）６月改正）。改正景表法において、事業者は、景品類の提供に関する事項および商品または役務の品質、規格そのほかの内容に係る表示に関する事項を適正に管理するために必要な体制の整備を行うか、その他の必要な措置を講じなければならないとされているので（改正景品表示法７条１項）、企業内でのチェックシステムの構築とその運用も重要なリスクマネジメントの一つとなっています。

また、消費者庁から、指定告示関係や景品関係、表示関係等のガイドラインが公表されています【注５】。

注５　消費者庁「景品表示法関係ガイドライン等」
https://www.caa.go.jp/policies/policy/representation/fair_labeling/guideline/

⑤　労働関係法：労基法・労働安全衛生法・働き方改革関連法

Q 最近、長時間労働やサービス残業問題が話題になっていますが、そのなかで36協定（さぶろく協定）ということが言われています。その内容について、法務担当者としては、どのような説明をしたらよいでしょうか？

A 通常、人事労務関連については、少なくともコンプライアンス違反を防止するなどコンプライアンス体制の運用を確保するためには、36協定を含め、労働関係法における適法な対応はどうあるべきかを理解しておく必要があります。

企業には、従業員の労働時間・労働環境等を適切に管理し、労働安全を確保する義務があり、これらに違反しているとされた場合には、刑事罰の対象となるおそれもあります。一方、企業において、常に意識しておかなければならない重要な経営課題の一つに人事労務の問題があります。特に、人事労務関連のトラブルに関しては、人事制度や労働関連法の多様さを理解しておくとともに、ほかの社員への波及効果を意識しながら、将来の人事政策に対する影響度なども考慮しなければならない重要な問題となっています。

通常、企業が抱える人事労務トラブルには、労働協約や就業規則などの組織内のルールや個別の待遇変更等に基づく労働者の権利についての問題、不適切な人事制度や労働基準監督署等の監督行政機関からの指導やその改善勧告、また労働組合との交渉や争議行為など集団的労使紛争、さらには労働審判など個別労働紛争処理等、多くの問題が関連しています。

ここでは、紙幅の都合上すべては説明できませんが、労務関係のコンプライアンス問題として、最近、懸案となっている長時間労働（労働基準法）の問題や、労働者安全衛生法等に基づく問題を取り上げることとします。

労基法：長時間労働・サービス残業

❶ 36協定とは

労働時間や休日について、労働基準法では、1日8時間、1週40時間（32条）および週1回の休日の原則（35条）が定められています。これに対して同法36条は「労使協定をし、行政官庁に届け出た場合においては（32条、35条の規定にかかわらず）、その協定に定めるところによって労働時間を延長し、又は休日に労働させることができる」として、労働基準法に定めた時間を超えて残業や休日労働を行う場合の手続が規定されています。

この労使協定のことを、法律の規定条項である36条をとって「36協定」と呼んでいます。この協定には、時間外・休日労働を必要とする「具体的事由」・「業務の種類」・「労働者の数」を規定しなければならないとあります。また、休日労働の場合は、「労働させることができる休日」について、休日を特定する方法、または、一定期間において労働させる日数（回数）の形で取り決めることが求められています。

この労働基準法の労働時間や休日規制の例外については、本36条に基づくもののほか、非常災害（33条1項）および公務（33条3項）による臨時の必要がある場合にも認められていますが、実際の運用において、そのほとんどが本36条によるものなので、「36協定」の内容とその趣旨を理解しておくことが重要です。

なお、この時間外労働については、平成31年（2019年）4月より罰則付きの上限が設けられ、時間外労働の上限は「月45時間・年360時間」

とされ、臨時的な特別の事情がない限り、これを超えることはできません。これまでは、特別条項付きの36協定を締結すれば、企業は上限を超えて残業を要請することは可能でしたが、「働き方改革」の一環として、企業は規定時間を上回る残業を社員に強いることはできなくなりました。なお、臨時的な特別の事情があって労使が合意する場合でも、時間外労働は年720時間以内、時間外労働と休日労働を合わせて月100時間未満、２～６カ月平均80時間以内とする必要があります。この場合の割増賃金率は、時間外労働60時間以下は25％、60時間超の場合は、一部（建設業、自動車運転業務、医師などを除きます）50％とする必要があります。この割増賃金率50％については、中小企業の場合は、令和５年（2023年）４月１日から適用されることとなっています。

しかし、長時間の残業や仕事上のストレスが蓄積して社員が脳梗塞や心筋梗塞などを引き起こし、死亡してしまった場合などは、従業員の過労自殺防止に関する安全配慮義務違反として会社の責任が追及される場合もありますので（労働安全衛生法）、この点は特に重要な考慮事項となります。

ちなみに、直近２～６カ月の残業時間数で判断される場合、月80～100時間程度で「過労死」判定がされる可能性が高くなるため注意が必要です。また、うつ病などの精神障害の場合、発症前２カ月間につき120時間以上、あるいは発症前３カ月間に月100時間以上の時間外労働がある場合、医師による面接指導が義務化されており、強い心理的負荷（ストレス）があったと判断されたり、労働基準監督署が業務災害を認定する可能性が高くなっています。

いずれにしても、厚生労働省では、長時間労働対策の強化が必要であるとして、長時間労働削減推進本部が設置され、労働基準監督署による監督指導が行われるようになっており、違法な長時間労働を放置した企業名の公表なども行われるので、留意が必要となります。

❷ 36協定の効力発生要件・有効期間

36協定は、締結をするだけで効力を発生するのではなく、所轄労働基準監督署長への届出がその効力発生要件とされています。届出に関しては、法令様式（様式第９号）によることが必要で、協定書そのものの提出は必要ありませんが事業場に保存をしておくことが必要です。なお、届け出られた36協定については、所轄労働基準監督署長には、必要な助言指導を行う権限が付与されています（労基法36条４項）。

36協定には、有効期間の定めが必要です（労基則16条２項）。時間外労働に関する協定の有効期間は最も短い場合で１年間ですが、定期的に見直しを行うため、有効期間は１年とすることが望ましいとされています。なお、労働協約による場合は、有効期間を定めないことも可能であり、90日前の書面予告により失効することとなっていますが、有効期間を設ける場合の上限は３年となっています。

❸ サービス残業

一方、サービス残業の問題に関しては、かつては当たり前のようにサービス残業を行うことにより、雇用の安定、ボーナスや昇進への還元などが期待されるという状況がありました。現代は、それを体験した世代が管理職になっているので、仕事が終わるまで残業をするのは当たり前、残業代を請求することに対しても仕事の効率が悪いためだと罪悪感を持つことも多く、また決まった時間以上の労働賃金を要求するのは申し訳ないという意識がいまだ残っているようです。

このような意識を持つ上司の下では、いくらサービス残業やその強制が労働基準法に反する行為であったとしても、実際には、部下はサービス残業に抵抗することが難しくなります。これが、今でもサービス残業が減らない主な理由だといわれています。ただ、電通の過重労働による社員の死亡が社会問題化したことも踏まえて、最近は、長時間労働の是正が求められるようになっています。具体的には、建物への入館や各自のパソコンの稼働等の時間をコンピュータで容易に管理ができるようになっているので、サービス残業を解消しようと思えば、それほど無理ではないという環境が整ってきているといえます。

労働安全衛生法：ストレスチェック

Q メンタルヘルスの不調が疑われる従業員についての対応に関して、どうしたらよいかという相談がきました。法務担当者として、どのような対応が求められるでしょうか？

A 会社としての安全配慮義務違反が問われかねないので、速やかに心身状況の確認をとり、医師の診察を受けさせることが必要となります。

最近は、職場におけるストレス対応が重要な問題となってきています。メンタルヘルス不調の疑いがある従業員への対応としては、心身状況の確認を行うとともに、医師の診察を受けさせることで症状の悪化を防ぐことが最優先となります。そして、医師のアドバイスに従い、必要であれば休職させ、治療に専念させることも必要です。休職制度とは、雇用関係は継続させながら、労務への従事を免除または禁止するもので、通常は就業規則に規定されています（労基法89条10号）。

ストレス対応のため、ストレスチェック制度（平成27年（2015年）12月より施行）が導入されています。この制度は、定期的に労働者のストレスの状態について検査を行い、本人にその結果を通知して自らのストレスの程度について気付きを促し、個人のメンタルヘルス不調のリスクを低減させるとともに、検査結果を集団的に分析し、職場環境の改善につなげる取組みとして導入されたものです。常時雇用する従業員が50名以上の事業場において、１年以内ごとに１回、従業員の身体の健康状態だけではなく、心の健康状態もチェックできる仕組みを導入することが事業者の義務となっています。

また、この制度については、労働者に対して、次の事項を理由とした不利益な取扱いは禁止されていますので留意が必要です。

・ストレスチェックを受検しなかったこと
・ストレスチェック結果を事業者に提供することに同意しなかったこと
・面接指導の申出をしたこと
・面接指導の要件を満たしているにもかかわらず、面接指導の申出を行わなかったこと

そして、面接の結果、解雇、雇用契約の非更新、退職勧奨や配置転換・職位の変更など、労働者の実情を考慮していないとされる措置は、禁止されています。

労働衛生管理体制

労働安全衛生法は、上記のストレスチェックを含め、職場における労働者の安全と健康を確保するとともに、快適な職場環境の形成を促進することを目的とした法律です。

この労働安全衛生法は、安全衛生管理体制、労働者を危険や健康障害から守るための措置、機械や危険物・有害物に関する規制、労働者に対する安全衛生教育、労働者の健康を保持増進するための措置などについて定めており、職場の安全衛生に関する網羅的な法規制がその対象となっています。

一定規模以上の事業場では、当該事業場における安全衛生業務全般を統括管理する責任を負う者として、その事業場の責任者を「総括安全衛生管理者」として選任しなければなりません。また、統括安全衛生管理

者の下には、「安全管理者」や「衛生管理者」(安全管理者・衛生管理者の選任を義務付けられていない小規模事業場では「安全衛生推進者」)を配置することとされています。さらに、事業場の安全衛生管理に労働者の意見を反映させるために、一定の業種で常時100人以上（特定業種にあっては50人以上）の労働者を使用する事業場では「安全委員会」を、すべての業種で常時50人以上の労働者を使用する事業場では「衛生委員会」を設置することが義務付けられています。

このような安全衛生管理体制のなかでも、その重要性が近年注目されているものとして、「産業医制度」があります。産業医とは、事業者に雇用され、または事業者の嘱託として事業場の労働者の健康管理等を行う医師です。常時50人以上の労働者を使用する事業場では、産業医の選任が義務付けられています（常時3,000人を超える労働者を使用する事業場では２名以上)。

また、健康の保持増進のための措置として、労働災害を防止するためには、事業者が設備や作業環境等について安全を図ると同時に、労働者自身がその業務に含まれる危険性・有害性を認識し、適切な対応方法を熟知した上で作業に臨むことが重要とされています。そこで、事業者には、労働者を雇い入れたときには遅滞なく、機械等・原材料等の危険性・有害性およびこれらの取扱い方法、安全装置・有害物抑制装置・保護具の性能およびこれらの取扱い方法、作業手順、作業開始時の点検、当該業務に関して発生するおそれのある疾病の原因および予防、整理・整頓および清潔の保持、事故時等における応急措置および退避など、労働者が従事する業務に関して必要な安全衛生教育を行うことが義務付けられています（法59条、規則35条)。

ハラスメント

セクシャル・ハラスメントとか、パワー・ハラスメントは、よく話題となっていますが、このハラスメント（Harassment）とはいろいろな場面での「嫌がらせ、いじめ」をいいます。その種類は様々ですが、他者に対する発言・行動等が本人の意図には関係なく、相手を不快にさせたり、尊厳を傷つけたり、不利益を与えたり、脅威を与えることを指しています。セクシャル・ハラスメントやパワー・ハラスメント以外には、モラル・ハラスメント、アルコール・ハラスメント、ジェンダー・ハラスメントやマタニティ・ハラスメントなどがあります。

このうち、パワー・ハラスメントについては、労働施策総合推進法（昭和35年（1960年）制定の雇用対策法が改正されたもの）が、労働者が生きがいをもって働ける社会の実現を目的として、令和元年（2019年）５月に改正され、令和２年（2020年）６月１日から、新たに職場におけるパワー・ハラスメントの防止が義務付けられています。パワー・ハラスメント対策の強化が図られることとなったため、「パワハラ防止法」とも呼ばれており、令和４年（2022年）４月１日からは、中小企業も対象となっています。

ここではそのそれぞれについて解説はしませんが、これらハラスメントは、企業内にとどまらず、社外に及ぶこともあります。さらに法的問題になることも増えていますので、十分な配慮が必要です。

その第一は、使用者責任問題です。行為者本人については、不法行為責任が問われることとなり、雇用主である事業者は、被害者が受けた損害につき、賠償責任を負うことにもなりかねません。特に、これらハラスメントによる影響を受けた被害者にとっては、職場における業務の範囲を超えて精神的・身体的な苦痛を受けることになるので、その被害者に対する適切な対応が求められるのは当然といえます。

またハラスメント自体には法的責任は問われなくても、事業者が被害者に対して誠実また適切に対応しなかった場合や、ハラスメント防止のための適切な措置をとらなかった場合には、事業者自身の債務不履行責任や不法行為責任が問われることもあります。その理由としては、労働者の労務提供の過程において、労働者の身体を危険から保護するよう配慮すべきとされている事業者としての安全配慮義務や、職場環境配慮義務に違反しているというものです。

いずれにしても、ハラスメントの疑いがあるとされた場合には、関連事実の調査を迅速に行うことが必要です。つまり、誰による誰に対する行為か、問題となっている具体的行為と当該行為への対応内容、問題となっている行為の継続性や執拗性、証拠の有無とその内容など、具体的行為の背景事情も調査をしておくことも必要です。そして特に重要なのは、ハラスメントの被害者や加害者に対するプライバシーの配慮です。また、懲戒処分等を行う場合には、加害者や被害者の名誉への配慮も重要な要素となり、通常は実名での懲戒処分の公表も控えるべきであるとされています。

働き方改革関連法

Q 一億総活躍社会の実現に向けて働き方改革のための法制度が整備されたと聞きましたが、その内容について知りたいという相談がきました。法務担当者として、どのような説明をしたらよいでしょうか？

A これまでの働き方改革を総合的に推進するため、長時間労働の是正、多様で柔軟な働き方の実現、雇用形態に関わらない公正な待遇の確保等のための種々の措置を講じるために全体的に関連法の改正が行われていることを理解しておくことが必要です。

現状、日本が直面している「少子高齢化による労働人口の減少」「長時間労働の慢性化」「正規雇用労働者と非正規雇用労働者の賃金格差」「有給取得率の低迷」「育児や介護との両立など、働く人のニーズの多様化（共働きの増加・高齢化による介護の必要性の増加など）」「企業におけるダイバーシティの実現の必要性」などの問題から、近年、働き方改革が推進されています。

そのため、時間外労働の限度時間の設定、高度な専門的知識等を要する業務に就き一定額以上の年収を有する労働者に適用される労働時間制度の創設、短時間・有期雇用労働者および派遣労働者と通常の労働者との間の不合理な待遇の相違の禁止、国による労働に関する施策の総合的な推進に関する基本的な方針の策定等の措置を講ずる必要があるとして、平成30年（2018年）７月６日に「働き方改革関連法」（正式には、「働き方改革を推進するための関係法律の整備に関する法律」が制定されています。

この関連法のポイントは、「時間外労働の上限規制」「勤務時間インターバル制度」の導入促進「年次有給休暇の確実な取得（時季指定）」「労働時間状況の客観的な把握」「フレックスタイム制」の拡充、「高度プロフェッショナル制度」の導入、「月60時間超残業に対する割増賃金引き上げ」「雇用形態に関わらない公正な待遇の確保」および「産業医の権限強化」の９件となっています。具体的には、長時間労働の抑制、非正規雇用労働者の保護などを目的とした関連法（労働基準法、労働安全衛生法、労働契約法、労働者派遣法、パートタイム・有期雇用労働法など）が改正されています。これらの改正法は、順次関連法ごとに施行されています。

◉働き方改革関連法の主な内容とその施行日

規制緩和	①**高度プロフェッショナル制度の導入**：年収1,075万円以上の一部専門職を労働規制から外す
規制強化	②**残業時間の罰則つき上限規制**：残業時間に「繁忙期でも月100時間未満」などの上限を設け、違反したら罰則
	③**時間制インターバル制度の促進**：終業から始業までに一定の休息時間を確保するように企業に努力義務
	④**年次有給休暇の消化義務**：年10日以上の年休が与えられた労働者に、5日は消化させることを企業に義務付け
	⑤**中小企業の残業代割増率の引き上げ**：月60時間超の残業代の割増率を今の25%から大企業と同じ50%に
その他	⑥**同一労働同一賃金の促進**：正社員と非正社員の不合理な待遇格差を是正すため関係法を整備
	⑦**フレックスタイム制の清算期間延長**：残業代などの基準となる「清算期間」を最長１カ月から３カ月に延長

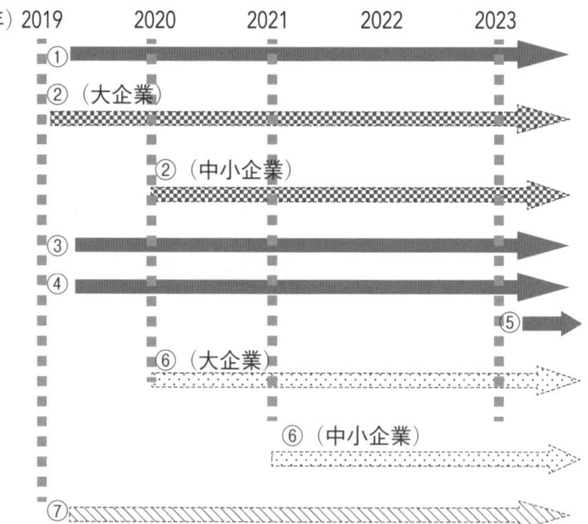

出典：朝日新聞デジタル　2018年７月26日を基に作成

⑥ 製造物責任法（PL 法）

Q 当社の製品を購入した方から、製品の表示には、危険性についての警告が適切に記載されていないのではないか、というクレームがあり、その対応について相談がありました。法務担当者としては、どのような説明をしたらよいでしょうか？

A 製品の取扱説明書の記載事項については、製品の使用上の留意事項を含め、法が要求するものは最低限記載しておかなければなりませんので、適法な対応という意味でも十分にチェックをしておく必要があります。

製造物責任（Product Liability）とは、製品の欠陥が原因となり、生命、身体または財産に損害が生じた場合に、その製品の製造者である事業者に負わせることとした賠償責任のことであり、様々な製品等の欠陥に適用されています。

一般的に、製品の欠陥によって被害を被った者が損害賠償請求をする際には、不法行為を理由に製造業者側の過失を立証する必要があります。しかし、その過失の証明が困難であるために損害賠償を受けることもできない場合が多いことから、製造業者の過失を要件とせず、製造物に欠陥があったことを証明するだけでよいとして、被害者からの損害賠償責任を追及しやすくすることとした法律がこの「製造物責任法」です。これは米国における Product Liability 法に則った被害者救済のための法律となっています。

製造物責任法上の欠陥

製造物責任法における欠陥とは、「当該製造物の特性、その通常予見される使用形態、その製造業者等が当該製造物を引き渡した時期その他の当該製造物に係る事情を考慮して、当該製造物が通常有すべき安全性を欠いていること」と定義されており、引渡し時点での通常有すべき安全性を欠いていることを「欠陥あり」としています（製造物責任法２条２項）。

この欠陥には、設計自体に問題があるために安全性を欠いた場合（**設計上の欠陥**）や、製造物が設計や仕様どおりに製造されなかったために安全性を欠いた場合（**製造上の欠陥**）に加えて、製造物から除外することが不可能な危険がある場合に、その危険に関する適切な情報を与えなかった場合や、取扱説明書の記述に不備がある場合など使用上の指示・警告が不十分な場合（**指示・警告上の欠陥**）も製造物責任法上の欠陥とされています。

そして、この欠陥の存在については、被害者側に証明責任があるとされていますが、どの部位、部品に原因があったかまでは特定する必要はなく、欠陥の存在自体を証明すればよいとされています。また、製造物を通常の用法に従って適正に使用したことによって損害が発生した場合は、製造業者としては、適正に使用すれば通常は損害が生じないようなものであることを反対に証明できれば、製造物責任を逃れることができます。

また、製造業者等が引渡した時点における科学・技術の知見によっては欠陥があることを認識できなかった場合には、免責の対象となります。これは、このような場合に免責されないと新製品の開発意欲が削がれるという理由によるものです。また、ほかの製造物の部品や原材料として使用された場合には、その欠陥が専ら、ほかの製造物の製造業者の設計に関する指示に従ったためであること、また欠陥が生じたことにつき、過失がないことを証明できれば、免責の対象となるとされています。

製造物責任の主体

製造物責任の責任主体は、通常、当該製造物の製造業者等とされています。この製造業者等とは、いわゆる当該製造物の製造業者だけでなく、製造業者として当該製造物に氏名、商号、商標その他の表示（氏名等の表示）をした者や、当該製造物業者と誤認させるような氏名等の表示をした者も責任主体となるので、製品への表示は非常に重要です。また販売業者であるにもかかわらず、実際には、製造物にその実質的な製造業者と認めることができる氏名等の表示をした者も責任主体とされるので、製品等の表示については特に留意が必要です。

損害賠償の範囲等

欠陥が原因となって生じた生命、身体または財産に係る損害が、この製造物責任法に基づく損害賠償責任の対象範囲となっています（製造物責任法３条）。そして被害者から法的に損害賠償の請求が行われるのは、被害者またはその法定代理人が損害および賠償義務者を知ったときから、３年間（短期消滅時効期間）とされています（製造物責任法５条１項）。なお、人の生命・身体を侵害した場合は、知ったときから５年間に伸長されています（同条２項【注６】）。また製造業者等が当該製造物を引渡したときから10年の時効期間が定められています。この期間は、当該製造物に関して欠陥を理由とする損害賠償請求が可能となっているので、関連書類等の保存を確保しておくことが必要となります。

この製造物責任に関しては、実際に損害賠償請求を受けた際に、その法的責任の有無について争うことも可能です。実務的には、法律上負担することのある損害賠償責任リスクをカバーするために「PL保険」という制度が存在しており、ほとんどの製造業者がこの保険を利用しています。なお、販売業者や最終製造業者ではない製造業者などにとっては、

注６　民法改正法の施行に際して製造物責任法も一部改正（令和２年（2020年）４月１日施行）。

自社単独でこの種の保険に加入することは保険料の負担もあるので、通常は、当該製造物の製造業者が付保している PL 保険に被保険者として追加してもらうという方法がとられることも多いようです。もちろん若干の保険料負担はあります。

このPL保険に加入する際には、保険会社から被害者に対して保険金が支払われた後に、被保険者である製造業者の損害賠償求償権を保険会社が代位行使しない旨の特約（求償権放棄特約）の有無に留意しましょう。

以上、製造物の欠陥に起因する事故等に関する法律には、ここで説明した製造物責任法のほか、対象の製品の種類により、食品衛生法、薬事法、道路運送車両法（リコール）、消費生活用製品安全法、消費者安全法等があり、これらについては、これまでも様々な企業の不祥事として紹介されているので、詳しくはそれらを参考にしてください。

⑦　消費者保護関連法

Q 事業者に有利な消費者契約の条項は、どのような場合に無効となるのかという質問がありました。法務担当者としては、どのように説明をしたらよいでしょうか？

A 重要事実についての不実告知や断定的判断の提供、不利益事実の不告知のような取消対象事項のほか、事業者に有利な条項によって無効となる例等を理解しておくことが必要となります。

消費者を取り巻く社会状況は、高齢化のさらなる進展に伴い、高齢者の利便に資するような生活支援サービスが提供される一方で、高齢者の被害も増加しています。また、情報通信技術の発達やインターネット取引の普及の影響も受け、契約締結の方法が多様化したことに伴い、消費者被害が増えているという状況もあります。

このような状況下で消費者保護に関する法制度は、消費者の権利意識の高まりとともに、消費者保護強化のための改正が頻繁に行われています。その代表的なものには、消費者契約法、特定商取引法、割賦販売法、貸金業法、利息制限法等があり、民法（債権関係）改正も同様です。本項では、消費者保護法制の中心的な法律である消費者契約法と特定商取引法を取り上げることとします。

消費者契約法

消費者契約とは消費者と事業者との間で締結される契約をいい、そこには消費者契約法が適用されます。ここでの消費者とは、事業のために契約の当事者となる場合を除く、個人を対象としています。

事業者は、消費者に対して、重要事実について事実でない説明をしたり、断定的な判断を伴った説明をしたり、消費者にとって不利益な事実を告げないで説明して消費者契約を締結してはいけないとされています。これにより消費者が誤認した場合は、消費者契約は取り消しの対象となります。これにあたるものとしては、製造業者について事実と異なることを告げている等があります。客観的な事実により真実であるかの判断ができない、または真正であるか否かを主観的に判断できない内容については、この不実の告知にあたらないものとされています。

これら消費者が一方的な不利益を被ってしまう危険性を防止するために平成13年（2001年）に消費者契約法が施行されています。

以下の３種類の条項は、事業者に有利であるとして契約書に盛り込んでいても無効となってしまうおそれがあります。

❶ 事業者の損害賠償責任を免除する条項の無効

消費者が損害を受けた場合に損害賠償を請求できるとする民法や商法による損害賠償責任を、特約で免除または制限している場合には、その特約を無効とするものです。

❷ 消費者が支払う損害賠償の額を予定する条項等の無効

消費者が契約を解除した場合や、契約に基づく金銭の支払義務の履行を遅滞した場合の違約金の額を制限する条項を無効とすることで、消費者の契約解除権を尊重し、消費者の不測の損害を防ぐというものです。

❸ 消費者の利益を一方的に害する条項の無効

上記以外にも消費者の利益を一方的に害する条項がある場合には、民法、商法その他の法律の任意規定の適用による場合と比べて、消費者の権利を制限し、または消費者の義務を加重する特約を設けた場合、その程度が信義誠実原則に反するものは無効となります。

これらの消費者の利益を一方的に害する条項にあたるのは、消費者からの解除・解約の権利を制限する条項、事業者からの解除・解約の要件を緩和する条項、消費者の一定の作為または不作為により、消費者の意思表示とみなす条項、事業者の証明責任を軽減し、または消費者の証明責任を加重する条項、消費者の権利行使期間を制限する条項等があります。

消費者契約法の改正

平成29年（2017年）６月３日に施行された消費者契約法の改正法は、民法改正法に伴ったものもありますが、その改正理由として、「高齢化の進展を始めとした社会経済情勢の変化等に対応して、消費者の利益の擁護を図るため、無効とする消費者契約の条項の類型を追加するとともに、取消権の行使期間を伸長する等の措置を講ずる必要がある」とされていました。この主な改正点は、以下の事項です。

・すべての消費者取引に過量販売解除権の導入（４条４項）

・不実告知取消権の重要事項に危険性の判断等を追加（４条５項）
・誤認による取り消しでは現存利益の範囲内で原状回復とする（６条の２）
・誤認による取消権の時効期間延長（７条）
・消費者の解除権を放棄する契約条項の無効（８条の２）
なお、事業者が債務不履行をした際にも、消費者の解除権を放棄させるという契約条項については無効。また、商品・サービスに隠れた瑕疵がある場合に、消費者の解除権を放棄させる契約条項も無効
・消費者の不作為をもって契約の申込みと扱う契約条項の無効（10条）

成人年齢を18歳に引き下げる改正民法が令和４年（2022年）４月１日から施行されたことに伴い、新成人は親の同意なしに単独で契約を行えるようになったこと、また、インターネット上のECサイトが普及し、非対面での契約行為が簡単になったことから、消費者と事業者間におけるトラブルが噴出していることに伴い、消費者契約法も改正をされています（令和４年（2022年）６月１日公布）。この施行は、１年以内とされています。改正の主なものは、以下のとおりです。
・不実告知や、消費者の不利益事実の不告知の場合の取消権（４条３項）
・免責範囲が不明確な条項が無効に（８条３項）
・解約料の説明が努力義務化（９条２項・12条の４）
・事業者の努力義務が拡大（３条１項２号～４号）

特定商取引法

特定商取引法とは、かつては、「訪問販売法（訪問販売等に関する法律）」と呼ばれていたもので、事業者による違法・悪質な勧誘行為等を防止し、消費者の利益を守ることを目的として改正された消費者保護のための法律です。具体的には、訪問販売や通信販売等の消費者トラブルを生じやすい取引類型を対象に、事業者が守るべきルールに加え、クー

リング・オフ等の消費者を保護するルール等が定められています。

訪問販売とは、事業者が消費者の自宅へ訪問して契約することで行使される、商品や権利の販売または役務サービスの提供を行う等の取引や、キャッチセールス、アポイントメントセールス等のことです。またインターネットを利用した販売は、通信販売の一つとされています。

特定商取引法では、事業者に対して、消費者への適正な情報提供等の観点から、各取引類型の特性に応じて、以下のような規制が行われています。これらに該当する違反行為は、業務改善の指示や業務停止命令の行政処分、または罰則の対象となります。

❶ 氏名等の明示の義務付け

事業者に対して、勧誘開始前に事業者名や勧誘目的であること等を消費者に告げるように義務付けています。

❷ 不当な勧誘行為の禁止

価格・支払い条件等についての虚偽の説明（不実告知）または故意に告知しないことを禁止したり、消費者を威迫して困惑させたりする勧誘行為が禁止されています。

❸ 広告規制

事業者が広告をする際には、重要事項を表示することを義務付け、また、虚偽または誇大な広告を行うことが禁止されています。

❹ 書面交付義務

契約締結時等に、重要事項を記載した書面を交付することを事業者に対し義務付けています。なお、書面の交付に代えて、承諾を得て、電磁的方法により提供することもできるようになっています。

特定商取引法においては、消費者と事業者との間のトラブルを防止し、その救済を容易にするなどの機能を強化するため、消費者による契約の解除（クーリング・オフ）、取り消し等を認め、事業者による法外な損害賠償請求を制限する等のルールが定められています。

❶ クーリング・オフ

クーリング・オフとは、申込みまたは契約の後に、法律で決められた書面を受け取ってから一定の期間内に、無条件で解約することを可能とした制度です。ちなみに、訪問販売・電話勧誘販売・特定継続的役務提供・訪問購入においては８日間、連鎖販売取引・業務提供誘引販売取引においては20日間というクーリング・オフ期間が認められています。なお、通信販売にはクーリング・オフに関する規定はありません。

クーリング・オフが行使された場合には、受領した金銭を返金しなければなりません。また、消費者が商品を使用していた場合でも、その費用を請求することはできません。

❷ 意思表示の取り消し

特定商取引法では、事業者が不実告知や故意の不告知を行った結果、消費者自身が誤認し、契約の申込みまたはその承諾の意思表示をしてしまったときには、消費者に対し、その意思表示を取り消すことを認めています。

❸ 損害賠償等の額の制限

特定商取引法においては、消費者が中途解約する際等、事業者が請求できる損害賠償額の上限が設定されています。

以上のほか、万一、消費者と紛争になった場合には、この特定商取引法上の規定が順守されていたとしても、消費者契約法、民法、その他の法律に基づき、取り消し・無効の請求や損害賠償請求等がなされる可能性があるので、留意が必要となります。

令和３年（2021年）６月16日に、最近の消費者の脆弱性につけ込む悪質商法に対する抜本的な対策強化、特にインターネット通販における消費者被害の発生を防止するとともに、新たな日常における社会経済情勢等の変化への対応のため、特定商取引法・預託法等の改正が行われています。その主な内容は、以下のとおりで、その施行は、令和４年（2022

年）6月1日となっています。

・通販の詐欺的な定期購入商法対策
・送り付け商法対策
・消費者利益の擁護増進のための規定の整備
・販売預託の原則禁止
・預託法の対象範囲を限定列挙からすべての物品を対象とする

⑧ 金融商品取引法

Q 近年は、インサイダー取引規制違反が多く発生していますが、重要事実の公表について質問がありました。法務担当者としては、どのように回答あるいは説明をしたらよいでしょうか？

A 金融商品取引法上の規定に従って、「重要事実」とは何かを含め、「公表」とはどのような場合をいうのかというアドバイスができるようにしておく必要があります。

金融商品取引法とは

金融商品取引法とは、金融システムの改革・再編を含む、金融・資本市場を取り巻く環境の変化に対応するとともに、利用者保護ルールの徹底と利用者利便の向上、「貯蓄から投資」に向けての市場機能の確保および金融・資本市場の国際化への対応を図ることを目指すこととされた法律です。

金融商品取引法は、「証券取引法等の一部を改正する法律」（証券取引法）および「証券取引法等の一部を改正する法律の施行に伴う関係法律の整備等に関する法律」(証券取引法改正整備法)の制定が基となります。その後、平成19年(2007年)7月31日に金融商品取引法に関する政令・内閣府令等が公表され、平成19年9月30日に全面的に施行されています。

その内容は、大きく分けると、以下のようになります。

❶ 投資性の強い金融商品を幅広く対象とする横断的な投資家保護制度(いわゆる投資サービス法制)の構築
❷ 公開買付の開示制度や大量保有報告制度の整備を含む開示制度の拡充
❸ 四半期報告制度の導入
❹ 財務報告に係る内部統制の強化等に関する制度の整備
❺ 開示書類の虚偽記載および不公正取引(インサイダー取引)の罰則強化

また、平成28年(2016年)3月1日施行の金融商品取引法の改正法では、ベンチャー企業の資金集めを促進するための制度として従来認められていたファンドの募集に関して、その悪用を避けるため、一般個人の出資の禁止、届出事項の一部公表による業者の透明性確保、問題のある業者への対応の強化が行われています。

本項では、インサイダー取引規制の問題と、内部統制の問題を取り上げたいと思います。

インサイダー取引

インサイダー取引とは、上場会社または親会社・子会社の役職員や大株主などの会社関係者、および情報受領者(会社関係者から重要事実の伝達を受けた者)が、その会社の株価の騰落に重要な影響を与える「重要事実」を知って、その重要事実の公表前に、特定有価証券等の売買を行うことです。内部者取引とも呼ばれ、金融商品取引法で規制されています。上場会社等の業務等に関する内部情報（重要事実）を知った会社関係者は、当該業務等に関する重要事実の公表後でなければ、当該上場会社等の特定有価証券等に係る売買が禁止されています。

ここでの重要事実の公表とは、上場会社等の代表取締役が、二つ以上の報道機関に対して重要事実を公開した時から12時間を経過すること（12時間ルール）、重要事実に係る事実の記載がある有価証券報告書等が公衆の縦覧に供された場合、または重要事実が証券取引所のHP上に公開された場合のいずれかであるとされています。

もしインサイダー取引が行われると、そうした重要事実を知らされていない一般投資家は、不利な立場で取引を行うこととなり、不測の損害を被るおそれもあります。ひいては証券市場に対する投資家の信頼を失うことにもなりかねません。そこで、日本取引所自主規制法人においては、「株式の発行、倒産、合併、資本の減少および決算に関する情報等、投資家の投資判断に著しい影響を及ぼす可能性のある重要な会社情報が公表されたすべての銘柄」が審査対象とされ、その情報の詳細を確認し、その売買動向等を分析するなど、日々チェックが行われています。

この違反が疑われる取引については、証券取引等監視委員会に報告されることとなります。より具体的には、重要事実が公表された銘柄を抽出した後、株価・売買高等の動向、取引参加者（証券会社）の売買手口等に関して初動的な分析を行う「調査」、調査実施後、委託者の属性や売買状況等について詳細な分析を行う「審査」、審査結果を踏まえた「処理」を行うという売買審査が行われています。

なお、適正な開示に向けた市場関係者の自主的な取組みを促す観点から、開示検査において確認された不適正な会計処理等の傾向およびその概要を取りまとめ、毎年、「金融商品取引法における課徴金事例集」として証券取引等監視委員会事務局から公表されています【注7】。

注7　https://www.fsa.go.jp/sesc/jirei/index.html

以上からも、企業内においてもインサイダー取引だと疑われることがないように、重要事実は可能な限り早い段階での開示を徹底したり、その社内的な取扱いに留意するなど、インサイダー取引を防止しうる情報管理体制を構築することが必要となります。近年は、インサイダー取引防止のための社内規程を整備するとともに、株式売買に関して事前届出と承認制を採用するところも増えてきています。

Q 最近、「内部統制」と「J-SOX 法」という用語が使用されていますが、どう違うのかという質問がありました。法務担当者としては、どのような回答あるいは説明をしたらよいでしょうか？

A J-SOX とは、金融商品取引法上利用されており、どちらかというと適正財務体制のことが中心です。一方、内部統制は、それ以外の会社法上のリスク管理体制であるなど基本的な違いについてのアドバイスができるようにしておく必要があります。

内部統制とは

「内部統制」では、取締役会等で決定された経営方針の運営状況を如何に管理・監督するかという問題を扱っており、いわゆる企業の意思決定の中枢となる取締役会の枠組みの構築とともに、その実効性を如何に確保していくかという「コーポレート・ガバナンス」とは異なっています。「コーポレート・ガバナンス」が、企業の経営がどう指揮されるべきか、特に企業の意思決定の中枢にあたる取締役会の枠組みを如何に構築するかという点、つまり株主と経営者との間における仕組みであるのに対し、「内部統制」とは、決定された経営方針の運営を如何に管理・監督するかの問題を扱う、経営そのものだと考えられます。

つまり、「内部統制」とは、組織がその目的を有効・効率的かつ適正に達成するため、その組織の内部において適用されるルールや業務プロセスを整備し、運用することであり、その結果として確立されたシステム（内部統制システム）ともされています。具体的には、組織形態や社内規定の整備、業務のマニュアル化や社員教育システムの整備、規律を守りながら目標を達成させるための環境整備、および財務報告や経理の不正防止があげられます。

しかし、「内部統制」という用語は会社法上では使用されていません。金融商品取引法では財務情報の適正性を中心とした規定となっているので、内部統制は財務情報の適正性を対象としていると考えられているようです。ここでは、金融商品取引法における「財務計算に関する書類そのほかの情報の適正性を確保するために必要な体制」（**適正財務体制**）を中心に、「内部統制」や「内部統制システム」とは何かを考えてみたいと思います。また会社法における「株式会社の業務の適正を確保するために必要な体制」（**適正業務体制**）に関しては、最近の改正状況を含め、第6章「内部統制とコンプライアンス」および第8章「株主総会・取締役会」を参照してください。

この「**適正業務体制**」と「**適正財務体制**」は、それぞれの根拠法令が異なるとはいえ、適正業務体制が整備されていれば、適正財務体制の確立につながるというものではなく、また適正財務体制が整っていれば、適正業務体制が確立しているということでもないと理解しておく必要があります。「**適正業務体制**」は、会社法上の大会社【注8】についてのみ義務付けられており、「**適正財務体制**」はいわゆる上場会社のみに適用されることとなっています。しかしながら、いわゆる大会社でもなく、上

注8　大会社とは、貸借対照表上、資本金として計上した額が5億円以上、または負債として計上した額の合計額が200億円以上のいずれかに該当する会社をいう（会社法2条6号）。

場会社でもない企業の取締役も、会社に対して善管注意義務を負っているという関係があるので、内部統制の構築義務はそのうちの一つとされ、その内部統制システムの運用についても最大限の注意を払うことが求められています。

なお、「内部統制」とは、経済界、監査法人などを中心に一般的に「日本版SOX法」あるいは「J-SOX法」とも呼ばれることもありますが、これは金融商品取引法全体を指すのではなく、新たに義務付けられた内部統制報告書に関する部分を指しています。

内部統制報告書とは

内部統制報告書とは、金融商品取引法のいわゆる内部統制報告制度(同法24条の4の4)に基づき、企業が事業年度ごとに内閣総理大臣に提出する報告書のことです。そこでは、「当該会社の属する企業集団及び当該会社に係る財務計算に関する書類その他の情報の適正性を確保するために必要なものとして内閣府令で定める体制について、内閣府令で定めるところにより評価した報告書」と定義されています。

具体的には、内部統制の四つの目的である①業務の有効性・効率性、②財務報告の信頼性、③事業活動に関わる法令等の順守、④資産の保全が対象となっていますが、以下の六つの基本的要素の構築・運用状況を経営者自らが評価する報告書となっています。

❶ 統制環境
❷ リスクの評価と対応
❸ 統制活動
❹ 情報と伝達
❺ モニタリング(監視活動)
❻ IT(情報技術)への対応

そこでは内部統制の整備状況や有効性を評価した内部統制報告書を企

業内部において作成し、公認会計士等がそれを監査しますが、二重責任の原則に基づいた仕組みが整備されています。俗にJ-SOX法と呼ばれ、米国SOX法を参考にしたもので、平成20年（2008年）4月1日以後に開始する事業年度から上場会社を対象に適用されています。

この内部統制報告書は、本来は内部統制の整備運用状況を報告させるものでしたが、企業の信用度向上によって得られる社会的地位の向上や収益の確保のための最善の策と考えられていますので、内部統制の必要十分な整備を促す効果も期待されています。

⑨ 贈収賄等

Q 公務員等との交際に関しては、非常に厳しく管理がなされてきていますが、一方で、国際的には公務員等への贈収賄が問題となってきています。法務担当者としては、引続き、どのような対応をしたらよいでしょうか？

A 贈収賄は、刑事罰の対象となる問題ですが、どちらかというと収賄側の問題だと認識されており、企業としても、改めてリスク管理体制の一つとして再認識する必要があります。

公権力の行使に関して何らかの便宜を計ってもらうために、金品などを提供する行為やその金品のことを「賄賂」といいます。賄賂による職権濫用や法律違反に関する行為は、犯罪として処罰の対象となります。賄賂を提供する行為を「贈賄」、また、公務員が賄賂を受け取ることを「収賄」といい、いずれも刑法に規定された贈賄罪・収賄罪として罰金刑や懲役刑を科されるおそれのある犯罪です。また、このような問題に関与した場合には、入札などの指名停止処分といった行政処分を受ける場合もあります。

一方で、公務員等との交際に関しては、割り勘であっても、利害関係者とゴルフや旅行をすること等が禁止されています。犯罪とまではいえない場合であっても、国家公務員や地方公務員等がその職務と利害関係を有する者から不正な利益供与を受けた場合には、国家公務員倫理規程やそれに準じる倫理規定、地方条例の違反行為として懲戒等の処分を受けることになるので、企業としても十分な注意が必要です。

なお、平成10年（1998年）に発覚した大蔵省幹部の過剰接待など、官僚の不祥事、破廉恥ぶりが表沙汰になりました。そのため、国家公務員が利害関係者から過剰な接待を受けると、国民から「不適切な関係があるのでは？」と疑惑を招くおそれがあるとして、国家公務員の綱紀粛正を目的として国家公務員倫理法が制定されました。また、その５条に基づき、政令で国家公務員の禁止また制限行為を具体的に示したものが国家公務員倫理規程です。

利害関係者とは、その国家公務員が現に携わっている下記の事務の相手方を指します。

❶ 許認可等の申請をしようとしている者、許認可等の申請をしている者および許認可等を受けて事業を行っている者

❷ 補助金等の交付の申請をしようとしている者、補助金等の交付を申請している者および補助金等の交付を受けている者

❸ 立入検査、監査または監察を受ける者

❹ 不利益処分の名宛人となるべき者

❺ 行政指導により現に一定の作為または不作為を求められている者

❻ 所管する業界において事業を営む企業

❼ 契約の申込みをしようとしている者、契約の申込みをしている者および契約を締結して債権・債務関係にある者

❽ 予算、級別定数または定員の査定を受ける国の機関使用者

なお、わが国では、収賄先が公務員（法律上のみなし公務員規定により、公務員として扱われる民間人を含みます）であることが収賄罪の要件となっており、法人の責任者や従業員が他者から利得を得て、株主などの利益に反する裁断を下した場合は、収賄罪ではなく背任罪に問われることとなります。

また、公務員に係る贈収賄、公務員による財産の横領等腐敗に関する問題は、グローバル化の一層の進展に伴い、持続的な発展や法の支配を危うくする要因として、もはや地域的な問題ではなく、すべての社会および経済に影響を及ぼす国際的な現象として規制すべき、というのが国際的な動きとなっています。ここ数年は外国公務員等腐敗防止を確保するという流れのなかで、各国が法制化に対応しています。また、腐敗行為とそのほかの形態の犯罪（組織犯罪等）との結び付きも指摘されるようになり、効果的に腐敗行為を防止するためには国際協力を含め包括的かつ総合的な取組みが必要であるとの認識が共有されるようになっています。

わが国においては、不正競争防止法18条において、外国公務員等に対し、国際的な商取引に関して営業上の不正の利益を得るために、その外国公務員等に、その職務に関する行為をさせ、もしくはさせないこと、またはその地位を利用してほかの外国公務員等にその職務に関する行為をさせ、もしくはさせないように斡旋することを目的として、金銭そのほかの利益の供与する行為やその申込み・約束する行為を処罰する旨の規定がなされています。

このグローバルな贈収賄禁止の問題については、第7章「グローバル・コンプライアンス」のところでその適用範囲の拡大問題と併せて解説しているので、そちらを参照してください。

⑩ 個人情報保護

Q 個人情報保護法の改正により、特に第三者への個人情報の提供がより厳しく規制されると聞きましたが、会社として、何か見直す必要があるかという質問がきました。法務担当者としては、どのような回答あるいは説明をしたらよいでしょうか？

A 個人情報保護法の改正の内容を理解しておくとともに、第三者への提供を含め全社的な体制・対応に対してもアドバイスができるようにしておく必要があります。

個人情報保護法とは

個人情報に関しては、情報化の急速な進展により、個人の権利利益の侵害の危険性が高まり、国際的な法制定の動向等を受けて個人情報保護法が制定、平成17年（2005年）に施行されています。この個人情報保護法は、個人情報の適正や利活用に伴う個人の権利利益を保護することが目的となっています。

その後、さらなる情報通信技術の発展や事業活動のグローバル化等の急速な環境変化により、法の制定当初には想定されなかったような個人情報の利活用が可能となったことを踏まえ、平成27年（2015年）には、改正法が制定され、同時に、所管官庁が消費者庁から、個人情報管理委員会に移され、平成29年（2017年）５月30日から全面的に施行されていました。この改正にあたり、将来の国際的動向の変化や情報通信技術の進歩、新ビジネスの創出などを見越して、３年ごとに実態に見合った形で法律を見直すこととされており、令和２年（2020年）改正法は、この

3年ごとの見直しの趣旨に沿ったものです。

その概要をここで解説することとします。

個人情報とは

「個人情報」とは、「生存する個人に関する情報であって、当該情報に含まれる氏名、生年月日その他の記述等により特定の個人を識別できるもの（他の情報と容易に照合することができ、それにより特定の個人を識別することができることとなるものを含む）」をいいます。

また、この個人情報をデータベース化した場合には、そのデータベースを構成する個人情報を特に「個人データ」といい、そのうち、事業者が開示・内容の訂正、追加または削除等の権限を有し、かつ6カ月以上にわたって保有する個人情報を、特に「保有個人データ」といい、保有個人データには開示等に関する規制がかかります。この個人情報に関して、その保護を目的とした個人情報保護法が制定され、実務的には様々な混乱を起こしながらも、個人情報の有用性への配慮の必要性が強く意識されていました。

個人情報保護法においては、個人情報を取り扱うにあたり、利用目的をできるだけ特定しなければならず、原則として、あらかじめ本人の同意を得ずに、その利用目的の達成に必要な範囲を超えて個人情報を取り扱うことは禁止されています。また、個人情報の取得にあたっては、取得前にあらかじめ利用目的を公表し、取得後に速やかに本人に利用目的を通知または公表することが求められています。偽りその他不正な手段によって個人情報を取得することは当然のことながら禁止されています。

個人情報保護法の改正

平成29年（2017年）5月施行の改正法では、それまでの5,000件超の個人情報を扱う事業者を法規制の対象とする要件はなくなり、すべての事業者がこの法規制の対象となりました。本人の人種、信条、病歴や検査結果などに関しては、新たに「要配慮個人情報」とされ、匿名加工情報（特定の個人を識別することができないように個人情報を加工した情報）の利活用に関する規定が新設されました。

個人データを第三者に提供する場合、外国の第三者への提供を含め、あらかじめ本人の同意を得る必要があり、個人情報の流通過程におけるトレーサビリティ（追跡可能性）の確保や、第三者に提供した場合の記録の保存、また本人からの開示請求への対応が求められています。

令和２年（2020年）６月の改正法は、令和４年（2022年）４月１日に全面的に施行されており、国際的潮流との調和、外国事業者によるリスクの変化、AI・ビッグデータ時代への対応といった課題を解決するため、不適正な方法による個人情報の利用禁止、漏えい等発生時における個人情報保護委員会への報告や本人への通知、オプトアウトによる第三者提供の規制が追加されるなど本人の権利保護が強化されるとともに、事業者の責務が追加されています。

WEBサイトの閲覧履歴やサービス利用履歴など、個人情報には該当しない、個人に関する情報（個人関連情報）を第三者に提供するときは、提供先において個人データとして取得することが想定される場合は、本人の同意が得られていることを提供元が確認する義務や、他の情報と照合しない限り、特定の個人を識別できないように加工して得られる個人に関する情報（仮名加工情報）に変換することで、①利用目的の変更の制限、②漏えい等の報告・本人への通知、③開示・利用停止等の請求対応の義務から除外されています。

また、特定分野を対象とする団体の認定団体制度が新設されるなどの面もありますが、法令違反に対する罰則の強化（個人情報保護委員会の命令違反の法人に対しては、１億円以下に、個人情報データベース等の不正提供等についても、１億円以下に引き上げられています）や外国の事業者に対する、報告徴収・立入検査などの罰則が追加されています。

個人情報ガイドライン

個人情報保護法の実施・運用に際しては、個人情報の適正な取扱いの確保に関して事業者が行う活動を支援すること、および当該支援により事業者が講ずる措置が適切かつ有効に実施されることを目的として、個人情報保護委員会による「個人情報の保護に関する法律についてのガイドライン（通則編）」[注9]が定められ、平成28年（2016年）11月30日に公表され、令和4年（2022年）9月に一部改訂されています。

このガイドラインのほか、事業者の義務のうち第三者提供における確認・記録義務に関する部分についてのガイドライン（第三者提供時の確認・記録義務編）、事業者の義務のうち外国にある第三者への個人データの提供に関する部分に特化したガイドライン（外国にある第三者への提供編）、および匿名加工情報の取扱いに関する部分に特化したガイドライン（仮名加工情報・匿名加工情報編）が公表されています。

ここでは、大手企業による個人情報の漏えい事件に関連して、事業者が第三者から個人データの提供を受ける場合には、違法に入手された個人データが流通することを抑止するため、当該第三者が当該個人データを取得した経緯等を確認する義務が課されています（同法26条）。また、仮に個人データが不正に流通してしまった場合でも、個人情報保護委員会が個人情報取扱事業者に対して報告徴収・立入検査を行い（同法40条）、記録を検査することによって、個人データの流通経路を事後的に特定することができるようにする必要があるとされています。そして個人情報取扱事業者が第三者に個人データを提供する場合または第三者から個人データの提供を受ける場合には、当該第三者の氏名等の記録を提供年月日とともに、作成・保存しなければならないとされています（同法25条・26条）。

以上のほか、それぞれの業界ごとにガイドラインが公表されています

注9 「個人情報の保護に関する法律についてのガイドライン（通則編）」
https://www.ppc.go.jp/files/pdf/220908_guidelines01.pdf

ので、関係する業界のガイドラインの内容を理解しておく必要があります。

以上、いずれにしても、この動向に対応するため、改正法に従った個人情報の取扱いを行うため、プライバシーポリシーや、個人情報に関する社内規定の見直しをしておく必要があります。

⑪　情報管理

Q　最近SNSを利用している従業員が多くなっていますが、その際、会社の重要な情報がアップされることもあり、情報管理上問題ではないかという指摘がありました。法務担当者としては、どのような回答あるいは説明をしたらよいでしょうか？

A　情報管理は、重要な経営課題ですので、情報セキュリティ対策の一環として、SNSの利用規制あるいは会社の重要な情報のアップは禁止するというルールを定め、全社で教育を実施するよう経営陣にアドバイスをしておく必要があります。

現代は、コンピュータや通信技術の発達により、情報の蓄積や流通が容易になっていますが、ウイルスの感染や外部からの不正アクセス、従業員による不正な情報の持ち出し、あるいは記録媒体の紛失など、様々な要因により、多くの組織で情報漏えいが実際に発生しています。一方で、個人情報の漏えい問題や機密情報の漏えい等情報の流出問題は、企業の競争力や信頼を大きく損なう可能性があります。そのため、企業にとっては、適切な情報管理システムの構築やその適正な運用が、重要な経営課題の一つとなっています。

営業秘密の不正使用問題に関しては、大手鉄鋼メーカーの元技術者が海外メーカーへ転職する際に営業秘密を漏えいし、転職先を含む国際的な訴訟となりました。特に製造メーカーにとっては、このような営業秘密の漏えいを防ぐための情報管理システムの構築の必要性が話題となりましたが、この問題については、第５章❸最近の法令違反等の状況②不正競争防止法：不正競争で解説していますので、それを参照してください。

本項では、紙幅の都合上、情報管理関連のすべてについてその課題等を解説することはできませんが、企業や組織にとって重要な経営課題の一つとなっている情報セキュリティ対策に関して、情報セキュリティマネジメントの考え方を中心に解説することとします。

情報セキュリティ対策

企業における情報セキュリティとは、企業の情報資産を「機密性」「完全性」「可用性」に関して生じることのある脅威から保護することです。情報資産とは、企業で保有している情報全般を指しており、顧客情報や販売情報等の情報自体に加えて、それらを記載したファイルや電子メールなどのデータや、データが保存されているパソコンやサーバーなどのコンピュータ、USB・DVDなどの記録媒体、そして紙の資料もこれに含まれています。

企業においては、保有する情報資産の特質をよく検討して、「機密性」「完全性」「可用性」のバランスを考慮しながら情報セキュリティ対策を行うことが重要となります。

「機密性（Confidentiality）」とは、許可された者だけが情報にアクセスできるようにすることで、許可されていない利用者は、コンピュータやデータベースへのアクセス制限が課されたり、データの閲覧はできるが書き換えはできないようにすることをいいます。

「**完全性（Integrity）**」とは、保有する情報が正確であり、完全である状態を保持することで、情報が不正に改ざんされたり、破壊されたりしていないことをいいます。

「**可用性（Availability）**」とは、許可された者が必要なときにいつでも情報にアクセスして利用できるようにすることです。つまり、情報を提供するサービスが常に動作しているということを意味します。

情報セキュリティポリシー

企業における情報セキュリティ対策に関しては、情報セキュリティ対策の方針や行動指針を定めることが必要となっています。これを「情報セキュリティポリシー」といいます。

すべての社員や職員に情報セキュリティに関する教育を行い、情報セキュリティポリシーに沿った行動が実行されるよう、意識の向上を促すことが必要です。また、業務内容や組織の実態、さらには社会の変化に合わせた定期的な情報セキュリティポリシーの見直しも必要となります。こうした情報セキュリティポリシーの策定から実際の運用・改善までを含めた活動全体を、情報セキュリティマネジメントといい、幹部の指揮のもと、情報セキュリティマネジメントを確実に実行していくことが必要です。

この情報セキュリティポリシーの策定に際しては、「基本方針」「対策基準」「実施手順」の三つを策定するのが一般的となっています。

❶ 「基本方針」は、組織や企業の代表者により「なぜ情報セキュリティが必要であるのか」や「どのような方針で情報セキュリティを考えるのか」「顧客情報はどのような方針で取り扱うのか」といった

策定趣旨を明記しています。

❷ 「対策基準」は、実際に情報セキュリティ対策の指針が記述されています。

❸ 「実施手順」には、それぞれの対策基準ごとに、実施すべき情報セキュリティ対策の内容が具体的な手順として記載されています。

この情報セキュリティ対策は、世界的にも重要な経営課題であると認識されており、そのため、国際標準として、情報セキュリティ製品・システム評価基準（ISO/IEC15408）や、情報セキュリティマネジメントシステムの認証基準（ISO/IEC27001）が規格化されています。国際的な情報セキュリティ対策の重要度が高まるにつれて、日本国内においても、これらの国際基準を採用する企業が増えてきています。

情報セキュリティ対策の専門組織

大手の企業では、情報セキュリティ対策のために、専門組織を設け、専任の担当者を配置するところがほとんどです。その情報管理担当者は、情報セキュリティポリシーで定めた事項が組織全体で実行されるように、情報システムの管理・運用や、社員・職員に対する教育・監督を適切に行う必要があります。

一般的に企業においては、社内で利用するコンピュータやサーバーに対し、ウイルス対策ソフトを導入し、定期的に最新のものに更新していると思います。また、外部からの侵入に備えてファイアウォールを導入したり、データの外部への送信に際しては暗号化することにより、不用意な情報漏えいの防止を行っているところが多いのではないかと思います。情報管理に厳格な企業では、USB や DVD などの記録媒体を利用することを制限しているところもあるようです。

しかしながら、情報通信技術の進歩は速く、新しいウイルスを含め、情報セキュリティ上の脅威は次々に登場しており、リスクは時間とともに変化することを認識しておく必要があります。そこで情報管理担当者は、現状の情報セキュリティ対策に満足するのではなく、情報セキュリティ脅威に対する最新の動向に常に気を配り、必要に応じて幹部や外部の専門家とも連携しながら、継続的に対策を見直していくことが大切です。また、法務担当者としても、常に新しい情報を入手し、発生する可能性のあるリスクや法的な対策が可能かどうかを含め、リスクマネジメント対策のための努力が求められます。

以上のような情報セキュリティ上のリスクは、企業に大きな被害や影響をもたらすとともに、多くの場合、その被害や影響は取引先などの関係者へも波及する可能性が高くなります。したがって、適切な情報セキュリティ対策の導入やその運用を通して、常に役職員の情報セキュリティに対する意識の向上を図ることが必要です。これら情報セキュリティマネジメントを徹底することは、単なるリスクマネジメントの実践に止まらず、結果として取引先等からも信頼を確保することができるといった二次的なメリットを得ることもできます。

特に退職者に対しては守秘義務の徹底は当然として、違反に対する罰則なども明確にしておくべきでしょう。

⑫　知的財産権等

Q 商標法が改正され、色彩だけでも商標登録が可能となったと聞きましたが、その要件などを知りたいと営業部から相談がありました。法務担当者としては、どのような回答あるいは説明をしたらよいでしょうか？

A これまで色彩だけでは登録ができませんでしたが、色彩だけでも登録が可能となりました。ただ、非常に著名性が高くないと難しいとされているので、その要件等についてアドバイスができるようにしておく必要があります。

情報管理や情報システム等の管理と活用に加えて、企業にとっては、知的財産権の管理と活用も重要な経営課題となっています。知的財産に関連する法務業務担当部門を独立させている企業も多く、知的財産を企業の戦略の一部としている企業もあります。積極的に知的財産権の確保に向かって研究開発を促進する企業も少なくありませんが、単独での研究開発には時間とリソースの限界もあるため、他の企業等との共同研究開発などが活発に行われています。企業としての知的財産権戦略のなかには、他社による違法コピー等、知的財産権の侵害防止ということも求められます。

知的財産権に関する法には、発明を保護する特許法、考案を保護する実用新案法、商品のデザイン等意匠を保護する意匠法、商品や役務（サービス）の出所を示す標章を保護する商標法のほか、思想や感情の創作的表現であって、文芸、学術、美術または音楽の範囲に属するものを著作物として保護する著作権法等があります。保護期間や保護内容に関しては、それぞれ定められています。ここでは各法律の解説は省略し、商標の保護対象の新しい動きに加え、著作権を中心とした保護内容等を考えるとともに、共同研究開発に関する知的財産権の帰属問題を整理します。

新しい商標の動き

商標に関しては、商品やサービスに使用される出所を示す文字やマークなどを対象として、登録により商標権として10年間保護されることとなっています。延長も可能です。商標登録が認められるためには、商標が識別力を有すること（商標法３条）、先願商標と同一・類似でないこと（同法４条１項）等の登録要件を満たすことが求められています。また、商標登録の出願は、商品や役務を指定して出願することが必要ですので、商品分類が異なれば同じ商標が登録されることもあります。一旦、商標登録されると商標権が発生し、独占権が付与されることになっています（同法25条）。

商標として登録できるものについては、従来は、文字や図形、記号、立体、それらの結合、それらと組み合わせた色彩が対象でしたが、改正商標法（平成27年（2015年）４月施行）によって、「音」「動き」「色彩のみ」「図形や文字を商品につける位置」「ホログラム」の５種も登録が可能となっています。

特許庁によると音の商標は、531件の出願のうち登録は130件。位置については338件中32件、動きは121件中71件、ホログラムが17件中９件と比較的順調に登録手続が進んでいるようです【注10】。色彩については、これまではほかのものとの組合せにより登録がされてきましたが、色彩のみについては、現在２件の登録があります。それはトンボ鉛筆の「MONO」消しゴムのケースに用いる「青・白・黒」の組合せと、セブ

注10　日本経済新聞（平成29年６月５日朝刊）。

ン－イレブン・ジャパンの看板で利用されている「白・オレンジ・緑・赤」の４色の組合せです。色彩のみの登録についてはいずれも非常に高い著名性が必要だとされていましたが、それもクリアしたものです。

また、企業ブランドを守るための商標の審査基準が変更され、これまでは個別の商品を宣伝するものが多く、企業のブランドを守る商標に適さないとして登録を拒否されてきた企業のキャッチフレーズも、商標として登録がしやすくなっています。

著作権の保護

最近、様々な事例で著作権の問題が大きく取り上げられています。著作権の保護の対象となるのは、小説、音楽、美術、映画やコンピュータプログラム等です。つまり、思想や感情を表現したものが保護の対象となりますが、思想（アイデア）そのものは保護されません。特に、IT関係については、著作物がデジタル化され、インターネットを介して世界市場で閲覧されるようになり、著作権の対象となる問題は増えています。よくいわれるのが、ソフトウエアは、そこに表されたアイデアについては特許法上の「発明」として保護されますが、プログラムコードそのものは、著作権法上の「著作物」として保護されることです。

この著作権は、商標権などと異なり、登録等の手続を行わなくても著作物を創作した時点で著作権を取得することになります（著作権法17条）。また著作者は、著作者としての人格的利益を保護するための「著作者人格権」を有します。そして、著作権では、その複製権、上演権、演奏権、上映権、公衆送信権等の権利も同時に取得することができます。取得した権利の期間は、著作者の死後50年間（映画については、70年に延長されています）の保護期間があります。なお、著作権については登録等は必要なく、特許権や商標権等のように無効審判に相当する制度はありません。

著作権が侵害された場合には、違法コピーなどの侵害行為を差し止める事前救済手段が認められています（同法112条）。デジタルコンテンツについては、著作者がその複製等を許諾していない限り、サーバーに蓄積することはもちろん、個人使用以外のパソコンに取り込む場合でも、著作権によって禁止されていることとなります。したがって、違法サイトから受信したり、許諾の範囲を超えて利用する場合には、差止めの対象となる可能性があります。

ホームページ上の著作物についても著作権の対象となりますが、ホームページのリンク自体は複製ではないので、著作権法の複製権の侵害にはなりません。しかし、誰のホームページかわからないようなリンクの張り方をした場合には、著作物の加工だと解される可能性があるので注意しなければなりません。

Q **共同研究開発において、それぞれ提供される既存の発明等の扱いや、成果の帰属について営業部門から質問がありました。法務担当者としては、どのような回答あるいは説明をしたらよいでしょうか？**

A **共同研究開発の成果について共有とするケースが多いのですが、国によっては、共有に関する権利についての考え方が異なりますので、注意が必要です。**

共同研究開発成果の帰属

企業にとっては、本来は、単独で技術開発を行うのが、企業秘密の保持や開発成果の独占という点からは最も望ましいわけですが、今日の技術や製品は、単独での開発にはそぐわない環境になっています。一つの企業が行う開発には、技術、人材・資金等の面で限界があり、結果として企業同士が協力して研究開発をすることが必要です。

技術開発のスピードだけでなく、複数の分野での技術が必要となっており、そのため自社が開発する技術だけでは対応ができず、他社の技術を利用せざるを得ない状況といえます。また、短期間に資源を投下し、多額の資金が要求されるため、単独では資金や人材の投下は非常に困難な状況であり、開発に伴うリスクの分配や、単独では成し得なかった事業範囲の拡大が可能です。結果として、共同研究開発が行われることとなりますが、そこでは、目標・目的達成に向けた義務を明確にするとともに、共同研究開発の成果に対する各当事者の権利の確認をすることが必要です。

一般的には、開発に対する貢献度や分担業務の負担内容に応じて成果の配分がなされるのが公平であるといえますが、現実にはこれは容易ではありません。その理由としては、各当事者が開発した新たな技術あるいは製品について、共通の利用目的が設定されているのであればともかく、各当事者の利用形態が異なる場合には、どのように利用したいかは、各当事者の事業分野や事業形態により異なるからです。

発明が共同で行われた場合には、共同発明として共同所有とするという考え方が一般的ですが、共同所有とすることには、共同所有の効果が国により異なるなど問題があります。つまり、日本法上は、共有者は他の共有者の同意を得なければ、その特許権等について実施権を許諾することはできませんが、米国においては、他の共同所有者に何らの義務を負うことなく、非独占的に実施権の許諾を第三者に対してできることとなっています。

また共同研究開発の場合には、それぞれの既存の発明等を提供し合うことが多く、分担作業においてそれぞれの既存発明の貢献度を含め、いずれの発明かを明確に区別することは困難であるという問題があります。したがって、共同研究開発に関する契約では、可能な限り、既存の発明等の利用を含め、この権利の帰属を決めるしかないというのが現実です。

4 社内啓蒙活動

Q 企業法務として社内啓蒙活動が重要であるといわれますが、法務担当者として、どのように説明したらよいでしょうか？

A コンプライアンス経営を維持するため、日常的に法務サービスを提供することが求められています。そのため、経営層から管理職、実務担当者に至るまで、社内における法的な啓蒙や普及活動の展開が必要となっています。その分野は、非常に多岐広範囲にわたっています。

① 社内啓蒙活動と企業法務

企業不祥事が多発するなかで、法務部門の役割が改めて注目されています。その一つが、リスクの未然防止とレピュテーション（企業の評判）などのダメージの最少化といういわゆるリスクマネジメントに寄与することです。企業の経営や運営には、必ずリスクが伴い、そのリスクの広がりや深まりは、企業活動の多様化やグローバル化とともにますます複雑化し、その予見も極めて困難になってきている状況です。コンプライアンスの徹底に努めていても、その対象や内容が頻繁に変化するため、すべてのリスクを回避することはできません。そのなかで、法務部門としては、第３章「法務部門に求められる役割」で説明したとおり、他部門との連携や外部弁護士等の情報ソースを活用するなど、法務部門の果たす役割は非常に重要となっています。一般的に、労務関係は人事部門などの組織が、また株主総会関係は総務部門が、情報システム関係は情報システム部門等が、それぞれ分掌している法分野等に関連する法情報等のフォローを行いますので、その結果を共有することが求められます。

法務部門の役割とは、それぞれの企業における法務部門の成り立ちにもよりますが、従前は、どちらかというと事が起きてから対応するという、いわゆる「臨床型」の法務であり、紛争処理に際しての法務部門の手腕が問われてきたかと思います。しかしながら、今の法務部門の役割は、紛争処理はもちろんですが、紛争を予防する「予防型」が最も求められており、さらには経営サポート型に移行している時代になっています。このあたりは、第2章「企業法務とは」と、第3章「法務部門に求められる役割」において詳しく説明しています。

つまり、企業において、法務部門という企業内組織に対しては、特に順法意識の徹底と法的リスクマネジメントの確立を中心に据え、経営戦略の立案や意思決定の節目に参画し、法務面での最適な選択肢を提供するなどという機能が求められています。

② 啓蒙活動の内容

このような状況下、事業活動の多様化、グローバル化、さらには、昨今の情報のデジタル化、インターネットの利用拡大、規制緩和の動き、雇用の流動化、コーポレート・ガバナンスの強化等を踏まえると、法務部門が重点的に取り組むべき課題の一つは、コンプライアンス経営の強化であり、その維持発展のため、日常的な法務サービスを提供することです。これは、やはり社内の各層を対象とした法的な啓蒙や普及活動の展開が必要とされているといえるでしょう。

一般的に人的資源に制限のある法務部門だけで、法的な情報収集やその啓蒙活動のすべてをカバーすることはできません。そのため、実際には、各事業部門の活動や運営に関する法情報等は、それぞれの部門で対応してもらい、企業経営に係る法情報等は、法務部門が中心となってその収集や啓蒙活動を実施する等の役割分担が必要であり、そのような活動を実施しているところが増えています。そして社内的には、これらを共有化することが求められています。

筆者が在職した商社では、「法務ページ」と呼ばれる社内のイントラネットなどを利用して（今もあるかどうかは不明ですが）、法改正情報や、関連するトピックを社内やグループ会社に対して提供する等、法情報等の啓蒙活動が行われていました。最近のように情報提供システムが進化している状況では、全社員が容易に情報にアクセスできますので、このような社内におけるイントラネット・システムを有効活用することも重要です。

啓蒙活動としては、企業として求められているコンプライアンスがまずは対象となります。たとえば、独占禁止法順守関連、インサイダー取引防止、製造物責任（PL）問題、知的財産権対応、輸出入管理や外為法対応、過労死・セクハラ・裁量労働等の労務問題、企業機密情報の管理ほか情報管理など、さらには、企業の倫理綱領やコンプライアンス・プログラムの策定や普及活動等があります。最近のように外国公務員贈賄禁止問題、マネー・ロンダリングやテロ対策等の組織犯罪対策等も、新しい問題として社内の啓蒙活動の対象としていくことが求められます。

本章において、これまで解説した様々な不祥事等に関しても、他社事例ではあるものの、他山の石とするよう、社内における啓蒙活動が重要であり、事例集を作成する等社内的な啓蒙活動を行うことが必要とされています。それが、自社における不祥事等の発生防止につながることとなります。

5 社員教育

以上の社内における啓蒙活動にも関連しますが、不祥事等の防止のためにも、社内に対する法務問題やコンプライアンス関連の研修は、法務部門にとっての重要な役割の一つとなっています。特に、企業活動に最も密接に関係する分野においては、必要な法令順守についてのマニュアルの策定などコンプライアンス体制の構築が必要です。コンプライアンスが企業経営の重要な一部とされるようになって以来、コンプライアンス・マニュアル等が作成されることが一般的となりました。各企業において、コンプライアンス・マニュアルを策定した場合には、それを社内の関係各部へ周知徹底することが求められています。そのため、最近では、日ごろから手に取って見やすいようにコンパクトなハンドブックやパンフレットなどを作成し、その内容も文字情報だけでなく、ビジュアル化されたものが増えています。

企業内教育では、コンプライアンス意識の向上と、事案の発生を未然に予防することを目的に、実際に発生したコンプライアンス事案や関連する法改正等を教材として、企業の役職員を対象に定期的に実施されることが多く、そこでは、役職者の対象に応じて、新人研修、管理職研修、グループ会社役員研修、海外赴任前研修等、一般的な教育研修等が実施されています。利用される教材としては、事例集やコンプライアンス・マニュアル、またテーマごとに別途用意した映像教材等のほか、法改正情報等については、その都度法務部門において用意する教材等があります。本書の出版社である第一法規株式会社では、映像教材等の様々な教材が用意されていますが、筆者もその準備や作成に少なからず関与しています[注11]。

社内教育のツールについては、最近は、高度化したインターネット環境が普及しているので、自宅からでもアクセスしやすい「eラーニングシステム」等の利用も増えています。このようなシステムを利用することにより、同時に一カ所に集合することなく、それぞれの空いた時間等にインターネットにアクセスすることが可能となっています。これは、

注11 『工場のためのコンプライアンス』
https://www.daiichihoki.co.jp/store/products/detail/101864.html

一般にLMS（Learning Management System）と呼ばれています。そこでは、教材等の保管・蓄積が可能であり、学習者への適時の配信も容易に行えるとともに、学習者の学習履歴や小テスト・ドリル・試験問題の成績等を統合的に管理することも可能です。

このような学習管理システムは、時間的な制約や場所的な制約もなく大人数の受講を可能とし、さらには指導者不在でも、繰り返し学習することが可能なので、その成果を把握しやすくするために用いられています。特に最近のようにリモートワークが増えている状況では、より活用の機会が増えているのではないでしょうか。また、学校における面接授業の代替や面接授業との併用も行われています。以下、そのメリットをあげておきます。

❶ 企業理念等、経営の基本方針なども説明することができる。
❷ 同時間、同一場所に集まる必要がなく、自由な時間と場所で学習できる。
❸ 個々人の習熟度に応じて学習を自主的に進めることができる。
❹ 目的に応じて標準化された教育を受けることができる。
❺ 印刷教材の量を減らすことができる。
❻ いつでもアクセスが可能な場合には、同じ教育を繰り返し行う必要がない。
❼ 利用管理や成績管理等がPC上でできる。
❽ 教材の更新、最新化が容易である。

以上のような社内における順法教育のほか、最近では、コンプライアンスに関して、役員や従業員等による意識調査を行っているところも多く、そこから、コンプライアンス意識の強弱を組織ごとや属性ごとに把握することで、それぞれの組織において発生しそうなコンプライアンス問題を認識することができます。また、その結果のフィードバックを的確に行い、コンプライアンスが経営の重大な課題であるとして、全社的なコンプライアンス意識を高めるような努力を行っている企業も多く、増えてきています。

6 内部統制とコンプライアンス

1 コンプライアンス：企業理念や企業行動規範

Q コンプライアンスとは何か、また何が対象となるかについて、よく質問されるのですが、法務担当者としては、どのように説明したらよいでしょうか？

A コンプライアンスとは、法令や規則等のハードローを順守することは当然として、ソフトローでもある各企業の企業理念や社是・社訓に沿い、社会的責任をも意識しておくことが必要となります。

① 企業のコンプライアンスとは

「コンプライアンス」とは、かつては「法令等の順守」と訳されていましたが、それは法令や各種の規制を順守する企業活動に留まらず、そのための企業組織における体制の整備を意味することとして理解されていました。しかし最近では、企業にとって法令や規制等の規定に違反しないのは当然のこととして、より積極的にその背景にある精神や倫理観・価値観（モラル）も含め、ESG や SDGs 等を意識した社会的な責任をその拠り所として実践していく活動が「コンプライアンス」であると捉える傾向が強くなっています。

ビジネス活動のなかで使用される場合には、「法令、規則、ガイドライン、社内ルール等を、企業がそのビジネス活動のすべての場面において順守すること」と定義されます。企業が法律や規則などの基本的ルールに従って活動することにより企業価値を高めるのが「コンプライアンス経営」であるとされています。つまり、「単に法律や規則等を順守すること」に留まらず、「様々なルールや慣行を守り、ESGやSDGsなどサステナビリティを意識して、誠実に業務執行を行うこと」とされ、結果として企業価値の増大を目指すことです。

法律や規則は、社会における一定の価値や利益を正当に保護するために存在しており、それは、時代によって変遷するものです。したがって、「コンプライアンス」は、ハードローである法令や規制等の趣旨を理解し、その法令や規制等が守ろうとする、また増進しようとする利益や価値に従った行動を、社会の一員として企業に対しても求めているものです。企業がそのような行動をとることにより、コンプライアンス違反のリスクは減殺されるとともに、社会から尊敬される企業となり、社会に貢献するとともにその企業の価値も増大することになります。その意味では、企業の社会的責任：CSR（Corporate Social Responsibility）と同様に、サステナビリティを意識するなど企業のあるべき姿を示しており、企業組織の構成員がすべて、企業活動において共に積極的に実現しなければならない重要な経営課題としても意識されています。

これまで発生した不祥事事例からみると、法令や規制等の順守、つまりコンプライアンスが外から押し付けられた疎ましいもの、トップの指示だからやむを得ず従わなければならないもの、さらには、法令や規制の趣旨や目的、ならびにそこで具体化されている社会の倫理観や健全な常識に沿った企業活動をしてこなかった、あるいはこのような企業活動を遂行しようとする意識に欠けていた、というのが主な不祥事の原因ではないでしょうか。結果として、コンプライアンス違反による信頼の失墜や、それを原因とした法律の厳罰化や規制強化といった対応がなされることとなる一方、事業の存続にも大きな影響を与えた事例が繰り返されています。

企業としては、次頁の図のとおり、法令や規則等順守は最低限の義務であるとの前提のもと、社内の規則等のルールや社会規範・企業倫理などに加え、各企業がもつ価値観（企業理念や社是・社訓など）に照らし、社会的に許容される範囲で企業の経営が行われ、このような経営が、理想的な「コンプライアンス経営」であると認識されています。それを企業としてより具体的な価値判断基準として示したものが、「企業行動規範」・「企業行動基準」であり、それらは多くの企業によって策定されています【注1】。

また、業界ごとに行動規範を策定しているケースもあります。ちなみに、電子機器業界では、そのサプライチェーンにおける安全な労働環境の確保とともに、環境に対する責任を果たすという目的のため、EICC行動規範が策定されています【注2】。本規範は、法令順守だけでなく、社会的・環境的責任およびビジネス倫理を促進するために、国連のビジネスと人権に関する指導原則に沿って、労働における基本的原則および権利に関するILO（国際労働機関）宣言ならびに世界人権宣言を含む主な国際的人権基準など、国際的に認められた基準に基づくことを推奨しています。同時に、一般の安全衛生を守りながら、地域、環境、および天然資源への悪影響を最小限に抑えなければならないとして、環境に対する責任を明記するとともに、管理体制の採用や構築をも推奨しています。

注1　その模範とされているのが、一般社団法人日本経済団体連合会の企業行動憲章（平成29年（2017年）11月8日公表最新改定版）である。
https://www.keidanren.or.jp/japanese/policy/cgcb/charter.html

注2　レスポンシブル・ビジネス・アライアンス（RBA）行動規範
https://www.responsiblebusiness.org/media/docs/RBACodeofConduct7.0_Japanese.pdf

◉企業のコンプライアンス

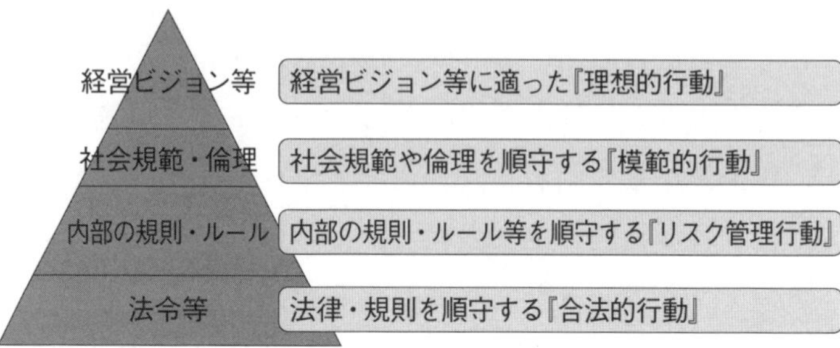

②　コンプライアンスと企業法務

以上のように、「コンプライアンス」とは一義的には法令や規則等の順守をその主な対象としていますので、「コンプライアンス」に対する企業法務への期待と役割は、当然のことながら、重視されることとなります。コンプライアンス体制のなかでは、企業法務の関与が直接的または間接的であれ、その中心的メンバーとしての役割を担うこととなります。またコンプライアンス違反による不祥事に対しては、法務部門として適切な対応や処理が求められることにもなります。最近は、「コンプライアンス」を専門に担当する組織を設置する企業も増えてきていますが、そのメンバーにはやはり法務出身者が起用されることが多いようです。

不祥事が法的な問題であれば当然、そうでない場合においても、企業としての社会的責任を果たすという観点で、その是非が検討されることとなります。もし経営トップの判断に誤りがあるのであれば、直ちに正すという姿勢と勇気をもつことも必要となりますし、その拠り所となるのも、やはり企業理念や社是・社訓、また社会的責任のベースともいえる企業倫理だといえます。そして、最近の電機メーカーや自動車メーカーなどの大企業の不祥事事例における第三者報告書からも、その根底にあるのは企業風土だと指摘されています。

コンプライアンスの実践（つまり法令等の順守や企業倫理の実践）は、企業として社会的信頼を得て、発展するために欠くことのできないものであることが、経営陣から繰り返し説明されることは当然のこととして、管理者研修や従業員研修の機会を捉え、その必要性を役職員全員が共に意識することが重要です。また、「コンプライアンス」が経営トップからの一方的な押付けのものではなく、従業員自身が、自分とその家族を守る共通の目的であることを意識し、実感することが重要であり、それにより役職員における信頼関係を構築することが必要となります。

そのためにも、日頃から法令等の解説を含め、過去の事例を利用した「コンプライアンス」とは何かという教育や、それを徹底して実践することが必要ですし、役職員全員が「コンプライアンス」に対する意識を高めることが重要です。また、定期的にコンプライアンス意識調査などのモニタリングを実践し、「コンプライアンス」に対する意識改革を行うことが必要となります。そして、法務部門としては、コンプライアンス研修をはじめとする社内における啓蒙活動の中心的な役割が期待されており、その活動を定期的かつ継続的に実践しなければなりません。そのためにも企業法務の果たす役割は重く、法務担当者としても一層の努力が必要とされます。

2 企業の社会的責任

Q 企業活動に関して、社会的責任とは何か、またその規範はあるのかについて、よく質問されるのですが、法務担当者としては、どのように説明したらよいでしょうか？

A 社会的責任については、明確な規範はありませんが、国際的にも策定されているガイドラインなどの精神を理解するとともに、それぞれの企業において、あるべき姿を追い求めるという企業としての責任を常に意識しておくことが必要となります。

① 企業の社会的責任とは

企業の社会的責任（CSR）とは、Corporate Social Responsibility の略称です。一般的には、「企業が、市民、地域および社会を利するような形で、経済上、環境上、社会上の問題に取り組む場合のバランスのとれたアプローチである」と説明されていますが、「企業をとりまく利害関係者（ステーク・ホルダー）からの要請に積極的に対応することを求める概念を意味する」としているのもあります。

企業の社会的責任が求めているものは、単に企業の防衛だとか、危機管理などのリスク管理だけではなく、ESG や SDGs などのサステナビリティを意識しつつ、企業がその理念をしっかり自覚し、積極的に社会貢献をしていくことによって、社会から一定の評価を得て、企業の社会的存在価値の向上に向けるための使命感であるともいえます。

つまり、最低限の社会規範としての法令順守はもとより、事業やビジネスと密接な関係を有する製品・サービスの安全確保、地球環境・廃棄物リサイクル対策を含めた環境保護、労働環境改善、労働基準の順守、人材育成、人権尊重、腐敗防止、公正な競争、地域貢献など、さらに地域投資やメセナ活動、フィランソロピーにまで意識し、誠実かつ積極的に取り組むことが必要とされています。その意味で、企業の社会的責任は、企業にとって環境や社会の持続的発展にも通じる広い意味での投資と認識すべきではないでしょうか。

また、企業倫理が営利活動を含めた企業のすべての活動に際しての規範であるのに対して、企業の社会的責任は企業の自発的活動であり、企業行動に際して、社会の一員、つまり社会的な存在としての企業が、様々な利害関係者から、また社会からも積極的に行動することが求められています。企業の経営者も含め、企業人が、社会的な存在としての企業はどうあるべきかという命題に対し、明確な倫理観を持つということは、非常に重要だといえます。

その意味で、企業のコンプライアンスと、企業の社会的責任および企業倫理は、密接に関係しています。企業のこのような積極的な社会貢献を求める姿勢というものは、それが理念だけに終わらず、実践されていくことによって、企業の社会的責任も評価の対象とされることになります。企業価値というものも、このような社会的責任の有無、実践の程度を基準として算出されるような時代になってきています。

②　日本企業にとっての社会的責任

このような企業の社会的責任という考え方は、欧米諸国で発達し、わが国にも導入されたのではないかというものもいますが、わが国においても古くから同じような考え方があり、決して欧米だけの概念ではありません。誠実な経営を行う、社会に対して貢献する、そして自らも相手も潤うという考え方は、古くは江戸時代にもみられ、古来よりわが国の商工業の底流に流れています。たとえば、江戸時代の近江商人には「三方良しの精神」として、「売り手良し・買い手良し・世間良し」という経営理念がありました。近江商人は、自らの行っている商売と世間（社会）が密接に関わっていることを認識し、様々な慈善寄付や土木工事などを通じて、地域社会に積極的に貢献してきました。これにより社会から信頼を得て、結果として自らの商売の発展へと繋げていました。このように企業における社会貢献度が企業の社会的責任の重要な要素であることは間違いないといえます。

このような先人の知恵と経験は、150年以上の歳月を経て、現代まで受け継がれてきていましたが、どうして企業不祥事が多発することになってしまったのでしょうか。最近の不祥事を先人たちが知ったら、非常に驚き悲しむのではないかと思われます。企業が社会的責任に積極的に取り組まなければならないとする理由として、企業は社会とともに発展していく存在であり、企業倫理や法令順守といった、いわゆる最低限のコンプライアンスは当然として、社会と積極的に向き合って期待に応えるとともに組織風土の育成をすることだといえます。

たとえば、社会的責任を果たすべき活動を日々実践することにより、企業内部での風通しがよくなるとともに活性化し、その結果、生産性が高まることとなり、コーポレート・ブランドや企業価値が高まる、といったような効果も指摘することができます。企業が社会的責任を果たすことは、企業経営の重要な課題であり、結果として、企業の成長や価値を高める手段であるともいえます。

経団連では、企業の社会的責任を重要な課題として位置づけ、長年にわたり積極的に推進してきており、別途説明したように企業行動憲章や地球環境憲章など企業としてどのように行動すべきか、というガイドラインを制定して、企業の自主的な試みを後押ししており、会員企業にも社会的責任に対して積極的に取り組むように指導もしています。

③　世界的な動向：ISO26000の発行

グローバリゼーションの進展に伴う企業の活動に対して、国際的な取組みが行われてきましたが、その代表的なものが国際標準化機構（International Organization for Standardization：ISO）による国際規格としての「ISO26000」[注3]であり、企業の社会的責任の中核主題および課題があげられています。これは、すべての組織を対象とする社会的責任（Social Responsibility：SR）に関する世界初の国際規格としてのガイドラインです。

ISO26000の適用範囲

このISO26000の適用範囲は、主として次のとおりです。

❶ 持続可能な発展への組織の貢献を促すことを意図しています。

❷ 法令順守が組織の社会的責任の基礎部分であるとの認識に立ち、組織が法令順守を超える活動に着手することを奨励することを意図しています。

❸ 組織は同規格を適用するにあたって「国際行動規範」を順守しつつ、社会、環境、法、文化、政治および組織の多様性、ならびに経済条件の差異を考慮することが奨励されています。

❹ マネジメントシステム規格ではなく、認証や規制もしくは契約のために使用することを意図したものではないとされています。

社会的責任の中核主題

ISO26000においては、今日の社会的責任に関する中核主題として、❶組織統治、❷人権、❸労働慣行、❹環境、❺公正な事業慣行、❻消費者課題、❼コミュニティー参画および開発の七つをあげています。これらすべての中核主題は相互に関連し、補完し合うものとなっていますが、特に「組織統治」については、ほかの六つの中核主題と異なり、一番基

注3　日本規格協会編『ISO26000：2010社会的責任に関する手引』国際標準化機構による国際規格であるISO26000は平成22年（2010年）11月に発行され、ISO26000は日本語に翻訳されている。
https://webdesk.jsa.or.jp/common/W10K0500/index/dev/iso_sr/

礎となる部分とされています。これは、いわば組織が社会的責任に取り組むにあたっての基礎部分・前提部分であり、組織は効果的な組織統治を基盤として、他の中核主題に取り組むことが求められることとなっています。

❶ 組織統治

組織統治に関連する原則および考慮点として、組織統治は社会的責任の七つの原則に基づいたものであること、リーダーシップは組織統治に不可欠であること、デューディリジェンス（適切な注意）は組織が社会的責任に対処する上で重要であることなどがあげられています。さらに、組織に望まれるアクションとして、社会的責任へのコミットメントを表明する戦略、目的および目標の策定、リーダーシップの関与および説明責任の表明、組織の社会的責任に関する活動への、あらゆるレベルの従業員の効果的な参加の奨励などが列挙されています。

❷ 人権

人権に関する五つの原則として、以下の権利があげられています。

（ａ）すべての人に属する固有の権利、（ｂ）奪うことができない絶対的な権利、（ｃ）すべての人に適用される普遍的な権利、（ｄ）選択的に無視することができない不可分な権利、（ｅ）一つの人権を実現することがほかの人権の実現に貢献する相互依存的な権利。

そして、組織にはすべての人権を尊重する責任があること、組織が人権尊重の責任を果たすためには、デューディリジェンスが必要であること、組織は人権についての意識を高めるために、人権教育の促進を検討すべきであることなどがあげられています。

❸ 労働慣行

労働慣行の概要（組織と労働慣行、労働慣行と社会的責任）としては、組織によって、または下請労働を含め、組織の代理で行われる労働に関連するすべての方針および慣行が含まれています。この労働慣行には、労働者の採用および昇進、苦情対応制度、異動および配置転換、雇用の終了、訓練およびスキル開発、安全衛生、労働者組織の承認、団体交渉、社会対話などが含まれており、社会的に責任のある労働慣行は、社会の正義と安定に必要不可欠であるとされています。

❹ 環境

環境に関連する四つの原則（環境責任、予防的アプローチ、環境リスクマネジメント、汚染者負担）が述べられ、次に七つの考慮点（ライフサイクルへのアプローチ、環境影響アセスメント、クリーナープロダクションおよび環境効率、製品サービスシステムアプローチ、環境にやさしい技術および慣行の採用、持続可能な調達、および学習および啓発）があげられています。

さらに関連する四つの課題として、（ａ）汚染の予防、（ｂ）持続可能な資源の使用、（ｃ）気候変動緩和および適応、（ｄ）環境保護、生物多様性および自然生息地の回復が列挙され、課題ごとの主要な考慮点と組織に望まれる具体的なアクションが述べられています。

❺ 公正な事業慣行

公正な事業慣行とは、組織がほかの組織と取引を行う場合の倫理的な行動に関係する事項であり、それに関連する原則および考慮点として、倫理的な行動基準の順守、促進および推奨が、すべての公正な事業慣行の基礎を成すことが強調されています。さらに、関連する五つの課題として、（ａ）汚職防止、（ｂ）責任ある政治的関与、（ｃ）公正な競争、（ｄ）バリューチェーンにおける社会的責任の推進、および（ｅ）財産権の尊重をあげ、また課題ごとの主要な考慮点と組織に望まれるアクション（合計30）が列挙されています。

❻ 消費者課題

消費者に製品・サービスを提供する企業等の組織は、消費者に対して責任を負っており、正確な情報の提供、公正・透明・有用なマーケティング情報および契約プロセスの使用、持続可能な消費の促進、および社会的弱者向けの製品・サービスのデザインなどがあげられています。

また、消費者の七つの権利（安全の権利、知らされる権利、選択する権利、意見が聞き入れられる権利、救済される権利、教育を受ける権利、健全な生活環境の権利）と四つの追加原則（プライバシーの尊重、予防的アプローチ、男女の平等および女性の社会的地位の向上、ユニバーサルデザインの推進）があげられています。

❼ コミュニティー参画および開発

「コミュニティー」とは、組織の所在地に物理的に近接する、または組織が影響を及ぼす地域内にある住居集落、そのほかの社会的集落のみならず、“virtual community”のような特定の共通特性を有する人々の集団も含まれるとされています。そして、組織がコミュニティーの一員として参画し、社会的課題の解決とその発展に寄与することの重要性が社会的責任として強調されています。

社会的貢献活動は、コミュニティー参画および開発に関連する行動の一側面と考えられていますが、それだけでは社会的責任を全うすることにはならないとも述べられており、ほかの中核主題にあげられている課題にも取り組むような示唆も示されています。そのためには、組織は自らがコミュニティーの一員と考えること、構成員の意思決定や選択を尊重すること、また、コミュニティーの特質（文化、宗教、伝統、歴史など）を尊重することなどがあげられています。

3 企業集団（グループ）とコンプライアンス

Q 企業集団におけるコンプライアンス体制の構築が求められるようになったと聞きましたが、企業集団とはどこまでが対象となるのかと質問されました。法務担当者としては、どのように説明したらよいでしょうか？

A 企業集団とは、親会社と子会社を含めていますが、持株比率だけでなく、実質的な支配の程度が考慮されます。そこで自社のグループ会社に関しては、どこまで対象となるのか、あらかじめ確認しておくことが必要となります。

企業の活動がグループとして活発化するとともに、グループ全体として戦略の重要性が高まっています。そして、多くの会社では、持株会社を創設し、完全親子会社形態による企業グループ化が進められている状況となっています。また、最近多発している企業不祥事についても、親会社だけでなく、海外子会社を含めた関連会社等で発生したものも増え、それに対しても親会社としての責任が問われるようになっています。これに対しては、企業集団としてのコンプライアンス、つまり「グループ・コンプライアンス」の必要性が改めて強調されてきております。この「グループ・コンプライアンス」は、その体制強化のために、平成26年改正会社法において、企業集団における業務の適正を確保するための体制の確保が内部統制の一つとして明記されるようになっています【注4】。

この制度は、すべての企業に企業集団内部統制システムの整備を義務

注4　会社法362条４項６号、会社法施行規則100条１項５号。

付けるわけではなく、各企業の状況に応じてその整備が求められるものです。もし万一、企業集団の業務の適正を確保するために必要な体制を整備していないと、不測の事態が発生した場合に、取締役の善管注意義務違反が問われる可能性がありますし、そのような状況を監査役等が放置していれば、同じく善管注意義務違反が問われる可能性があります。従来も、親会社における子会社管理体制、企業集団を構成する子会社の業種、規模、重要性や性質に応じたグループ内部統制システムが適正に構築・運用されているかどうかが問われていました。しかしながら、同改正でそれがより強化されたとみるべきでしょう。

① 企業集団とは

会社法上は企業グループを「企業集団」として「当該会社並びにその親会社及び子会社から成る」(会社法施行規則98条1項5号、100条1項5号、112条2項5号)ものとしています。自社の株主の議決権の50%超が所有されている場合や、40%以上50%以下であっても、会社法施行規則3条3項2号により、実質的に経営を支配されていると認められる場合には、子会社として定義され、その子会社は「企業集団」に分類されることになります。

企業集団に該当するかどうかについての判断基準としては、株式の保有比率だけでなく、実質的な支配を行っているかどうかという点から、支配の有無に関して、具体的な派遣役員の員数やその地位などの人的側面や、会社運営のための資金調達の比率などを含め、重要な意思決定がどこで行われているかなども考慮されるとされています。したがって、まずは、形式に該当するかどうかを検討し、形式的には該当しなくても、実質的な支配が及ぶかどうかという点を検討することとなります。

一方、最近では、市場から株式を取得するとか、あるいは一部の事業を別会社化（分社化）するなど、様々な手段により「企業集団」が構築されています。同時に株式移転や株式交換方式を利用して完全親会社形態にするケースが増え、持株会社を中心とした「企業集団」を形成することも増えているため、その構成メンバーが常に変化することも予想されます。これらの状況を考えると、一概に「企業集団」といっても、形式的な面や実質面を考慮すると様々な場合がありますので、そのような企業集団内部統制システムの構築だといっても、それをすべて徹底することは、現実には非常に難しいこととなります。

② 企業集団（グループ会社）における内部統制システム

平成26年改正会社法上、以上のように、企業集団としての内部統制システムの構築が定められたわけですが、この内部統制システムの構築や運用が適切になされたかどうかとともに、その内容について、取締役会の決定事項として事業報告書に記載することが求められています（会社法施行規則118条２号）。また監査役（会）設置会社においては、事業報告の内容について、内部統制システムの内容が適切かどうかという視点で監査することが求められており、もしその内容が相当でないと認めるときは、監査役（会）の監査報告において、その旨と理由が記載されることとなります（会社法施行規則129条１項５号）。監査等委員会についても同様の監査報告が求められています（会社法施行規則130条の２）。

これまで、多くの企業では、内部統制システムの構築の基本方針についての記載に留まっていたため、規程やマニュアルの整備、組織の見直しなど内部統制システムの体制を整えることが中心でした。今後は、内部統制システムの構築状況を踏まえて、事業年度を通じて内部統制システムが適切に運用されているかどうか、つまり運用の実態についても問われるようになっています。それが、以上のような事業報告書や監査役（会）等の監査報告などによる開示が求められることになり、それらが、株主による評価に委ねられることになります。なお、上場会社については、東京証券取引所の「コーポレート・ガバナンス報告書」による開示も求められています。

③　グループ全体への徹底

企業不祥事は、もはや企業単体ではなく、グループ全体としての問題であり、特にリスク管理体制の甘さが問われたことによるものです。それが適切に機能していれば、投資家からの信頼を得ることができ、グループ全体としての競争力の強化や企業価値につながることはいうまでもありません。そして、親会社の取締役としては、グループ内で不祥事等のリスクが発生しないような予防的な体制が整備されているかを含め、このような体制が機能しているかどうかという点にも、一定の注意を払う必要があります。

このため、企業集団の内部統制システムについては、企業集団内において共有化することが重要となっています。その基本方針については、親会社において策定するとしても、各グループ会社における内部統制システムは、それぞれの業種や規模によっても異なることとなります。もしグループ内の子会社が不祥事等を起こした場合には、ほかのグループ内会社においても同様の不祥事等が発生することを未然に防ぐ必要があり、そのためにも、グループ会社の全体をカバーするような、また必要に応じて横断的な内部統制システムの構築が求められます。そのためにも３線ディフェンスの防御システムが参考になるのではないでしょうか。

さらには、それを適切に機能させることが企業集団の内部統制システムに期待される役割となっています。実務的には、グループ会社のなかでは、親会社を中心とした対応が求められるとともに、その内容を共有化するための説明の機会などが必要になります。

グループ会社とは

近年、子会社の不祥事や経営悪化により親会社を含む企業集団の利益を損なう例が増えているため、グループ会社としての経営戦略や経営管理、つまりグループ経営が重要な経営課題となっています。そのためには、グループ全体としてのリスクマネジメントはもちろん、グループ会社のそれぞれの管理が必要です。

グループ全体としての管理（リスクマネジメント）の基本方針や、具体的方法などを定め、そのなかで、グループ会社全体としての内部統制システムの基本方針の策定とその適切な運用をすることが求められています。そのためには、まずは、グループ会社の対象範囲を明確にしておかなければなりません。グループ会社が数社であれば、そのすべてをグループ会社に含め、全体の基本方針を策定することはそれほど困難ではないと思われますが、そうでない場合には、様々な業種、支配関係の程度、そのほか、本社の経営方針がそのまま適用できる子会社かどうかなど、重要度に応じて、整理しておくことが必要となります。

たとえば、会社が直接または間接に株式を保有する会社を対象として、議決権の所有割合ほか支配力基準で対象会社を区分するという方法があります。ただし、純粋に株式を投資目的として保有する会社は、グループ全体としてのリスクマネジメントの対象からは除外することとなります。

①議決権の過半数を有する子会社（連結子会社）

②実質的支配権を有する子会社（関連会社）

グループ会社管理とは

グループ全体としての具体的なリスクマネジメント、つまり内部統制システムに関するルール作りですが、対象企業が海外にも存在している場合、それぞれ異なる法制度の理解と現地の法律や商慣習の理解が必要になります。この商慣習には、歴史的な背景や宗教上の問題に起因する文化や考え方の違いも含まれます。このような海外子会社等の内部統制システム（コンプライアンスも含みます）については、グローバルなコンプライアンス対応が求められることとなります。ここでは、国内におけるグループ会社としての管理規程策定のための考慮すべき点を説明します。

❶ グループ会社管理の基本方針を明確化する
—売上高と収益目標の設定
—法令等の順守や企業倫理の確保

❷ グループ会社の対象範囲を明確にする
—連結対象子会社と関連会社のみとするか
—それ以外も含めるか

❸ グループ会社の区分化をする
—直接投資をしている会社
—取締役等役員を派遣している会社
—以上の会社で、売上高や総資産規模で一定以上の基準を超えた会社
—それ以外の会社

❹ グループ会社管理を集中的に行うか、分散的に行うかの基本方針を決める
—本社の主管部門で統一的に管理するか
—各事業部門で個別的に管理するか

❺ 本社側での対応窓口を明確化すること
—年度予算・中間決算・年度決算の報告
—リスク管理事項（重大な事件・事故、訴訟等クレーム、法令違反等）

❻ グループ会社間での取引の透明化を図ること
—グループ会社間の取引価格は、独立当事者間価格を維持する

❼ 事前協議が必要な事項
—役員人事や利益処分など株主総会付議事項
—中長期経営計画、重要な事業戦略の立案や方針の変更
—投融資や借入れ・債務保証
—合併など組織変更
—重要な業務提携や重要な資産処分

4 グループ会社の内部統制

① 連結財務諸表によるリスク管理

多くの企業では、事業の多角化や国際化を積極的に展開するため、国内や海外に多くの子会社や関連会社を設立して、企業グループとして活動をしています。このような企業間において、製品の売買はもちろん、資金の貸し借りや役員の派遣など、多くのグループ内取引が増大しています。グループ内取引が多いということは、単体企業の決算書類だけを見てもその業績や実態が把握しづらく、また株主や市場から見ても、グループ企業全体の実力や実態を正確に理解することはできません。そのため、グループの総力をあげて経営に取り組まなければ、これからの厳しい生存競争に生き残っていけず、会社単位でなくグループ全体としての経営が効果的・効率的に行われているかどうかという大局的な視点、つまりグループ経営の視点が重要になっています。

過去には、一部の企業において、親会社等のグループ企業の業績不振の場合、業績をあげるために、子会社に押し込み販売を行うなど、親会社等としての売上げや利益を一時的に膨らませるといった決算操作が行われるなどの不祥事事例がありました。そこで、上場企業を中心とする企業グループにおいては、子会社や関連会社を含めた連結決算処理をすることが義務付けられることとなり、連結決算の採用により、グループ会社間の売上げは、内部取引として消去されるため、グループ会社間の取引を利用した利益操作の意味がなくなり、このような粉飾決算を防止することができるようになっています。

その結果、グループの正確な姿をつかむには連結決算が必要であり、連結決算では、企業集団の活動をあたかも一つの企業が行動したかのようにみなしてグループ外との取引だけが認識されるため、グループ全体としての真の業績をつかむことができることとなります。グループ全体の業績をあげるための意思決定においても、的確な判断ができることになり、的確な財務情報の開示という面でもより歓迎されることになります。ちなみに、非上場会社でもグループ会社間取引が多い場合には、連結決算によりグループ実態を正確に把握していないと、グループ経営としての意思決定を誤らせる可能性もあります。つまり連結財務諸表を作成すること、および、このような企業の業績を示すデータを開示することにより、グループ間取引を利用した不祥事等の防止に寄与しているわけです。

② J-SOX法と内部統制

金融商品取引法（J-SOX法）では、グループ会社の連結財務諸表を作成することによって財務的な健全性を確保し、内部統制の確保の一つの目的としての財務情報の信頼性を担保することが目的とされています。つまり、連結財務諸表の作成過程や作成結果によりグループ全体としての財務的なリスク管理を可能としています。

内部統制については、大きく分けて、“狭義の内部統制”と“広義の内部統制”の二つに分けることができます。狭義の内部統制では、主に金融商品取引法の一部への対応として、財務諸表に虚偽の記載や間違いがないことを確保することを意味しています。一方、広義の内部統制では財務に関することだけでなく、下請代金支払遅延防止法、個人情報保護法や男女雇用機会均等法など、あらゆる法律の順守が求められています。つまり、広義の内部統制では法令やルール全般の順守（コンプライアンス）を主としたリスクマネジメントが求められており、企業集団における内部統制システムの構築義務が会社法上求められていますが、狭義の内部統制では金融商品取引法による財務諸表における財務情報の正確さを担保するというリスクコントロールが求められています。

当初は、「内部統制」とは、連結財務諸表の作成が要求されているため、企業集団における財務的な内部統制だとされる誤解があったようです。この内部統制については、従来から決算時に上場企業が公開していた「決算報告書」や「財務諸表」に加えて、新たに「内部統制報告書」とともに、監査人が監査した「内部統制監査報告書」を提出することが必要となっています。最近ではこの内部統制報告書により、コンプライアンスを含む内部統制体制がどの程度実施されているか、またどの部分に改善事項があるかなどが理解できるようになっています。

いずれにしても、金融商品取引法における内部統制システムに関しては、財務報告に係るという限定がなされてはいますが、経営者としては、自社の内部統制システムについて、自己評価をすることが必要となっているのが現状です。その自己評価の対象も、内部統制システムの構築はもちろん、それが有効に機能しているかどうか、もしくは開示すべき重要な不備があるかどうかとなっています。開示すべき重要な不備の例としては、以下のとおりです【注5】。

❶ 経営者が財務報告の信頼性に関するリスクの評価と対応を実施していない。
❷ 取締役会または監査役（監査委員会）が財務報告の信頼性を確保するための内部統制の整備および運用を監督、監視、検証していない。
❸ 財務報告に係る内部統制の有効性を評価する責任部署が明確でない。
❹ 財務報告に係るITに関する内部統制に不備があり、それが改善されずに放置されている。
❺ 業務プロセスに関する記述、虚偽記載のリスクの識別、リスクに対する内部統制に関する記録など、内部統制の整備状況に関する記録を欠いており、取締役会または監査役（監査委員会）が財務報告に係る内部統制の有効性を監督、監視、検証することができない。
❻ 経営者や取締役会、監査役（監査委員会）に報告された全社的な内部統制の不備が合理的な期間内に改善されない。

注5　高橋均著『グループ会社　リスク管理の法務（第3版）』（中央経済社、2018年6月）31頁。

5 不祥事等対応

Q 企業において不祥事が多発していますが、どうしたら不祥事をなくすことができるのかという質問をされましたが、法務担当者としては、どのように説明したらよいでしょうか？

A 不祥事の発生原因を探ることが必要ですが、会社としては、少なくとも発生の機会をなくすことが最優先課題となります。

そもそも不祥事や不正がなぜ起きてしまうのか、また、ガバナンスやコンプライアンスを内部統制システムの構築や運用により、これらは防ぐことができるかは、企業経営にとって非常に重要な経営課題になっています。

ここでは、第5章❶③不正の原因で言及したクレッシーの「不正のトライアングル」[注6]のうちの二つ、「動機・プレッシャー」と「正当化」は人の問題、また、「機会」は、内部統制の脆弱性の問題として、それぞれどのように対応すべきかについて、みてみます。

① 内部統制の脆弱性の問題（機会）

「機会」とは、不正行為の実行を可能ないし容易にする客観的環境のことです。つまり、不正行為をやろうと思えばいつでもできるような職場環境のこととなります。たとえば、横領行為の場合、「一人の経理担

注6　米国の犯罪学者であるD.R.クレッシー（1919-1987）が実際の犯罪者を調査して導き出した「不正のトライアングル」理論のこと。

当者に権限が集中している」「上司による証憑類のチェックが形骸化している（中身も確認せずに判子を押すだけという状況）」といった職場環境が存在しているということです。これを避けるためには、組織として内部統制システムが機能しているかどうかが重要となりますので、やはり、これまで説明してきたように内部統制システムを構築するとともに、それを適正に運用することです。

② 動機・プレッシャーと正当化（人の問題）

「動機」とは、不正行為を欲する主観的事情のことです。つまり、自分の望み・悩みを解決するためには不正行為を実行するしかないと考えてしまう心情のことです。たとえば、横領行為の場合、「借金返済に追われて苦しんでいる」等の事情があたります。「正当化」とは、不正行為の実行を積極的に是認しようとする主観的事情のことです。つまり、自分に都合のよい理由をこじつけて、不正行為時に感じることのある「良心の呵責」を乗り越えてしまうことです。「盗んだのではなく、一時的に借りただけであり、いずれ返すつもりだった」等の身勝手な言い訳が、これにあたるとされています。

この動機やプレッシャーがあってもそれを正当化しようとする過程において、個人の倫理観が不正の実行を食い止めるはずであり、不正の発生は不正行為者個人の問題であると切り捨てることはできるかもしれません。しかし、会社として影響を与える、つまり思いとどまらせるものがあるとすれば、それは組織風土となります。経営陣や管理者が外部のプレッシャーに弱く、管理者や一般従業員等は、社内からのプレッシャーに弱いともいわれています。

役職員が企業の行為として企業の外に向けて行う不正の防止については、当然のことながら社内的にプレッシャーをかける経営者自身の不正防止に対する姿勢によるところが大きいとされています。この社内プレッシャーによる正当化の材料としては、経営者が外部アナリスト等に対してコミットしてしまう企業慣習、会社株価と収益トレンドの維持に固執する経営者のトレンド、非財務担当役員の財務諸表における見積りや方針への関与、重要性を濫用した不適切な会計処理、会社価値と倫理規範に関する社内コミュニケーションの不備、過去の法律違反などがあります。これらは、「問題は組織全体の無責任にあり、自分が悪いのではない」として、自らを正当化するとともに、その責任を回避する言い訳となります。

6 内部通報制度

Q 企業における不祥事に関して、内部通報制度と公益通報者保護法の違いはどこにあるのかという質問をされましたが、法務担当者として、どのように説明したらよいでしょうか？

A 違法行為等の公表に関連して、通報者に関して不利益取扱いを禁止する制度が法制化されていますが、企業にとっては、その公表前の段階で、内部的に通報されることを積極的に促進する制度が内部通報制度です。

① 内部通報制度とは

近年の企業不祥事は、内部告発により表面化するとともに、マスコミ等で報道された結果、大きなダメージを受けた企業が増えています。企業内の不祥事情報や通常のルートでは知り得ない不祥事に関する情報が、ある日突然外部に出ることは、企業にとってはレピュテーション・リスクを含め、リスクマネジメント上も避けたいところです。企業としては、そのような情報をなるべく早く内部で把握して、企業自身の自浄作用として、問題が大きくならないうちに適切な対処をとる必要があります。そのため、内部通報制度はリスクマネジメントの観点からも、リスク情報を早期に吸い上げる装置として極めて重要な機能を果たすものとなっています。

しかし、いくら内部統制システムを充実させても、違法行為等を根絶することは不可能であり、その網の目をかいくぐって違法行為等がなされる可能性は避けることはできません。内部通報制度は、そのような内部統制システムの網の目から漏れた違法行為等の不祥事情報を、問題が大きくならないうちに、通常の業務上の報告ルートなどとは別に、バイパスルートを作ることによって、吸い上げようとするものです。したがって、内部通報制度は、内部統制システムを有効に機能させるという点からも不可欠の要素であると考えられます。

事業者が実効性のある内部通報制度を整備・運用することは、コンプライアンス経営の推進に寄与し、消費者をはじめとする利害関係者からの信頼獲得など事業者自身の利益や企業価値の向上につながります。また、それだけではなく、国民生活の安全・安心の向上にも資するなど、社会経済全体の利益を図る上でも重要な意義があるとされています。

しかしながら、消費者庁の調査によると内部通報制度を導入している企業は増えてはいるものの、導入企業でも内部通報制度が想定どおり機能せず、不祥事の表面化につながった事案も散見されています。このような現状を踏まえ、消費者庁では内部通報制度の実効性の向上に向け、事業者が取り組むことが推奨される事項を具体化・明確化することを目的として、民間事業者向けに規程集やガイドラインなどを公開しています。

②　公益通報者保護法

企業が、法令違反や不正行為などの不祥事、つまりコンプライアンス違反の発生に関して、適切に対応できる窓口の整備など内部通報の仕組みを作ることは、前述のとおり、内部通報を通じて、違法行為や不正行為等を早期に是正し、また抑止する効果があるとともに、結果として内部通報を行った者の保護を制度的に保証することになります。

通報された事実に関しては、その調査をして不正の是正等適切な対応をとることになります。もし、企業がそのような適切な対応をしないこと、内部通報後20日以内に調査を行う旨の通知がないこと、内部通報では証拠隠滅のおそれがあること、また人の生命・身体への危害が発生する急迫した危険があること等の要件を満たす場合には、企業外部への通報（公益通報）がなされてもやむえないとされています。しかしながら、法の施行から10年を経過しても、一部の事業者による重大な法令違反行為の不祥事等は後を絶たず、なかには、違反行為が認識されていたものの通報がなされていなかった事例や、通報があったにもかかわらず適切な調査や是正が行われなかった事例等がみられ、通報に適切に対応する機能不全に陥っている状況も指摘されています。

そこで、公益通報を行った者に対して、公益通報をしたことを理由とする通報者の解雇を無効とする等、不利益な取扱いを禁止するという制度や、通報者が、どこへどのような内容の通報を行えば保護されるのかというルールを明確にする制度とともに、内部調査等に従事する者に対し、通報者を特定させる情報の守秘を義務付けるなどが法制化されています。これら公益通報に関し事業者等がとるべき体制の整備やその他の措置を定め、公益通報者の保護等を図ることを目的とした法律が公益通報者保護法です。最新の改正が、令和４年（2022年）６月１日に施行されています。

ここでの「公益通報」とは、労働者など（役員や公務員を含みます。正規・非正規を問いません。また今回の改正で退職後１年以内の者も含まれました）による通報であること、労務提供先等について「通報対象事実」が生じていること、または生じようとしている旨を「通報先」に通報することをいいます。この通報の対象となる事実（通報対象事実）とは、一定の対象となる法律（現在500ほど）に違反する犯罪行為もしくは過料対象行為、または最終的に刑罰もしくは過料につながる行為であることが求められています。そして、禁止の対象となっている通報者に対する不利益な取扱いには、減給、降格、退職の強要、不利益な配置転換等のほか、訓告や厳重注意等の処分なども含まれていますので、不正行為等に対する社内的な処分を行う場合にも注意が必要となります。

ちなみに、事業者のコンプライアンス経営への取組みを一層促進するため、公益通報者保護法に関する民間事業者向けガイドラインが策定されていますが、それが見直され、内部通報制度の実効性の向上に向け、事業者による自主的な取組みの推奨事項が具体化され、従業員等からの法令違反等に関する通報を事業者内において適切に取り扱うための指針（ガイドライン）が明確化されています【注7】。

最新の法改正の主な改正点としては、通報者の視点から、通報者の匿名性の確保および通報者に対する不利益な取扱いの禁止等を徹底するとともに、自主的な通報者に対する懲戒処分等の減免措置（社内リニエンシー）について明記され、経営者の視点からは、経営幹部が果たすべき役割を明確化し、経営幹部からも独立性を有する通報ルートの整備および内部通報制度の継続的な評価・改善の必要性について明記されています。

注7 「公益通報者保護法を踏まえた内部通報制度の整備・運用に関する民間事業者向けガイドライン」 https://www.caa.go.jp/policies/policy/consumer_system/whisleblower_protection_system/overview/pdf/overview_190628_0004.pdf

7 第三者委員会

Q 企業における不祥事に関しては、第三者委員会が設置されることが多いようですが、その調査基準やどこまでの内容が報告されるのかなどという質問をされました。法務担当者として、どのように説明したらよいでしょうか？

A ステークホルダーに対する説明責任を尽くすということを目的としたものですが、最近は、発生の原因を究明するだけでなく、再発防止策の立案に向けた提案なども行われています。

① 第三者委員会とは

これまで説明したように、コンプライアンス意識の高まりなどから、企業における不祥事等が発覚した場合には、業績の悪化や社会的信用を失うだけでなく、取引先からの取引停止や、消費者の買い控えなどにより、また、株価の急落やひいては倒産や企業分割等に追い込まれる事態も生じています。

企業不祥事は、取引先、債権者、従業員や株主などの利害関係者に多大な影響を及ぼすものであるとの理解から、このようなステークホルダーに対する説明責任を尽くすということを目的として、社外に委員会を設けて調査を依頼するケースが増加しています。これを第三者委員会とか特別調査委員会といい、企業が自主的に設置するものとなっています。

この第三者委員会は、企業からの調査委嘱により、弁護士や公認会計士等から構成されるメンバーが中立・公平な立場から調査を行い、その結果が公表されています。

一般的に、不祥事が発生した場合には、企業は内部的に徹底して関連事実を調査し、原因を究明することで、実効性のある再発防止策に向けて努力することになります。しかしながら、このような不祥事等を長年にわたり放置してきた企業や、組織的に隠蔽を行ってきた企業が内部調査を実施したとしても、一般にはその調査結果は必ずしも信用されないのは当然のことといえます。

最近発生した東洋ゴム工業による免震ゴムの性能偽装事件における第三者委員会の設置や、東芝による不適切会計処理事件などでも、一旦は内部調査員会の調査が開始された後に、別途、第三者委員会を設置するなどにより、事実調査の実施や再発防止策の検討を当該企業と利害関係のない第三者に依頼する企業が増えてきています。これまでの第三者委員会による調査報告の内容としては、不適正な会計処理が最も多く、会社資産の不正流用に続いて、意図的なコンプライアンス違反となっています。

② 第三者委員会ガイドライン

この「第三者委員会」とは、企業が任意で設置するものであり、法令等によって明確に定められた制度ではありません。ただ、日本弁護士連合会の「企業等不祥事における第三者委員会ガイドライン（平成22年(2010年）12月17日改訂版)」では、この第三者委員会の定義や目的を次のように定めています。

定義

企業や組織において、犯罪行為、法令違反、社会的非難を招くような不正・不適切な行為等が発生した場合および発生が疑われる場合において、企業等から独立した委員をもって構成され、徹底した調査を実施した上で、専門家としての知見と経験に基づいて原因を分析し、必要に応じて具体的な再発防止策等を提言する委員会です。

目的

すべてのステークホルダーのために調査を実施し、その結果をステークホルダーに公表することで、最終的には企業等の信頼と持続可能性を回復することが目的となっています。

日弁連第三者委員会ガイドライン

企業が設置する第三者委員会に関しては、日弁連ガイドラインが公表されてから、企業が設置する第三者委員会もそれに準拠するものが増えてきているようです。ただ、このガイドラインは第三者委員会があまねく順守すべき規範を定めたものではなく、あくまでも現時点のベスト・プラクティスを取りまとめたものとなっていますので留意が必要です。

このガイドラインは、以下のように、調査対象について「不祥事を構成する事実関係」に留まらず、「不祥事の経緯、動機、背景及び類似案件の存否、さらには内部統制、コンプライアンス、ガバナンス上の問題点、企業風土等」まで設定し、それを開示すべきとしています。

❶ 調査対象とする事実（調査スコープ）

第三者委員会の調査対象は、第一次的には不祥事を構成する事実関係ですが、それに留まらず、不祥事の経緯、動機、背景および類似案件の存否、さらに当該不祥事を生じさせた内部統制、コンプライアンス、ガバナンス上の問題点、企業風土等にも及んでいます。

❷ 事実認定

調査に基づく事実認定の権限は第三者委員会のみに属しているとされています。第三者委員会は、証拠に基づいた客観的な事実認定を行うこととなっています。

❸ 事実の評価、原因分析

第三者委員会は、認定された事実の評価を行い、不祥事の原因を分析します。事実の評価と原因分析は、法的責任の観点に限定されず、自主規制機関の規則やガイドライン、企業の社会的責任（CSR)、企業倫理等の観点から行われることとなっています。

東洋ゴムや東芝事件における第三者委員会報告書や、最近の三菱電機や日野自動車における調査報告書では、統制環境や社風等にまで踏み込み、事実の深掘りを行うことで、はじめて納得感のある真因が判明し、真に有効な再発防止策が講じられるものであるとされています。つまり、表層的な事実認定だけでは、当該不祥事件の原因がその特殊性、偶然性によるものと結論付けられかねないことになります。

なお、このガイドラインにおいて第三者委員会が取りまとめた報告書は、受領後、「原則として、遅滞なく」開示する必要性を指摘し、「調査報告書の全部または一部を開示しない場合」には、「その理由」を開示し、かつその理由は「具体的なものでなければならない」としています。また、その基本原則においても、すべてのステークホルダーのために調査を実施し、その結果をステークホルダーに公表することで、最終的には企業等の信頼と持続可能性を回復することを目的とすると規定しています。

しかしながら、企業等が信頼を回復するには、第三者委員会による調査結果を公表するだけでは十分でないのは当然として、調査結果に基づき、再発防止策の実施や組織の体質改善や経営責任を含めた経営体制の刷新などを進めていることをステークホルダーに示さなくてはなりません。そのためには、報告書の公表だけに留まらず、経営体制の刷新や、企業および社員等の意識の改革を含め、再発防止のため、PDCAサイクル等を活用した継続的な改善活動の取組み状況を、ホームページ等で定期的に公表し、ステークホルダーに報告することで、企業の信頼を回復ことが必要となります。

7 グローバル・コンプライアンス

1 事業展開

Q 会社法上、企業集団の内部統制システムの構築や運用義務が課せられていますが、海外子会社等は、この対象とみなされるかという質問をよく受けます。法務担当者としては、どのように説明したらよいでしょうか？

A 外国会社であっても、会社法上の子会社になりうるとされています。一方、会社法上の内部統制システムそのものの対象とはなりませんが、親会社の役員は、海外子会社における不祥事に関連して責任を問われることもあります。

グローバルに事業展開している企業にとっては、企業のリスクマネジメントは、グループ全体としての取組み、特にテロやマネー・ロンダリング等のリスクや、海外におけるカルテルや贈収賄や国際課税対応問題などへの対応が求められています。また、IT 環境の整備に伴う、個人データ保護やサイバーテロ等の問題についても、グループ全体の取組みとしての「コンプライアンス（法令等の順守）」、つまり「グループ・コンプライアンス」や、さらには、海外子会社や事業会社等を含めた「グローバル・コンプライアンス」としての取組みも必要となってきています。

本稿では、すべての問題を対象とすることはできませんが、そのなかでもグローバルな視点で、様々なコンプライアンス上の法規制問題に焦点をあててみたいと思います。

① 海外におけるビジネスや事業拠点

これまでのわが国企業の海外でのビジネス活動形態としては、日本国内で生産された製品等の販売促進やサービスの提供を目的とした事業拠点の構築、生産基地の構築、海外工事の請負やインフラ事業の展開、また不動産投資や資源開発などをはじめとする事業投資、あるいは事業提携や合弁事業など様々なものがあります。これら海外活動や海外事業の展開に関する経営問題や運営問題を含め、コンプライアンス対応など避けてとおることができない問題も存在しています。

これらの海外における展開や事業運営に関して、いかなる形態をとるのが最適であるかについては、それぞれの企業の海外への進出目的や海外展開に関する経営戦略や税務戦略、また進出先の国の法制度や法的な規制などにより、様々な組織形態が可能となっています。そのなかでも「事務所」「支店」「現地法人」「パートナーシップ」など、最も適した組織形態を選ぶことが求められることとなります。それ以外も企業買収や経営統合を含め、国際的な事業提携や合弁事業などジョイント・ベンチャーに関する法的問題、さらには国際的な企業経営、事業運営に関する問題をも検討することが必要となります。

② 海外子会社

海外でのビジネス活動拠点の構築に関する本格的な形態の一つが、「現地法人」を設立することです。それは「支店」形態による法人格の独立性の欠如をカバーするために、また活動拠点における事業活動に伴う法的な責任を有限責任に限定するため、法人化することとなります。もちろん、このような法人には、単独投資となる100%の投資法人や、現地の資本とともに共同出資をする場合（合弁会社の設立）もあります。いずれを選択するかについては、当該国や地域の外資規制によりますが、グローバルな経営戦略にも関係することとなります。

一般的に、「現地法人」の有限責任を含めた法的責任や取締役の責任、さらには現地法人の株主としての親会社の責任などは、当然のことながらその国や地域における会社法等の法的規制に従うことになります。しかし、国によっては、清算して撤退する場合に、労働債権などの清算義務を株主の有限責任の範囲を越えて課すような場合もあります。これは法的な要求というより、清算し撤退するに際して政府関係当局による許認可が必要な場合（たとえば、中国のケース）に、撤退許可を取得するための条件として、事実上課されるものです。

一方、親会社として現地法人に対するコントロールは、どこまで可能かという問題があります。法的には、株主としての権利行使の範囲内に制限されることになりますが、これを越えて支配権の行使（コントロール）をしすぎると、この現地法人あるいはその経営者の行為について、親会社として直接的責任を負担することにもなる場合もありますので注意が必要です（法人格否認の問題）。

米国において、過去、独占禁止法などによる禁止行為や環境問題等について、親会社から派遣された社員あるいは親会社の取締役が現地子会社の経営者も兼務しているような場合には、親会社あるいは親会社の取締役としての法的責任が課せられるリスクがあるなど、また、親会社自身の営業活動であるとして、PE課税（恒久施設課税）が課せられる可能性もあります。親会社あるいは親会社の取締役としての責任問題に関しては、わが国における会社法改正に伴う「企業集団としての業務の適正を確保するための体制」の維持および運用に関連して、海外子会社に関しても内部統制システムの構築やその機能の確認が求められています。

進出先の親会社等の責任問題に関する法制度とのバランスをどのように取ったらよいかなどにつき特に留意が必要です。

ちなみに、海外子会社の違法行為などの不祥事に対して、わが国の会社法上の内部統制システムの問題は直ちには及ばないものの、親会社自身が海外子会社に不祥事を生じさせた原因となる企業集団の内部統制システムの不備がある場合には、親会社の役員はその責任を問われる可能性もあるので注意が必要となります。この点は、グローバルな企業活動を行っている企業にとっては、グローバル・コンプライアンス体制の運用問題として、特に重要な経営課題となっています。

2 海外事業運営

国際的な企業の運営において留意すべきことは、それが買収により取得した事業であれ、一から作り上げた事業であれ、対象企業を円滑に運営していくためのグローバルな視点でのコンプライアンスです。

ここでは、企業の運営上の法律問題を中心として、特に雇用差別問題、環境問題など広範囲な法的問題に関心をもってもらうことが狙いです。

① 雇用・昇進差別問題

雇用差別とは

ここでは、米国で事業経営を行うための重要な、かつ非常に特徴的な雇用差別問題を取り上げます。米国は、多民族国家であり、欧州系は50％強、それ以外はヒスパニック系、黒人系、アジア系が占めています。そのために雇用関連問題に関して差別禁止が徹底されています。米国の雇用差別禁止のスタートは、1866年の公民権法です。これは南北戦争の終結を待って、リンカーンが提唱した黒人など人種差別禁止を目的としたものですが、その後1964年の公民権法改正、1973年の改正、および1991年の改正公民権法によりほぼ現在の差別禁止の形が出来上がりました。

1991年の改正公民権法は、性別、年令、人種、宗教、家族、出身国などによる採用、昇進、配置転換、賃金、レイオフ、解雇などの差別的行為の禁止を規定しており、これらの差別行為に対しては、陪審裁判請求や懲罰的賠償請求が可能です。また、人種差別の場合には無限の賠償責任を負担するとされています。この雇用差別に関しては、雇用機会均等委員会（Equal Employment Opportunity Commission：EEOC）の調停を経ることが司法的な救済を受けるための前提となっています。また、雇用機会均等委員会のガイドラインが策定され、それが米国国内の企業だけでなく、外国企業の子会社にも適用されています。賃金については、1963年同一賃金法が、年齢については、1967年年齢差別禁止法が成立し、

◉雇用差別の救済システム―EEOC

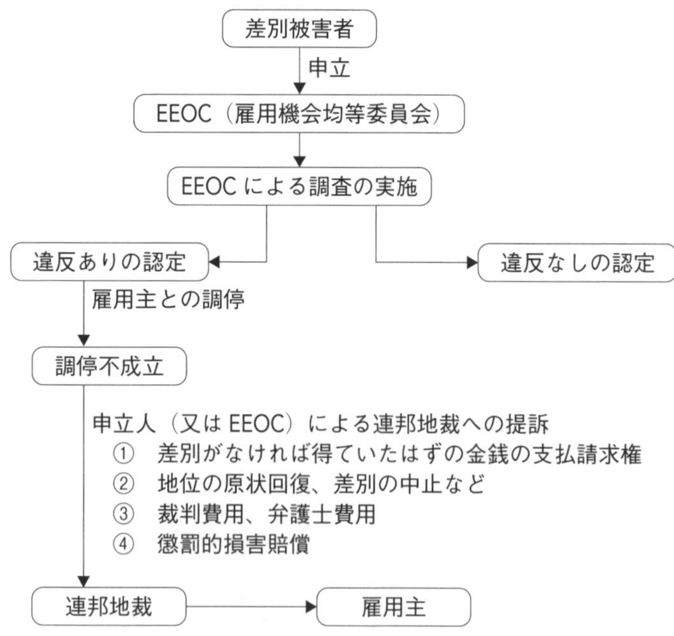

身体障害者に関しては、1990年身障者保護法（Americans with Disabilities Act：ADA）が成立しています。

これら差別的行為に対し、企業として抗弁が認められるには、正当な事由が必要となりますが、なかでも「業務上の必要性に基づく職業上の要請」を立証することで差別の推定がなくなるとされています。これを「Bona Fide Occupational Qualification Defense（BFOQ抗弁）」と呼んでいます。

過去の雇用差別事件

過去、日系企業を中心として昇進や雇用差別などを理由とした損害賠償等に関する訴訟を提起された事件がありましたが、その際の反論として利用されたのは、日米友好通商航海条約（1953年）の８条による相手国の上級管理職の場合には、差別の対象とはならないという規定でした。

> 条約８条「いずれの一方の締約国の国民および会社も、他方の締約国の領域内において、自己が選んだ会計士、上級管理職、弁護士、代理人および他の専門家を自由に雇用あるいは採用することが許される」

最初に、訴訟となったのは、伊藤忠商事の米国子会社における事件（1981年）で、これは次年の住友商事米国子会社における事件（1982年）と同様、出身国による差別があったとする申立てに対して、それぞれの米国子会社においては、日米友好通商航海条約に基づく上級管理職を雇用する権利があり、それは差別にはあたらないと主張したものです。この主張に対して、最高裁では、伊藤忠アメリカやアメリカ住商は米国の法人であり、米国子会社には友好通商航海条約上の権利行使はできないと判断されましたが、このまま争いを継続するのも意味がないとして、途中で和解となりました。1993年に大韓航空の米国内事務所で発生した雇用差別問題事件では、子会社でなく支店の場合は条約の権利行使が適用できるものとされると判断され、この考え方がしばらく支配していました。

その後、日本の親会社による友好通商航海条約上の権利が援用できないかという点について、クエーザー（松下電器（現・パナソニック）孫会社）事件（1991年）において、米国会社であっても親会社の社員には条約上の権利行使の主張は可能であるとの判断がなされました。その後は、この考え方が三星重工事件（1997年）でも再確認されています。

セクシャル・ハラスメント

セクシャル・ハラスメント（セクハラ）は、雇用における性的差別禁止の一形態であるとされています。1980年EEOCによるガイドライン[注1]によって、セクハラ行為が不法な性的差別の一形態であるとされ、このガイドラインは、1986年に最高裁も追認されています。

セクハラ差別の場合には、陪審裁判請求、懲罰的損害賠償（原則青天井、1991年に改正され、例外規定が設けられています）、雇用主責任が認められており、その早期是正と防止の適切な配慮が要求されています。

なお、1998年Faragher事件では、連邦最高裁が環境型のセクハラについても雇用主側の無過失の抗弁を認めず、雇用主に厳格責任を負わせています。しかし、セクハラ行為を防止するための注意義務を果たした場合は、免責を認めるとされています。また、同年のBurlington事件では、連邦最高裁において、上司が敵対的職場環境を生じさせた場合、抗弁は雇用主側にあり、それも無過失抗弁が必要とされています。なお、日系企業における事件としては、米国三菱自動車事件（1998年6月にEEOCと和解）があります。これは、1992年にEEOCが調査を開始し、その後1994年に女性従業員が会社を相手取り提起した事件です。このと

注1　Section 1604.11 of the Guideline on Discrimination Because of Sex, 29 C.F.R.

きは、会社側の初期対応の遅れと不備により、公聴会などで日本企業が槍玉にあげられた事件として、一時有名になりました。その後、同社は、前労働長官をコンサルタントとして起用し、社内委員会を設置し、数十の対応策を実施することで和解決着したものです（和解金3,400万ドル）。

これらのセクハラ事件の対策としては、下記が特に強調されることとなっています。

・Policyの策定および実施
・従業員教育
・苦情処理を適格、効果的に処理
・迅速な対応（懲戒解雇など厳しい規制）

② 環境責任

（1） 環境問題とは

環境問題は、かつての汚染被害を対象とする公害対策問題から、自然環境、生活環境保護の問題へと移ってきています。同時に、地球的なレベルへの広がり、次世代のための環境配慮という、非常に多様な広がりを示すようになってきており、対応が遅れると問題がより深刻化するという点で、人類の生存に関わる人類共通の課題となっています。

これは各種の汚染問題（Pollution-related-Problems）から、自然の保護・自然との共生問題（Nature-related-Problems）、人間生活のおける環境の質（Amenity-related-Problems）といった領域の広がり、明確な汚染被害（Pollution Damage）から目に見えないタイプの被害（Environmental Damage）といった質的な広がりとなっています。そして、それはローカルなレベルだけでなく、グローバル（地球的）なレベルへ広がり、それに過去の環境無視のツケといった累積的諸結果が顕在化していること、および、将来世代のための環境配慮といった時間的な広がりという四つの次元の問題として捉えることができるとされています。

20世紀は、エネルギー消費などを通じた地球環境への影響が急激に拡大した時代となりました。経済成長にはエネルギー資源を大量に消費し、廃棄の増大、地球温暖化、オゾン層の破壊、大気汚染や森林破壊、水資源の減少など環境への悪影響が世界的な問題となっていました。「その原因は、何億年、何十億年かけて蓄積されてきた化石燃料や資源を短期間のうちに使い、自然生態系のなかで分解できる量をはるかに超えた大量の廃棄物を発生させ、環境への負荷を与えていることにある」と指摘されています。

人間活動により生じる物質を自然界のなかでうまく循環させ、環境への負荷を少なくするとともに、自然からの恵みを受けてはじめて人間活動を行うことから、環境破壊を避けるためには、自然界のメカニズムを理解し、自然との共生が図られるよう、人間活動を自然と調和させることが必要です。「少なくともわれわれの世代が将来世代の生存権を奪ってしまわないよう、今こそ、経済社会システムを大量生産・大量消費・大量廃棄型から、物質循環を確保し、かつ自然のメカニズムを踏まえ、自然との共生を確保した「循環」と「共生」を基本に据えたものに変え、環境面での持続可能性（サステナビリティ）を追求するため行動する必要がある」として、巨大な環境負荷を招く先進国社会の限界が説明されています。

これらの代表的な問題が、世界的な温暖化や森林破壊という環境問題であり、昨今は、世界的に企業の自然エネルギーの活用や脱炭素など、環境対策の必要性が叫ばれています。この温暖化の原因は、温室効果ガス、つまり二酸化炭素であり、多くが企業活動のなかから生じています。つまり、温室効果ガスの削減目標を達成するためには、企業の環境への取組みが不可欠であり、企業が環境への取組みを行うことは、世界が抱える様々な問題を解決する近道だといわれています。この環境問題への取組みについては、後述、③環境保護と企業の責任において、その概要を説明しています。

このような状況のなかで、企業としては環境問題に対してどのように取り組んでいったらよいのかということは、重要な経営課題になっています。今や環境問題への対応は、コンプライアンス（法令等の順守）の一つというより、企業経営の最優先課題に位置づけられ、企業間取引においても必須条件であると同時に企業の社会的責任の一つにもなっています。近年、大企業においては、環境問題に対する取組みや施策をまとめた環境報告書が発表されるようになっています。

（2） EUにおける環境規制

ここでは、環境問題に関して、世界の最先端を走っているとされるEUにおける対応を見てみることとします。20世紀以降、世界的に化学物質の生産量が飛躍的に増加していますが、そのなかには、人体にとって危険なものも少なくありません。EUは、環境政策を重要な政策の一つと位置づけ、気候変動、自然と生物多様性、環境と健康、天然資源と廃棄物の四つの優先分野について、様々な取組みを継続しています。

実際に、環境問題に関する「予防原則」は、科学的不確実性により合理性を十分説明できない場合に、法的措置の法への適合性を確保する機能を果たしているとされています。この予防原則は、以下の化学物資や電子・電気機器における特定有害物質の規制、ならびに電気・電子機器廃棄物のリサイクルに関するEUの規制の枠組みの基礎となっています。

ちなみに、EUの欧州議会では、「企業による人権・環境等のデューデリジェンス実施の法制化を求めるイニシアティブレポート」を可決し(2021年3月10日)、人権・環境等を対象に、バリューチェーンも含めた広い範囲についてのデューデリジェンスを義務付けることを目的とするコーポレート・デューデリジェンスおよびアカウンタビリティに関する指令案が2022年2月23日付で公表されており、今後の課題となっています。

❶ REACH 規則

REACH 規則（REACH：Registration, Evaluation, Authorisation and Restriction of Chemicals）は、農薬や医薬品は対象外とされていますが、2007年から施行されています。この規則は、欧州における化学物質の総合的な登録・評価・認可・制限の制度で、生産者・輸入者は、生産品・輸入品に含まれる全化学物質の、人類・地球環境への影響についての調査の実施、および欧州化学物質庁（European Chemicals Agency：ECHA）への申請・登録が義務付けられています。さらに、認可制度に基づき使用の規制を受ける物質を使用する場合はECHAの認可を受けることが必要となっています。制限制度に基づく物質と使用についてはREACH 規則に従った管理がその物質の製造者、川下使用者、輸入者等に求められています。

認可対象候補物質（高懸念物質：Substances of Very High Concern：SVHC）についてはそれが公表された段階から、「成形品中に認可対象候補物質を含有する場合はその情報等を受領者に伝達しなければならない」などREACH 規則に基づく義務が発生しています。

ちなみに、わが国の「化学物質の審査及び製造等の規制に関する法律」（化審法）やアメリカ合衆国のToxic Substances Control Act（TSCA）が「新しく製造・輸入される化学物質」を規制しているのに対し、REACH 規則は、既存の化学物質についても新規物質と同等のデータにつき改めて段階的に登録を求めるものとされています。REACH 規則を順守して、化学物質を安全に使用するという目標を達成するためにはサプライ・チェーン・マネジメントが不可欠となりますが、その供給元への化学物質の情報提供も求められています。

❷ RoHS 規則

RoHS 規則（ROHS：Restriction of the use of certain Hazardous Substances in electrical and electronic equipment）は、電子・電気機器に

おける特定有害物質の使用制限に関する規制です。このRoHS規則は、2006年以降にEU市場に上市された電気・電子製品に鉛、水銀、カドミウム、六価クロム、ポリ臭化ビフェニール（PBB）、およびポリ臭化ジフェニルエーテル（PBDE）の6物質を使用することを原則禁止しています。RoHS規則は、環境や人体に有害な化学物質が自然環境に曝露されないように、電気・電子機器の製造段階で特定有害物質の使用を制限するものとなっています。

❸ WEEE指令

WEEE指令（WEEE：Waste Electrical and Electronic Equipment）は、電気・電子機器廃棄物の不法な処理により自然環境が汚染されることを、リサイクルシステムの構築により防止する規制となっています。電気・電子機器廃棄物（WEEE）の発生を抑制し、再利用やリサイクルを促進して廃棄されるWEEEの量を削減することが目的です。加盟国および生産者にWEEEの回収・リサイクルシステムの構築・費用負担を義務付けています。これは、環境問題の基本原則としての「生産者責任原則」、つまり環境に負荷を与える物を製造した者が、その処理（回収、リサイクル、再利用）などのコストを負担するという考え方に基づいたものとなっています。

③ 環境保護と企業の責任

国際的なガイドライン

グローバル企業のビジネス活動を含む行動は、環境問題を含め、国際社会に重大な影響を与えています。そのための国連による公正な企業行動を確保するための取組みは、いくつかの国連諸機関により、企業行動ガイドラインが作成されています。OECD多国籍企業行動指針（1976年制定、2011年最終改訂）や、国連責任投資原則（Principles for Responsible Investment：PRI）があげられます。また2003年の「人権に関する多国籍企業および他の企業の責任に関する規範」においては、環境保護に関する義務も含まれており、国際的に認められた環境基準や持続可能な発展という目標に照らして環境権を尊重する義務や、製品・サービスに関するすべての段階における環境への影響に責任を負担すること、さらに意思決定過程において定期的にその活動の環境への影響を評価する義務などが定められています。

これ以外に、民間の機関でもGRI（Global Reporting Initiative）ガイドラインは、規模、業種、地理的条件を問わず、あらゆる組織が「サステナビリティ報告書」を作成する際に利用可能な信頼できる枠組みを提供することを目的、として作成されています。こうした状況の下で、企業はその経済的・社会的役割として、企業と社会の持続可能な発展に寄与していくための企業活動が問われることから、各企業において策定されるであろう「企業行動ガイドライン」においてみられるように、環境規則を順守するのみならず、環境、人権、公衆衛生、生命倫理、そして予防原則に立脚した自発的な環境への取組みが期待されています。

気候変動の枠組み

企業の環境対策への取組みが注目される理由に、世界が環境対策への目標数値を明確化したことがあります。ちなみに、気候変動問題は、国際社会が一体となって直ちに取り組むべき重要な経営課題であり、国際社会では、1992年に採択された国連気候変動枠組条約に基づき、1995年から毎年、国連気候変動枠組条約締約国会議（COP）が開催され、世界での実効的な温室効果ガス排出量削減の実現に向けて、精力的な議論が行われています。

現在は、京都議定書を継承した、2015年制定の世界の環境への枠組み「パリ協定」に基づき、温室効果ガス排出削減等のための新たな国際的枠組みとして、各国は温室効果ガスの削減を行っています。日本政府も

2021年４月、2030年の温室効果ガスの排出量を2013年と比べて46％削減することを世界に宣言し、さらに、2050年までに、温室効果ガスの排出を全体としてゼロにする、すなわち2050年カーボンニュートラル、脱炭素社会の実現を目指すことを宣言しています。その後、2021年10月22日に2050年カーボンニュートラルに向けた基本的な考え方等を示す「パリ協定に基づく成長戦略としての長期戦略」について閣議決定し、国連に提出しています。

TCFDに基づく開示・報告

一方で、2015年には、G20の要請を受けた金融安定理事会により、気候関連の情報開示および金融機関の対応を検討するための「気候関連財務情報開示タスクフォース（Task Force on Climate-related Financial Disclosures：TCFD）が設立されています。これにより、2021年には英国で金融機関や上場企業に対してTCFDの開示が義務化され、さらに2022年には、従業員数が500名を超え、売上高５億ポンド以上のすべての企業に対して、TCFDに沿った報告を行うことが義務化されています。

これらの報告・開示義務は、法律の適用を直接受ける金融機関や大企業自身のみならず、その投資先企業やビジネスパートナーなどの主要なステークホルダーにも影響を及ぼすことに留意しなければなりません。このTCFDによる提言内容を組織として支持を表明した企業等は増えており、実際に情報開示を行う立場にある事業会社のほか、企業の情報開示をサポートする立場として金融機関・業界団体・格付機関・証券取引所・政府など、多様な組織もあります。

企業が自らの開示・報告義務を果たし透明性を確保することによって、アセットマネジャーや金融市場参加者が、報告義務を果たす企業を積極的に評価し、投資先として優先しているように見受けられます。同様に、TCFDの提言に基づき開示義務に拘束される企業は、その順守のために顧客やステークホルダーに対して、特定のデータを開示することが求められます。一方で、これらの基準を満たさない企業は、投資家によって投資ポートフォリオから部分的または全般的に排除される風潮が、現場において広がっています。

3 国際カルテル

Q 米国の独占禁止法の域外適用について質問がありましたが、法務担当者としては、どのように説明したらよいでしょうか？

A 外国におけるカルテル行為であっても、その効果が米国内に及ぶ場合に、米国独占禁止法の適用を受ける可能性があるという問題で、これを域外適用と呼んでいます。

米国においては、海外における企業間のカルテルなどについても、その効果が米国市場に波及する場合には、米国の独占禁止法を適用するとしています（域外適用）。これを「効果理論」と呼んでいます。しかし、グローバルに企業活動が展開される現代においては、刑法や行政法など、国家法による企業規制については必然的に重複する可能性があります。ときには複数の国の法が同一の企業行動に対して適用される場合が少なくありません。このような域外適用問題に関しては、国際的にもいまだに統一的原則が形成されておらず、各国がそれぞれのルールの下で独自に運用しており、国家主権行使の限界をめぐって激しい議論が展開されています。

このような状況下でも、企業としては、これを避けてとおることができませんので、域外適用の可能性の有無については、まえもってよく確認しておくことが必要となります。

① 国際カルテルとは

カルテルとは、わが国の独占禁止法上「不当な取引制限」と呼ばれており、「事業者が、契約、協定その他何らの名義をもつてするかを問わず、他の事業者と共同して対価を決定し、維持し、若しくは引き上げ、又は数量、技術、製品、設備若しくは取引の相手方を制限する等相互にその事業活動を拘束し、又は遂行することにより、公共の利益に反して、一定の取引分野における競争を実質的に制限すること」と定義されています（独占禁止法２条６項）。

このカルテルは、私的独占、不公正な取引方法とともに、自由競争経済秩序維持のために、独占禁止法で禁止するいわゆる三本柱の一つとされています（同法３条）。特にカルテルは、参加事業者の共同行為による相互拘束を内容とする競争の直接的な回避を目的とするものとして禁止の対象となっています。事業者は、カルテルを内容とする国際的協定、国際的契約をしてはならないとされており（同法６条）、事業者団体もカルテルを行なってはならないとされています（同法８条）。

国際的にも、現在は100以上の国や地域において独占禁止法が制定されています。そして、そのような状況の下で企業間カルテルなどの違法行為は、米国独占禁止法の下では、行為者および法人に刑事罰が科されるほか、その違法行為により生じた損害賠償責任も生じることとされています。なお、米国ではクラスアクションの制度、陪審制や懲罰的損害賠償制度など、わが国と異なる制度が存在しているので注意が必要です。

一方、最近の事例を見ると、制裁金や課徴金という行政的制裁の強化によるものと、罰金・禁固刑という刑事制裁の強化によるものという違いはあるものの、カルテル等の独占禁止法違反行為の抑止を徹底するという観点から、独占禁止法の域外適用を含め執行強化が行われている点は各国とも共通しています。内外を問わず、カルテル行為を行えば、多額の制裁金や罰金等が課されることになり、企業の長年の努力により得た利益や名声を失墜し、企業の財務状況に重大な影響を与えることになりかねません。このような状況を考えると、グローバル企業にとっては、カルテル行為の予防や防止体制等に十分な対策を講じることは非常に重要な経営課題となっています。

以下、各国におけるカルテル違反事例を紹介するとともに、グローバル・コンプライアンスの視点から、この問題にどのように対応したらよいかを考えてみたいと思います。

② 米国カルテル違反事件

わが国の独占禁止法のベースとなった米国独占禁止法は、いわゆる「シャーマン法」と呼ばれ、カルテルをカバーしています。水平の取引制限である価格カルテル・市場分割カルテル・入札談合・国際カルテル・共同ボイコット等、垂直の取引制限である再販売価格維持・販売地域や顧客の制限等（米シャーマン法１条）が違法とされています。また、同法２条は、競争者等に対する排除効果を持つ三類型の独占行為、つまり取引等を独占し、独占を企画し、または他の者と結合または共謀する者は、重罪を犯したものとみなされると規定しています。

カルテルや入札談合といった悪質な競争法違反行為に対しては、米国やEU（欧州連合）を中心として世界的に厳罰化の傾向が強まっているのは、最近の新聞記事等からも明らかとなっています。米司法省（FTC）と米連邦捜査局（FBI）は、幅広い産業分野での国際価格カルテルについて、独占禁止法違反で捜査しています。そのなかでも多くの日本企業が関与した事件が、自動車部品関連事件です。

米国においては、2011年９月に日系自動車部品メーカーがワイヤーハーネスなど自動車部品に係る価格カルテルおよび不正入札への関与で起訴された事件を皮切りに、2014年３月時点においては、合計26社の日系自動車部品メーカーがカルテルによる摘発を受け、総額20億ドルという巨額の罰金が科されています。米国独占禁止法違反の罰金の最高額は、法人では１億ドル、個人では100万ドルです。カルテルによって得た利益の２倍の額、またはカルテルによる損害額の２倍のほうが高ければこれらが適用されることとなります。

米国の場合、さらに特徴的なのは、カルテルに関与した個人に対する刑事責任は、禁固刑で最長10年となっていることです。実際の量刑は、通常、連邦量刑ガイドラインにより決定されます。個人としては、現在、日本人でも刑罰の対象となり、１年～２年の実刑判決を受けています。ただ米国には「アムネスティ・プラス制度」があります。これは、摘発された企業が他の製品についての違法行為を自白すれば、それらに科せられた罰金の免除および最初に摘発された罰金は軽減されるという制度です。つまり、違反を一番に申告してリニエンシー（アムネスティ）を確保できれば所属企業だけでなく、その関係者も刑事罰を免除されることとなりますが、もしこれが確保できない場合には、企業が当局と司法取引を締結しても、カルテルに関与していた関係者については刑事罰の免除を付与しない「カーブアウト」という取扱いがとられます。

また、司法省はさらに一歩進んで「ペナルティ・プラス」という制度も設けています。申告した違反事件とは別の違反事件について、それを申告しておかないと、後日、未申告の違反事件が別ルートで当局の把握するところとなったときには、通常よりも一段と厳しく処罰するというものです。

③　EUカルテル違反事件

EUにおいても、日欧の自動車向けベアリング企業６社に対して約1,340億円のカルテル制裁金を課した事案がありました。日本企業４社のうち３社が積極的な情報提供を行ったとして、制裁金の免除を受けるとともに、最初にカルテルを当局に通報したＪ社は、制裁金約8,600万ユーロ（約121億円）が全額免除されることとなりました。

このように欧州では、当局への協力状況に応じ、最初に通報した企業が100%、２番手以降はそれぞれ20〜50%の制裁金の減免を受ける制度があります。欧州でも、自動車部品分野のカルテル摘発に対して力を入れているようで、これまでにワイヤーハーネスと座席について摘発が行われています。またエアバッグ、シートベルト、ハンドルなどでも調査を進めているという情報もありました（平成26年（2014年）３月24日、日本経済新聞）。

④　中国カルテル違反事件

中国におけるカルテル違反事件として、中国独占禁止法当局である国家発展改革委員会（発改委）は、日系自動車部品メーカー12社に対し独占禁止法違反があったと認定し、10社に合計12億3,500万元（約200億円）の制裁金を支払うよう命じたと発表しています。

そこでは、価格カルテルを結ぶなど業界ぐるみで自動車部品の価格をつり上げる不正行為があったと判断され、価格カルテルを取り締まる国家発展改革委員会が各社の違反行為を認定したものです。海外企業を対象にした中国の独占禁止法違反としては、独占禁止法の施行以来、最大の摘発事件となりました。「各社とも10年以上にわたって談合を繰り返していた」と指摘、「中国の消費者の利益を損なう悪質な違反行為だ」（発改委）と判断した結果、各社に中国での該当製品の年間売上高の４〜８%に相当する制裁金が科されています。なお、「当局の調査に協力的だった」という理由で制裁金の支払いを免れている企業もあります。

中国の独占禁止法では、その執行機関として、商務部、国家発展改革委員会（発改委）および国家工商行政管理総局の３機関が認定されています。商務部は企業結合に係る規制、発改委は価格に係る独占的協定・支配的地位の濫用行為に係る規制、国家工商行政管理総局は価格以外に関する独占的協定・支配的地位の濫用行為に係る規制を行うこととなっています。

発改委は、部品各社に「会社体制の見直し」も命令し、具体的には、①中国の法律に従って販売政策と販売行為を見直す、②全社員に独占禁止法関連の教育を実施する、③消費者の利益に貢献する行動を即座に取る、ことを命じたと報道されました（平成26年（2014年）8月20日、日本経済新聞）。

⑤ 実情に応じた独占禁止法コンプライアンス・プログラムの構築

実情に応じた独占禁止法上のリスクの特定

企業が抱える具体的な独占禁止法上のリスクは、それぞれの事業内容や市場環境等によって千差万別であるため、コンプライアンス・プログラムのモデルのような形で一律に提示されている施策をそのまま取り入れても自社固有の実情に即した有効な独占禁止法コンプライアンス・プログラムにはなりません。

実際に、独占禁止法違反行為について法的措置を命じられた企業において、全社一律の研修を行っても違反行為を防止することは困難であるとして、取扱商品の機能や商慣習に応じて事業部門を個々のグループに編成し、それぞれの部門の管理部署を中心として独占禁止法コンプライアンスに取り組む例が見られます。

このような実効性のある独占禁止法コンプライアンス・プログラムを構築するためには、自社固有の独占禁止法上のリスクに着目し、それに対応する施策を検討していくことが重要となります。そして、自社にとって対処しなければならないリスクを特定する際には、事業規模、事業内容、組織風土等の内的要因や業界実態、市場情勢、関連法制度等の外的要因を総合的に考慮することになります。

リスクに応じた対応

特定した独占禁止法上のリスクについて、独占禁止法違反行為を防止しようとしてやみくもに対策を講じたとしても、実施コストは増大する一方、必ずしも実効的な対処になるとは限りません。特定されたリスクに応じてそれらに適合する解決策や防止策を的確に選択する必要があります。たとえば、寡占市場であることから値上げカルテルを想定して、値上げに際しては、値上げ理由、同業他社の値上げ状況、他社担当者との接触状況等を稟議書に記載させ、法務・コンプライアンス担当部署が精査する手続を導入した例や、汎用製品はカルテルのリスクが高いことを踏まえ、同業他社等との会合への営業担当者の出席を禁止とする例などがあります。

日本国内における価格調整の合意も多くの国において調査や処分がなされる対象となりうることに留意をする必要があります。

4 海外腐敗防止

Q 最近のコンプライアンス問題の主要なものは、海外腐敗防止法、特に米国法の域外適用の問題であり、その内容について質問されます。法務担当者としては、どのように説明したらよいでしょうか？

A 米国内でビジネスを行っていないとか、証券等を発行していないという理由だけでは、海外腐敗行為防止法（FCPA）の適用を回避することはできません。なおFCPAガイドラインにも留意しておくべきです。

グローバル・ビジネスにおいては、政治的に不安定で、かつ透明性が確保されていない国々、特に発展途上国向けの取引に関しては、相手先政府の高官や政治家など一定の政治的権限を有する者が関与することがあるため、贈賄など不正な利益提供が行われることが少なくありませんでした。

① 米国の海外腐敗行為防止法

1970年代当時、米国には、国内の政治家等への賄賂の支払いを禁止する法律はあったものの、海外における贈賄行為を処罰する法律がなかったため、1977年12月に、外国公務員等への賄賂の提供を禁止する法律「海外腐敗行為防止法（FCPA：Foreign Corrupt Practices Act）」が制定されました。FCPAは、米国国内企業や米国国籍の者だけでなく、米国において株式を発行している会社や米国の取引所で売買されている特定の米国預託証券を通じて自国の株式を取引している米国国籍でない会社、その役員、従業員または代理人、および米国国内でFCPA違反をした者（米国国内で郵便、電話、メール等を使用して贈賄行為の一部を行っただけでも該当します）というように、広範囲に適用されます。特に留意すべきは、上記のように米国において非上場である企業にも適用されるという点です。

この規定に違反した者には次のような罰が科されることとなっています。

❶ 会社の場合には200万ドル以下の罰金

❷ 個人の場合には5年以下の禁固、もしくは25万ドル以下の罰金、またはその併科

❸ 上記に代えて、違法行為で被告が得た利益または被害者の被った損害の2倍額相当の罰金

② FCPAガイドライン

米国における海外腐敗行為防止法については、2012年11月14日に、その解釈および執行に関する指針（「FCPAガイドライン」【注2】）が、執行機関である米司法省および証券取引委員会により共同で発表されています。

そこでは、適用範囲が規定され、贈答・接待・旅費の負担で許容されるものと、そうでないものが例示され、通常の儀礼の範囲内か、合理的かつ正当な支出かなど積極的な抗弁として認められるものがあげられています。また、特にエージェントやコンサルタントなどの第三者を経由して支払われることが多いため、その起用に関しても注意を喚起しています。FCPAガイドラインでは、エージェント等が外国公務員に賄賂を提供する可能性を示唆する状況についても、意識的に無視（willful blindness）、または、見て見ぬふりをしたような場合には、米国FCPA違反を追及するための要件を満たすとされています。具体的には、外国公務員に賄賂を提供する高い可能性を示唆する状況（下記のようなレッ

注2　A Resource Guide to the U.S. Foreign Corrupt Practices Act；
https://www.justice.gov/criminal-fraud/file/1292051/download

ド・フラッグ状況）を認識していながら、漫然とエージェント等を起用していたような場合には、そのエージェント等による贈賄行為の責任が追及される可能性がありますので留意が必要となります。

・過大な手数料、コミッションまたは値引きの要求
・コンサルタント契約のサービス内容が不明確な場合
・十分な能力を有しているとは思われないコンサルタントを起用する場合
・エージェント等が特定の外国公務員の関係者である場合
・特定のエージェント等の起用を外国公務員に推薦された場合
・エージェント等が海外のペーパー会社であるような場合
・エージェント等が海外の銀行口座への送金を要求してきた場合

また、このガイドラインでは、実効性のあるコンプライアンス制度の整備が重要であることが改めて強調されています。

③　英国の賄賂防止法（Bribery Act）【注3】

英国においても、2011年7月に発効した英国の賄賂防止法（Bribery Act 2010）が存在しています。下記のように、英国で設立された企業だけでなく、英国において事業を行う日本企業にも適用をされるので留意が必要です。

❶ 公務員に対する贈賄だけでなく、民間人に対する贈賄にも適用されます。

❷ 企業に贈賄防止措置義務を課し、自社の関係者（従業員や代理店、コンサルタント等）が自社のために贈賄行為を行った場合、その企業は、贈賄防止措置義務懈怠（けたい）罪として刑事責任を問われます。

❸ 非英国企業であっても、事業の一部を英国で行っていれば、本法の適用を受けます。

注3　新城浩二著「英国 Bribery Act の概要」（『NBL』946号、2011年）。

この法律の罰則は、最高で10年の拘禁刑または無制限の罰金、犯罪者収益法（Proceeds of Crime Act 2002）に基づく財産の没収、さらには、会社取締役資格剥奪法（Company Directors Disqualification Act 1986）に基づく取締役資格の剥奪などがあります。

なお、この贈賄防止措置義務懈怠責任を回避するためには、「十分な手続」（adequate procedure）をとっていたことを立証することが求められていますが、この「十分な手続」の内容については明確に定義されていないため、2012年２月に指針が公表されました【注４】。この指針の基本原則は、「相当性」が基準となっています。営利団体が直面する贈収賄リスクは、その団体によって異なるため、その性質上、規範的なものでないかわりに、各団体が贈収賄防止に関する指針および手続を作成・実施する際に検討すべき、六つの基本原則に焦点が当てられています。

原則１－リスクに見合った相当な手続

原則２－経営陣の関与

原則３－リスク評価

原則４－デュー・ディリジェンス

原則５－情報伝達（必要な研修を含む）

原則６－監視（モニタリング）および見直し

④　わが国の動き－不正競争防止法

わが国ではOECD外国公務員贈賄防止条約の批准に伴い、昭和63年（1988年）に不正競争防止法を改正し、外国公務員等に対する贈賄が処罰対象になりました。この処罰規定は国際商取引における公正な競争の確保を目的としていますが、特に国営企業の役職員について、それらが不正競争防止法18条２項に定める外国公務員に該当するか否か判定が困難な場合も少なくないと指摘されています。

注４　https://www.gov.uk/government/publications/bribery-act-2010-guidance

この不正競争防止法で禁止される行為は、「国際的な商取引」に関し、「営業上の不正な利益を得る」ため、「職務に関する行為」をさせることを目的として、「金銭その他の利益を供与し、またはその申込み、もしくは約束」をすることとなっています。

❶ 「国際的な商取引」とは、国際的な商活動を目的とする行為、すなわち取引当事者間に渉外性がある場合、事業活動に渉外性がある場合のいずれかであって、営利目的で反復・継続して行われる事業活動に係る行為が対象となっています。

❷ 「営業上の不正な利益を得る」における「営業」とは、単に営利を直接の目的として行われる事業に限らず、事業者間の公正な競争を確保する法目的からして、広く経済収支上の計算に立って行われる事業一般を含むと解されています。また「不正の利益」とは、公序良俗または信義則に反するような形で得られる利益を意味しています。

❸ 「職務に関する行為」とは、当該外国公務員等の職務権限の範囲内にある行為はもちろん、職務と密接に関連する行為も含むとされています。

❹ 「金銭その他の利益」とは、金銭や財物等の財産上の利益にとどまらず、およそ人の需要・欲求を満足させるに足りるものを意味しています。したがって、金銭や財物はもちろん、金融の利益、家屋・建物の無償貸与、接待・供応、担保の提供・補償などの財産上の利益のほか、異性間の情交、職務上の地位などの非財産的利益を含む一切の有形、無形の利益がこれに該当するとされています。

また、経済産業省による不正競争防止法の外国公務員贈賄罪に関する指針（「外国公務員贈賄防止指針」）も令和３年（2021年）５月に改訂【注５】されています。営業関連活動に関する法解釈を明確化するとと

注５　https://www.meti.go.jp/policy/external_economy/zouwai/overviewofguidelines.html

もに、望ましい贈賄防止体制として、現地エージェントの起用や海外企業の買収といったリスクのある行為について、次のとおり、社内規程の整備や記録、監査といった体制強化が子会社を含む企業グループに対し提示されています。なお、この指針では企業集団に属する子会社に、リスクの程度を踏まえた防止体制が適切に構築され、また運用されることを確保する必要がある、と規定しており、企業集団としてグローバルなコンプライアンスの重要性も指摘されています。

❶ 国際商取引に関し代理店等を活用する場合には、外国公務員等に対して贈賄行為を行わないよう要請するとともに、贈賄行為を行わない旨の規定等を代理店等との契約に盛り込んでおくこと。

❷ 社内や関係会社における外国公務員贈賄防止普及活動や教育活動を実施すること。なお、海外子会社等、別法人の経営者・従業員に対しても、本社と共通の認識を共有するよう意見交換を行うこと。

❸ 外国公務員贈賄の通報窓口を設けるなど社内の体制を整備すること。海外子会社等においても、現地の法制度を考慮しつつ、本社と同様、基本方針やコンプライアンス・プログラムの趣旨を周知徹底することに努め、そのための組織体制を構築することが望ましい。

❹ 外国の法律等（贈収賄罪に関する法令・運用を含む）についても十分に情報を収集し、適切な対応を講じるよう努めること。新たに国際商取引を開始する国に関しては、可能な限り事前情報を入手しておくこと。

❺ 外国公務員贈賄防止等コンプライアンスに関し、その順守状況を含め定期的な監査を行うこと。

5 反社会的勢力への対応

Q 契約書には、「暴力団等反社会的勢力の排除条項が規定されるようになっていますが、このような条項について有効性は問題とならないのでしょうか」と質問されました。法務担当者としては、どのように説明したらよいでしょうか？

A 万一、相手方が暴力団関係者等であった場合に、契約関係を速やかに解消することが必要です。そのためにも、少なくとも契約書上にはそのための条項を記載しておくべきです。

反社会的勢力による業務妨害や不当要求は、人に不安や恐怖感を与えるものであり、何らかの行動基準等を設けないままに担当者や担当部署だけで対応した場合、要求に応じざるを得ない状況に陥ることもあります。そこで企業の倫理規程、行動規範、社内規則等に根拠を明文化し、担当者や担当部署だけに任せずに、代表取締役等の経営トップ以下、組織全体として対応することが求められます。

さらに反社会的勢力による業務妨害や不当要求に備えて、平素から、警察、暴力追放運動推進センター、弁護士等の外部の専門機関（外部専門機関）と緊密な連携関係を構築することが必要です。いずれにしても反社会的勢力とは、取引関係を含めて、裏取引や資金提供など一切の関係をもたないことが肝要です。また、反社会的勢力による不当要求に対しては、断固拒絶することが重要であり、民事と刑事の両面から法的対応を行う必要があります。

①　反社会的勢力による被害を防止するための対応

平素からの対応として、代表取締役等の経営トップは、基本方針として反社会的勢力との関係断絶を社内外に宣言し、それを実現するための社内体制の整備、従業員の安全確保、外部専門機関との連携等の一連の取組みを行うとともに、その結果を取締役会等に報告することが求められます。

そして、反社会的勢力による業務妨害や不当要求が発生した場合に対応を統括する部署を整備して、その組織に関する情報を一元的に管理・蓄積し、反社会的勢力との関係を遮断するための取組みを支援するとともに、社内体制の整備、研修活動の実施、対応マニュアルの整備、外部専門機関との連携等を行うことを明らかにしておくことが望まれます。

また、その組織が業務妨害や不当要求を行う場合の被害を防止するため、契約書や取引約款には暴力団排除条項を導入するとともに、可能な範囲内で自社株の取引状況を確認することが必要となります。

なお、いざという場合に備えて、外部専門機関の連絡先や担当者を確認し、平素から担当者同士の意思疎通を行い、緊密な連携関係を構築しておくことが重要です。そしてこのような情報等を得るため、暴力追放運動推進センター、企業防衛協議会、各種の暴力団排除協議会等が行う地域や職域の暴力団排除活動に参加することも求められます。

②　有事の対応（不当要求等への対応）

反社会的勢力からの業務妨害や不当要求があった場合には、当該情報を速やかに反社会的勢力対応部署へ報告・相談し、さらに担当取締役等に報告して、社会で情報の共有化を図ることが重要です。

くれぐれも、担当者や担当部署だけに任せずに、必ず責任者を関与させ、代表取締役等の経営トップ以下、組織全体として対応することが必要です。そして、外部専門機関に相談し、その対応にあたっては、暴力追放運動推進センター等が示している不当要求対応要領等に従って対応することが必要となります。特に、被害が生じた場合に泣き寝入りすることなく、反社会的勢力に対して業務妨害や不当要求に屈しない姿勢を鮮明にし、さらなる業務妨害や不当要求による被害を防止する意味からも、積極的に被害届を提出することが重要です。

もし反社会的勢力による業務妨害や不当要求が、事業活動や従業員の不祥事を理由とする場合には、不祥事事案を担当する部署が速やかに事実関係を調査します。その結果、真実であると判明した場合でも、業務妨害や不当要求自体は拒絶し、不祥事事案の問題については、別途、当該事実関係の適切な開示や再発防止策の徹底等により対応することです。

ちなみに、反社会的勢力による業務妨害や不当要求には、企業幹部、従業員、関係会社を対象とするものが含まれることがあります。また、不祥事を理由とする場合には、企業のなかに、事案を隠蔽しようとする力が働きかねません。反社会的勢力による被害の防止は、業務の適正を確保するために必要な法令等順守・リスク管理事項として、内部統制システムにおいても明確に位置づけることが必要です。

6 マネー・ロンダリング

Q 「わが国におけるマネー・ロンダリング規制に関して、多くの法律が制定されているようですが、どのようなものがあるのでしょうか」と質問されました。法務担当者としては、どのように説明したらよいでしょうか？

A 基本的には、関連する法律とその概要を説明できるようにしておくとともに、新規取引や、複雑な取引に関しては、より注意を払うべきです。

① マネー・ロンダリングとは

「マネー・ロンダリング」とは、日本語の「資金洗浄」を意味しています。つまり、脱税や粉飾決算、薬物取引などの違法行為や犯罪行為などによって得た資金を、正規の取引などに利用することで、違法な起源を偽装し、資金の出所をわからなくするための行為であるとされています。特にグローバルなビジネス活動を行っている企業や、国際的な資金決済を実施する金融機関にとっては、コンプライアンス（法令等の順守）上の重要な課題となっています。その手段などは多様であるため、知らないうちにマネー・ロンダリングに関与してしまうという事態も発生することがあるので、細心の注意が必要です。

マネー・ロンダリングは、もともとは犯罪組織がその収益を将来の犯罪に使用するとか、その資金で合法的な経済活動に介入し、支配力を及ぼすことなどとして規制されていました。そして、国際的な麻薬取引を抑制するため、麻薬取引を利用したマネー・ロンダリング規制のための国際協力の必要性がうたわれ、また国際連合においては、1988年に「麻薬及び向精神薬の不正取引の防止に関する国際連合条約」(麻薬新条約)が採択されたものです。このマネー・ロンダリング行為の規制も、米国の強い働きかけを受けて、国際的な取組みが進んできました。

② 国際機関金融活動作業部会(FATF)【注6】

FATFとは

国際的な取組みの一つとして、1989年のアルシュ・サミットで、国際的な対策と協力の推進に指導的役割を果たすマネー・ロンダリングを規制するための政府間機関として金融活動作業部会(Financial Action Task Force on Money Laundering:FATF)が設立されました。マネー・ロンダリング対策に関する「40の勧告」提言が行われ(1990年)、国内法制の整備、顧客の本人確認、疑わしい取引の報告などが各国に求められています。

その主な内容としては、以下のとおりです。

- 資金洗浄を犯罪として取り締まること
- 匿名、偽名による顧客管理の禁止
- 資金洗浄、テロ資金供与に関係する疑いのある取引の届出の義務付け
- 資金洗浄、テロ資金供与に関係する疑いのある取引情報を管理するマネー・ロンダリング情報分析機関(Financial Intelligence Unit:FIU)の設立
- 国際協力の実施

なお、マネー・ロンダリング対策に非協力的な国・地域については、「非協力国」として認定・公表されています。

注6 OECD加盟国を中心とする世界34カ国と欧州委員会、湾岸協力理事会が参加し、FATF勧告、その順守状況の監視、非加盟国へのFATF勧告順守の推奨、その他犯罪の手口などの研究を主な活動とする機関である。https://www.fatf-gafi.org/en/home.html(確認日2023年1月)

FATF 特別勧告等

1999年12月には、「テロリズムに対する資金供与の防止に関する国際連合条約（テロ資金供与防止条約）」が採択され、テロ資金提供・収集行為の犯罪化、テロ資金の没収、金融機関による本人確認・疑わしい取引の届出等の措置を締約国に求めるものとしています。その後、2001年の米国同時多発テロ事件の発生を受けて、金融活動作業部会（FATF）において、テロ資金供与対策を含めるとともに、テロ資金供与対策の国際的な標準として、テロ資金供与の犯罪化やテロリストに関わる資産の凍結措置等を内容とする「８の特別勧告（テロ資金に関するFATF特別勧告）」が策定されました。2004年には、国境を越える資金の物理的移転を防止するための措置に関する項目が追加され、「９の特別勧告」となりました。

その主な内容は、以下のとおりです。

・テロ資金供与を犯罪として取り締まること
・テロリストの資産の凍結、没収の実施
・テロ資金供与に関係する疑いのある取引の届出の義務付け
・電信送金について送金人情報付与

さらに2012年２月、大量破壊兵器の拡散や、公務員に係る贈収賄や公務員による財産の横領等の腐敗などの脅威にも的確に対処することを目的として、「９の特別勧告」を含めた、新「40の勧告」に改訂されています。

また、2013年６月のロック・アーン・サミットでは、法人等の所有・支配構造の不透明な実態によって、法人等がマネー・ロンダリングや租税回避のために利用している現状を踏まえて、「法人及び法的取極めの悪用を防止するためのＧ８行動計画原則」（Ｇ８行動計画原則）が参加国間で合意され、その後、仮想通貨（暗号資産）がテロ資金供与・隠匿に悪用される危険性が取り上げられ、金融の流れの透明性の拡大を確保するため、FATFガイダンス【注7】が公表され、現在に至っています。

③　米国マネー・ロンダリング規制法等

米国においては、マネー・ロンダリング規制に関する法として、1986年のマネー・ロンダリング・コントロール法（Money Laundering Control Act）が、何度かの修正条項を加え、制定されています。この内容は、資金浄化行為を犯罪化するとともに、通貨取引報告提訴制度に違反する取引を禁止し、銀行秘密法（Bank Secrecy Act）違反に対して、民事と刑事の両方で資産没収を適用することとしていました。1988年には、マネー・ロンダリング摘発強化法（Money Laundering Prosecution Improvement Act）が制定され、資金浄化規制法の適用範囲が拡大するとともに、3,000ドル以上の外為商品の購入者を明らかにすることが義務付けられています。

その後も、1990年に銀行不正行為摘発・納税者保護法（Bank Fraud Prosecution and Taxpayer Recovery Act）や、1994年にマネー・ロンダリング抑制法（Money Laundering Suppression Act）を経て、1998年にマネー・ロンダリング＆金融犯罪対策法（Money Laundering and Financial Crimes Strategy Act）が、そして、2001年には米国愛国者法（USA PATRIOT Act）が制定され、外為取引についても取り締まる範囲や権限が拡大されています【注8】。

以上のようなマネー・ロンダリング規制対策について、米国では、米国以外の金融機関に対しても、その対策の不備があった場合は、厳しい罰金を科しています。代表的なのが、2012年12月に、英国の大手銀行HSBCが、マネー・ロンダリング対策の不備等によって、米国政府に対して約19億ドル（当時で約1,500億円強）の課徴金の支払いに同意した

注7　金融庁「暗号資産及び暗号資産交換業者に対するリスクベース・アプローチに関するガイダンス」
https://www.fsa.go.jp/inter/etc/20211101/20211101.html
注8　https://aafm.us/article662f.html?id%EF%BC%9D104

事件です。この事件は、銀行自身が資金洗浄を行ったわけではないが、銀行としてのマネー・ロンダリングに対する予防対策の不備が制裁の対象となったものです。

④　日本におけるマネー・ロンダリング規制

麻薬特例法の施行等

わが国のマネー・ロンダリング対策は、昭和63年（1988年）12月に、麻薬新条約に署名し、批准したことから始まります。平成４年（1992年）10月には、麻薬新条約の国内法として麻薬二法、すなわち「麻薬及び向精神薬取締法等の一部を改正する法律」および「国際的な協力の下に規制薬物に係る不正行為を助長する行為等の防止を図るための麻薬及び向精神薬取締法等の特例等に関する法律」（麻薬特例法）が成立し、平成５年（1993年）７月１日から施行されています。この麻薬特例法によって、薬物犯罪による不法収益の剥奪という観点から、麻薬犯罪によって不法に得た利益を広範囲に没収するとともに、没収を免れるために行われるマネー・ロンダリングが処罰の対象となりました。

組織的犯罪処罰法の施行

マネー・ロンダリング犯罪が薬物犯罪に限定されていたことに対し、FATFの対日相互審査でその改善が望まれていました。マネー・ロンダリングが薬物犯罪に関するものであるかどうかを判断することは極めて困難であり、届出情報の集約と捜査機関への提供を行う仕組みもなく、疑わしい取引の届出制度が有効に機能していませんでした。そこで、平成12年（2000年）２月に「組織的犯罪処罰法」[注９]が施行されました。

この法律では、犯罪収益対策に関して、マネー・ロンダリングの対象

注９　組織的な犯罪の処罰及び犯罪収益の規制等に関する法律（平成11年法律第136号）。

となる犯罪を薬物犯罪だけでなく重大犯罪にも拡大し、また疑わしい取引の届出の対象犯罪も広げ、そして、わが国におけるマネー・ロンダリング情報分析機関（FIU）が金融庁に置かれることとなりました。

ちなみに、国連国際組織犯罪防止条約５条は、締約国に対し、重大な犯罪（長期４年以上の罪）の共謀（共謀罪）または組織的な犯罪集団の活動への参加（参加罪）の少なくとも一方を犯罪とすることを義務付けました。そこで平成29年（2017年）６月15日に共謀罪の趣旨を盛り込んだ改正組織的犯罪処罰法が成立し、同年７月11日から施行されています。

テロ資金提供処罰法・金融機関等本人確認法の施行等

2001年の米国同時多発テロ以降、テロ対策も考慮することとなり、テロ資金供与防止条約を批准するため、国内法として、平成14年（2002年）７月、「公衆等脅迫目的の犯罪行為のための資金等の提供等の処罰に関する法律」（テロ資金提供処罰法）が施行され、テロ資金提供および収集行為の犯罪化がなされています。また、同時に組織的犯罪処罰法の一部が改正され、テロ資金提供および収集罪がその対象犯罪に追加されるとともに、テロ資金そのものが犯罪収益として捉えられるようになり、テロ資金の疑いがある財産に係る取引についても届出の対象となっています。

さらに、「金融機関等による顧客等の本人確認等に関する法律」（金融機関等本人確認法）が制定され（平成15年（2003年）１月施行）、他人名義や架空名義の預貯金口座等が振り込め詐欺等の犯罪に悪用されることが多いことから、平成16年（2004年）12月には、「金融機関等による顧客等の本人確認等及び預金口座等の不正な利用の防止に関する法律」（改正金融機関等本人確認法）が改正され、預貯金通帳等の譲受・譲渡やその勧誘・誘引行為等が処罰されることになりました。

犯罪収益移転防止法の施行等

「改正金融機関等本人確認法」の全部および「組織的犯罪処罰法」の一部を母体として、平成19年（2007年）３月には「犯罪収益移転防止法」が成立しました。振り込め詐欺等の被害状況等を踏まえ、特定事業者の取引時の確認事項の追加、電話転送サービス事業者の特定事業者への追加、取引時確認等を的確に行うための措置の追加、預貯金通帳の不正譲渡等に係る罰則の強化等を内容とする「犯罪収益移転防止法」の改正が行われ、平成25年（2013年）４月に全面施行され、また、「資金決済法」（平成22年（2010年）の施行、さらには、「改正資金決済法」が令和４年（2022年）６月３日に成立し、現在に至っています。この改正資金決済法は、正式には、「安定的かつ効率的な資金決済制度の構築を図るための資金決済に関する法律等の一部を改正する法律」と呼ばれ、資金決済法や犯罪収益移転防止法、銀行法などの改正を含むものですが、大きな柱になるのが、①電子決済手段等（いわゆる「ステーブルコイン」）への対応、②高額電子移転可能型前払式支払手段への対応、③銀行等による取引モニタリング等の共同化への対応の３点となっています。１年以内（令和５年（2023年）春ごろ）の施行が予定されています。

テロ資金提供処罰法の改定

テロに結び付くことを知りながら不動産などを提供する行為を罰する「改正テロ資金提供処罰法」が、平成26年（2014年）11月14日に可決・成立した結果、今後、日本では反社会的勢力に対して厳しい締め付けが行われることになりました。この改正法はテロ行為を容易にする目的で「土地、建物、物品、役務」を提供した場合も対象とし、10年以下の懲役または１千万円以下の罰金が科されることとなっており、処罰対象者の範囲も、テロリストに直接利益を提供する協力者だけでなく、テロリストを間接的に支援する協力者にも拡大されています。

⑤ マネー・ロンダリング・コンプライアンスの留意事項

マネー・ロンダリング規制対策の中心になるのは、資金浄化という点から、金融機関等が中心となります。違法な収益を隠匿し、詐欺や横領の犯人が騙しとったお金をいくつもの銀行口座を転々と移動させて出所をわからなくするというような行為も存在し、また国際取引を利用し、かつ国際間の銀行口座を利用するというものも増えています。最近は、電子マネーを利用するケースも多く、ビットコインなど仮想通貨（暗号資産）を含め、多様なマネー・ロンダリング手法を利用するなど巧妙化が進んでいます。

一方、取引の実施主体が違法な意図をもっている場合はともかく、取引に介入を求められるような場合には、それが架空取引であるか、あるいは違法な資金の浄化を目的とするものであるかなどを十分にチェックすることが求められます。商品の移動を伴わない架空取引であることが明らかな場合は別として、取引の相手方が犯罪組織でない時には、介入する取引において違法な資金の洗浄の疑いがあるかどうかを見つけ出すということは現実的には非常に難しくなっています。

特に国際取引における決済通貨は、米ドルが中心であるということを鑑みると、米ドル決済が関係するので、少なくとも米国におけるマネー・ロンダリング規制、特に、米国のマネー・ロンダリング対策立法である「Patriot Act」の規制内容を理解することが重要です。経済封鎖対象国やテロ支援国家ではなく、日本や英国等で米国人以外の外国人が行った行為に対しても制裁が科される可能性があることを十分に認識するとともに、マネー・ロンダリング対策立法等を順守しているかどうかのチェックは避けることができません。

7 国際課税対応

企業のグローバル化が進展するに伴い、国境を越えた節税策を防ぐ移転価格税制や恒久的施設（PE）ルールの見直しなど、国際課税問題の重要性がますます高まっています。経済協力開発機構（OECD）が策定を進めていた国際課税の新ルールが2015年２月最終決着し、10月５日にこれをまとめた報告書が公表【注10】され、タックスヘイブン（租税回避地）などを使った多国籍企業の税逃れを防ぐ新たなルールが採択されています【注11】。その結果、各国で国内法が整備され、企業が公正に競争できるようになり、世界で年間30兆円近いともいわれている税逃れを防ぐための国際的な課税網が整うこととなりました。

一定の連結売上高（1,000億円）以上の多国籍企業は、収入や従業員数といった情報を含め、世界のビジネス拠点における税務関連情報を、進出先の税務当局に提出する義務を負うことになります。また、各国の課税権を強化し、タックスヘイブンの子会社で稼いだ利益を親会社の利益に合算して課税がなされるようにするなど、これまでの抜け穴も埋めることとされています。一方、企業が本国と進出先とで二重課税を受けた場合には、二国間の協議によって解決を目指す規定も盛り込まれています。この結果、グローバル企業の税務コンプライアンスが重要な経営課題にもなってきています。

しかし、わが国企業には、このような国際的な税務対策を含め、海外グループ企業を含めた全体的な管理がまだ十分でないところも少なくなく、国際税務専門の人材養成や、組織の充実が急務といえる状況になっています。また、企業グループ全体の税務ガバナンスの見直し・強化、そのための体制の整備と必要な人材養成が求められている状況です。

注10　日本経済新聞（2015年10月６日朝刊７）。
https://www.oecd.org/tokyo/newsroom/oecd-presents-outputs-of-oecd-g20-beps-project-for-discussion-at-g20-finance-ministers-meeting-japanese-version.htm
注11　日本経済新聞（2015年10月９日夕刊１）。

本稿では、これら最近話題の移転価格税制の問題を中心に、国際的租税回避や国際的二重課税問題、また新しいデジタル課税等に関して解説することとします。

① BEPS（Base Erosion and Profit Shifting）とは

グーグルやアップル、アマゾンなどの一部の欧米多国籍企業が行っていた過度な租税回避行為を防止するため、「Base Erosion and Profit Shifting（税源浸食と利益移転）」に関する国際課税ルールを見直し、各国税務当局が協調して対処することを目的としたものが、BEPSプロジェクト（BEPS行動計画：Action Plan on Base Erosion and Profit Shifting）です。

このBEPS行動計画は、一部の多国籍企業が税制の隙間や抜け穴を利用した過度なタックス・プラニング（節税）により二重非課税の状況にあることを是正し、利益を生み出す経済活動が実際に行われ、価値が創出される場所での課税を十分に可能とすることを目的としたものです。このBEPS行動計画は、15個の行動計画から構成されており、各行動計画について、OECDモデル租税条約や移転価格ガイドラインの修正といった国際的な税制の調和を図ることも予定されています。

② 移転価格税制の概要

Q わが国においても、移転価格税制が大きな問題となっていますが、法務担当者としては、どこまで理解しておけばよいでしょうか？

A 基本的には、移転価格税制の基本的な知識とともに、移転価格ポリシーを理解しておくことが望まれます。

移転価格税制とは

BEPS行動計画のなかの租税回避行為のうち、これまでも重要な課題であった国際課税問題が、移転価格税制です。移転価格税制とは、国外の関連者との間で行う関連取引の価格が、独立の第三者であればその価格で取引したであろう価格（独立企業間価格）と異なり、その国外関連法人の所得が減少する場合には、その取引が独立企業間価格で行われたものとみなして課税所得を計算するものです。

最近では、親会社が子会社の増資や減資に応じた場合、また海外子会社に出向した親会社の従業員の人件費や、出向中の従業員のための国内留守宅手当、海外子会社で製造販売する商品の広告宣伝費などを国内親会社で全額負担した場合なども利益移転であるとして、課税対象となるなど対象が広範囲に及ぶケースが増えているようです【注12】。

注12　日本経済新聞（2015年４月６日朝刊）。

◉移転価格税制の図解

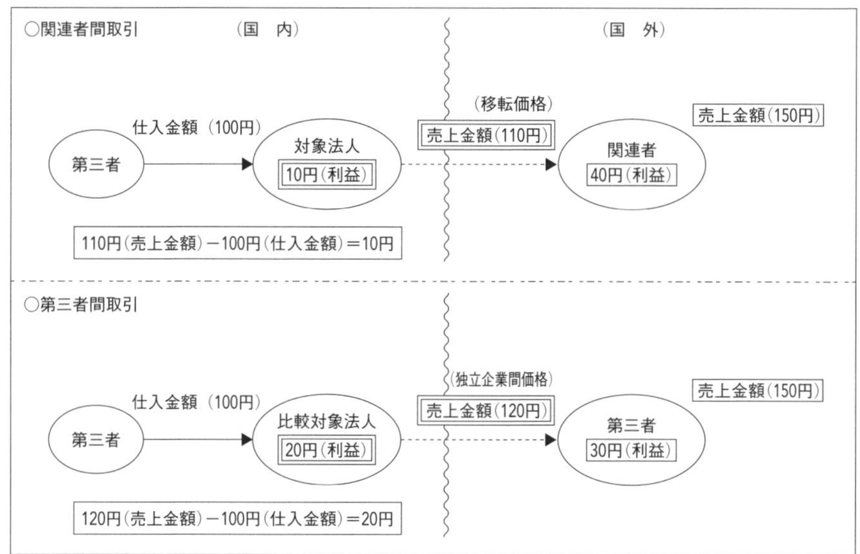

出典：財務省ホームページ

この移転価格税制は、わが国では、海外の関連企業との取引を通じた所得の海外移転を防止するため、海外の関連企業との取引が、通常の取引価格（独立企業間価格）で行われたものとみなして所得を計算し、課税する制度です。わが国の独立企業間価格の算定方法は、OECD 移転価格ガイドラインにおいて国際的に認められた方法に沿ったものとなっています。

OECD 移転価格ガイドライン

このOECD 移転価格ガイドラインとは、正式には、Transfer Pricing Guidelines for Multinational Enterprises and Tax Administrations（多国籍企業および税務当局のための移転価格ガイドライン）といい、OECD 租税委員会が、多国籍企業に関する移転価格およびそれに関連する税務上の問題について、各国の税務当局と多国籍企業双方にとっての解決の方策を示した指針のことを指しています。

このOECD移転価格ガイドラインは、二重課税の防止および移転価格税制の公正な適用を目的に1979年に作成され、その後、OECDでは、経済のグローバル化および技術の進歩等による国際経済の急激な変化に対応するために、租税委員会において検討が重ねられており、前述のBEPS行動計画13においても、OECD移転価格ガイドライン第5章「移転価格文書化」の改定を推進しています。このOECD移転価格ガイドラインは、法的拘束力はないものの、OECD加盟国の総意で取りまとめられており、先進国を中心とした国際的コンセンサスとして機能しています。わが国税務上の規定も、OECD移転価格ガイドラインとほぼ整合するものとなっています。

移転価格ポリシーの構築

移転価格税制では、海外子会社との取引価格を独立企業間であれば成立したであろうと考えられる価格に設定することが重要であり、法令上定められた算定方法により、海外子会社との取引価格を決定することが求められています。グループ内の関連者間取引に係る移転価格を整合性のとれた手法で設定することの基本ルールを定めておくことにより、各国における移転価格の調査においても整合性のとれた対応が可能となります。課税リスクの低減にあたっては、自主的に移転価格ポリシーを構築しておくことが重要です。

これにより、グループ全体の税負担の最少化を図ることも可能となると考えられ、最近は、移転価格税制に対応するために、移転価格ポリシーを制定することで、海外子会社との取引価格設定の基本方針を構築する企業も増えています。海外子会社との取引には、製品取引、部品取引、ロイヤリティ取引、役務提供取引、金融取引など様々な取引があり、これらすべてについて取引価格の方針を決めることも実務上煩雑です。一定のセグメントに区切って、価格決定方針を決めていくなど、グループ内での所得配分の管理上、どのようなセグメント・単位で管理していくかを決める必要があります。セグメントごとの損益管理にあたって、どのような区分を設定するか、費用の配賦計算をどうするかなどを移転価格税制の趣旨に即して決めていく必要があるとともに、管理セグメントと損益計算の方法が決定したら、移転価格算定方法を決めることとなります。

移転価格ポリシーの文書化

企業としては、将来の移転価格調査に対応するため、単に移転価格の算定方法を開示するだけでなく、過年度における移転価格の合理性の検証も含む文書を作成する必要があります。移転価格調査においては、事実認定が問題となるケースが多いものの、結論は必ずしも明確なものばかりではなく、複雑な事実関係についても、見極めをつけていずれかの移転価格算定方法を当てはめていくこととなります。このためには、経理部門だけではなく、取引の管理を行う営業部門など、他の部署も関係してくるため、専門家の協力を得て、社内ルールを整備しておきます。また、このように設定した取引価格ルールは、それを文書としてまとめて、移転価格調査が入ってもすぐに提出できる状態にしておくことが必要となります。

グローバルなコンプライアンス対応

OECD 加盟国を含む諸外国においても、移転価格ポリシー文書の作成・具備を義務化する動きが加速しています。海外に多くの子会社を持つグローバル企業では、海外子会社がそれぞれ異なる方針で文書を作成するのは、作成作業が非効率になるばかりでなく、グループ内取引の移転価格ポリシーの整合性がとれなくなる可能性も出てきます。

移転価格ポリシー文書の作成が、世界中のグローバル取引を把握し、課税リスクがあるかどうかを改めて検討することが必要になりました。

グローバル企業としては、グループ全体としての移転価格ポリシー文書を体系的に作成し、それを集中管理することが必要です。

③ 外国子会社合算税制の概要

外国子会社合算税制とは、タックスヘイブン（租税回避地）を利用して日本での課税を免れる租税回避を防止するための税制であり、タックスヘイブン対策税制（Controlled Foreign Company：CFC 税制）とも呼ばれています。BEPS 行動計画 3 において、タックスヘイブン対策税制を導入していない国に対しては、その導入が促されるとともに、各国制度設計上の構成要素（合算対象所得等）に係る考え方を調整することが提言されており、今後はそれを踏まえた対応が必要となります。

わが国においては、内国法人等が、タックスヘイブンの税負担の著しく低い外国子会社等を通じて国際取引を行うことによって、直接国際取引をした場合より税負担を不当に軽減・回避し、結果としてわが国での課税を免れる状態が生じ得ます。このような租税回避行為に対処するため、一定の税負担の水準（20％）未満の外国子会社等の所得に相当する金額について、内国法人等の所得とみなし、それを合算して課税（会社単位での合算課税）することとなっています（下図のとおり）。

なお、外国子会社等が、以下のすべての条件（適用除外基準）を満たす場合には、会社単位での合算課税の対象とならないとされています。

❶ 事業基準（主たる事業が株式の保有等、一定の事業でないこと）
❷ 実体基準（本店所在地国に主たる事業に必要な事務所等を有すること）
❸ 管理支配基準（本店所在地国において事業の管理、支配および運営を自ら行っていること）
❹ 所在地国基準（主として本店所在地国で主たる事業を行っていること）

ちなみに、最近、申告書類の不備など形式的な理由で外国子会社合算税制の適用除外としての事業実態がないとして多額の課税がなされるケースも出ています。この点については租税回避の目的も実態もないとして課税処分が取り消されるケースもありますが、やはり形式的な要件の充足はしておくべきでしょう【注13】。

◉外国子会社合算税制の図解

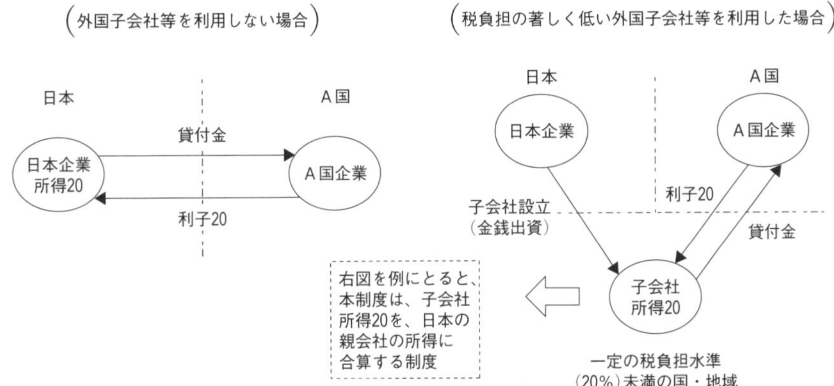

出典：財務省ホームページ

④　二重課税問題とは

前述のような移転価格税制に基づき課税された場合、一時的に二重課税状態が発生することになります。国外関連取引当事者が存するそれぞれの国の権限ある当局は、この国際的二重課税の排除を目的として「相互協議」を行います。当局間で相互協議が合意されると、課税国および相手国は、合意内容に基づいてそれぞれの国外関連取引当事者に対して減額更正などの処分を行い二重課税の排除を行うこととなります。

なお、国際的二重課税排除のための相互協議は、租税条約の規定に基づき行われるため、租税条約を締結していない国に所在する国外関連者との取引に対しては、移転価格税制による課税を受けた場合の国際的二重課税の排除は、課税国の国内法に基づく訴訟や異議申立てなどの法的な手続によるほかありません。また、これら国内法に基づく手続では、

注13　日本経済新聞（2022年10月31日朝刊17）。

課税の全部取り消しの判決等を得ない限り、二重課税は完全に排除されません。

ちなみに、新興国を中心とする進出先の国での二重課税の問題も解消されておらず、進出相手国の税制上、当該相手国に対して納付すべき課税所得がどのように算定されるのかなど、相手国の税務当局との間で、わが国企業が税務面において困難に遭遇する場合も少なくないことが指摘されています。

なお、外国子会社に対する外国での課税と、当該外国子会社から内国法人が受ける配当に対する課税との国際的二重課税については、当該配当の95%相当額を益金不算入とする（外国子会社配当益金不算入制度）ことにより、調整が行われることとなっています。この外国子会社配当益金不算入制度は、親会社が外国子会社から受け取る配当を益金不算入とするものであり、対象となる外国子会社は、内国法人の持株割合が25%（租税条約により異なる割合が定められている場合は、その割合）以上で、保有期間が6カ月以上の外国法人が対象とされています。なお、益金不算入とされた残りの配当の額の5%相当額は、その配当に係る費用として益金に算入されることとなります。

一旦、二重課税等の問題が発生した場合には、個々の企業が課税当局との間で個別にそれを協議の上、解決することは非常に困難を伴うため、税務当局同士の二国間協議に訴えることができるようになっています。しかし、このような協議が可能だったとしても、その結論が出るまでの時間や費用などを考慮すると得策とはいえず、そのため個々の企業にとっては、国際課税ルールを踏まえた海外事業戦略を構築することが最も重要な経営課題となっています。

⑤　デジタル課税とは

ビジネスのデジタル化に伴う課税上の問題に対応するため、新たな国際課税のルール、いわゆる「デジタル課税」の導入がOECD加盟国を中心とする136カ国・地域によって合意されました（2021年10月８日）。現段階では、2023年中の実施が目標とされています。

このデジタル課税は、これまでのような恒久的施設（PE）がなくてもサービスの利用者がいる市場において課税するというものであり、従来の国際課税の原則を変更するものとなっています。現行の国際課税のルールでは、外国企業がある国で事業を行う際、その国に店舗など事業を行うための物理的な拠点（PE）を有していないと課税されません。しかし、デジタル技術の進展によって物理的拠点なしに、データの取引によって海外に進出できるようになったため、市場国がその事業に対して課税できないという問題が生じていました。

これを解決するため、大規模な多国籍企業の利益については、市場国に配分するというルールが導入されることになりました。

これらのルールが適用されるのは、一定以上の売上げや利益率がある大規模なグローバル企業（多国籍企業）、売上高200億ユーロ（約2.6兆円）超、かつ利益率10％超の利益がある企業とされ、大きくは次の二つのルールになります。

・大規模な多国籍企業の利益を市場国に配分する
・企業の所在地がどこであっても、国際的に合意された最低税率（15％）以上の税率で課税する

このルールが適用される多国籍企業は、利益の一部について以下のルールで市場国に配分されることになります。

・超過利益（利益のうち売上げの10％を超える部分）の25％を、
・その多国籍企業が100万ユーロ（約1.3億円）以上の収益を獲得している国（市場国）に、その多国籍企業の市場国での収益に応じて配分するというものとなります。

コラム インボイス制度の導入

通常、仕入取引と売上取引がある場合には、消費税に関して、課税売上げに係る消費税額から課税仕入れ等に係る消費税額を差し引いて計算しますが、この税額控除の方式に関して、令和5年（2023年）10月1日から、複数税率に対応した消費税の仕入税額控除の方式としてインボイス制度（適格請求書等保存方式）が開始されます。

このインボイス制度の下では、税務署長に申請して登録を受けた課税事業者である「インボイス発行事業者」（適格請求書発行事業者）が交付する「インボイス」（適格請求書）等の保存が仕入税額控除の要件となります。

インボイス発行事業者は、以下の事項が記載された請求書や納品書その他これらに類する書類を交付しなければならないとされています。

❶ インボイス発行事業者の氏名または名称および登録番号
❷ 取引年月日
❸ 取引内容（軽減税率の対象品目である旨）
❹ 税率ごとに区分して合計した対価の額（税抜きまたは税込み）および適用税率
❺ 消費税額等（端数処理は1インボイスあたり、税率ごとに1回ずつ）
❻ 書類の交付を受ける事業者の氏名または名

インボイス発行事業者には、インボイスを交付することが困難な一定の場合を除き、取引の相手方（課税事業者に限ります）の求めに応じて、インボイスを交付する義務および交付したインボイスの写しを保存する義務が課されます。

インボイス制度開始後は、このインボイスを交付できるのは、インボイス発行事業者に限られ、免税事業者や消費者など、インボイス発行事業者以外の者からの課税仕入れは、原則として仕入税額控除を行うことができません。このインボイス発行事業者となるためには、登録申請手続を行い、登録を受ける必要があり、課税事業者でなければ登録を受けることはできません。

8 個人情報保護（EU GDPR）

Q わが国では、個人情報保護法の改正が行われていますが、EU では加盟国に直接適用されるデータ保護規則が成立していると聞きました。法務担当者としては、どこまで理解しておけばよいでしょうか？

A EU データ保護規則は、2018年５月25日から施行されており、すでに加盟国企業にも直接適用されていますが、EU 域内のビジネス拠点を有する企業だけでなく、EU 域内企業と取引がある企業にも適用されますので、やはり適用範囲とその概要くらいは理解しておくべきでしょう。

個人情報の保護に関しては、わが国でも「定義の明確化」「個人情報の適正な活用・流通の確保」「グローバル化への対応」等を目的として、平成27年（2015年）９月に個人情報保護法の改正が行われ、平成29年（2017年）５月30日に全面的に施行されています。これについては、第５章3最近の法令違反等の状況⑩個人情報保護を参照してください。

① EUのデータ保護規則（GDPR）

国際的にも先端的な個人データの保護に関する法制度が確立しつつあるEUでは、1995年10月24日に「個人データの取扱いに係る個人の保護及び当該データの自由な移動に関する欧州議会及び理事会の指令」が採択されました。いわゆる、「EUデータ保護指令」と呼ばれていたものです。そのなかでも、話題となった保護措置が、EUデータ保護指令の水準を満たしていない第三国やその国の企業には個人データを移転してはならないというものです。この規定こそが、EU域外の各国に対して、個人情報保護制度の確立を急がせた要因になったといわれています。

この「欧州データ保護指令」は加盟国に国内法化を義務付けるものです。しかし、加盟国各国の法律の内容にばらつきがあり、それぞれの地域のデータ保護機関への届出が必要であるため、個人情報保護ルールをEU域内で均一化することが必要であるとされ、加盟国に対して直接拘束力のある規則（Regulation）の策定を目指し、2016年4月に、EUにおいて採択されています。これが「EUデータ保護規則」（GDPR）【注14】です。

企業の管理責任や説明責任の強化とともに、個人データの処理やEU域外に移転するための法的要件を規定しており、2018年5月25日から適用されています。日本は、EUから「十分性認定」を2019年1月23日に受けましたので、民間事業者については、EUから日本への個人データの移転は、標準契約条項（Standard Contractual Clause：SCC）【注15】の使用等、適切な保護措置をとらなくても、個人情報保護委員会の十分性認定補完的ルールを順守する限り、GDPR上適法に行うことが可能となっています。

この規則では、データ処理の原則を守らなかった場合、最高で全世界の年間売上高の4％以下、または2,000万ユーロ（約25億円）の制裁金

注14　GDPR：General Data Protection Regulation
注15　2021年6月4日には、改訂版SCCが公表されている。

を課せられるおそれがあります。また、この規則は、欧州域内を対象とした法律ですが、EUに拠点やデータを扱う施設がある企業だけでなく、EUの市民を相手に商品やサービスを販売する域外の企業や個人事業主などにも適用するため、わが国企業にも大きな影響があります。

米国をはじめとする、アジアを含む他の諸国でも、個人データの取扱いに関する事業者側の透明性確保および本人の同意や関与をより強く求める傾向にあるとともに、EUのGDPRを参考に、データ保護の規制が強化されています。ちなみに、中国においても、ここ数年の間に、インターネット安全法、データセキュリティ法、および個人情報保護法（いわゆるデータ三法）の制定とともに、それらに関する多くの規制等により、データ保護の規制強化が進んでいます。2022年6月30日には、個人情報保護法の下位規則である個人情報国外移転標準規定の制定のための準備が進んでいるようです。

9 安全保障貿易管理

Q 安全保障貿易管理の中心として、輸出管理の重要性がいわれていますが、具体的にはどのようなことですか、と質問されました。法務担当者としては、どのように説明をしたらよいでしょうか？

A 輸出管理とは、国際的な平和および安全の維持を妨げることと認められる貨物や技術に関して、原則として許可を得なければ「輸出」や「提供」をしてはならないという国際的な枠組みに沿った輸出等の許認可制度で、特定の仕向地に特定の種類の貨物を輸出しようとする場合や特定の技術を特定の地域に提供しようとする場合は、経済産業大臣の許可を得なければならないことを理解する必要があります。

① 防衛装備移転三原則とは

安全保障貿易等の管理に関する国際的な枠組みには、国連等により核兵器、化学兵器、生物兵器、ミサイルなどの大量破壊兵器等の不拡散に係る規制、通常兵器の過剰な蓄積の防止に係る規制（ワッセナー・アレンジメント）があります。加えて、わが国には、独自の「防衛装備移転三原則」（武器輸出三原則から変更）があります。

現在、これらの国際的な枠組みとわが国独自の規制に基づき、貨物や技術等の適正な輸出や提供を管理することが求められています。

ちなみに「防衛装備移転三原則」とは、次の三原則に基づき防衛装備の海外移転の管理を行うものです。

（1）禁止対象は以下のとおりです。
（i）化学兵器禁止条約等の国際約束に基づく義務に違反する場合、
（ii）国連安全保障理事会決議に基づく義務（特定の対象国への武器等の移転を防止する）に違反する場合、
（iii）紛争当事国への移転
（2）次の場合は、移転等が可能ですが、透明性の確保と厳格な審査が求められています。
（i）平和貢献・国際協力の積極的な推進に資する場合
（ii）わが国の安全保障に資する場合
（3）目的外使用および第三国移転について適正な管理が確保される場合

以上により、特定の仕向地に特定の種類の貨物を輸出しようとする場合（輸出許可）、また特定の技術を特定の地域において提供しようとする場合（役務取引許可）には、経済産業大臣の許可を得なければなりません（外国為替及び外国貿易法48条（貨物）・25条（技術））。

②　リスト規制とは

規制対象貨物や規制対象技術を規制対象地域へ輸出または提供しようとする場合に経済産業大臣の許可が必要となる制度のことをいい、規制対象貨物については、輸出貿易管理令により、また規制対象技術については、外国為替令により、それぞれ別表において分類されていますので、リスト規制と呼ばれています。このリスト規制となる別表については、適宜変更されますので、常にその内容を確認しておくことが求められます。なお、この規制対象技術には、規制対象貨物の設計、製造または使用に係るものであり、技術者の受入れや派遣等を通じた技術協力等も対象となっています。

③　キャッチオール規制とは

キャッチオール規制とは、リスト規制対象貨物や技術以外の貨物や技術の輸出や提供を対象としており、当該貨物や技術がリスト規制の対象となる貨物や技術の開発等のために用いられるおそれがある場合に、経済産業大臣の許可を必要とするもので、大量破壊兵器キャッチオール規制と通常兵器キャッチオール規制とがあります。

大量破壊兵器キャッチオール規制の対象貨物や技術は、原則リスト規制貨物や技術以外の全貨物または全貨物に係る技術であり、地域的には、いわゆる「ホワイト国」と呼ばれる地域以外を仕向国とする場合が対象となります。

一方、通常兵器キャッチオール規制の対象は、地域紛争やテロといった事態が増大している国際的な安全保障環境を踏まえ、通常兵器の過度の蓄積の防止といった観点から、非リスト規制や大量破壊兵器キャッチオール規制の対象外であっても、それが通常兵器の開発、製造または使用に用いられるおそれがあるときは、当該貨物や技術の輸出あるいは提供をしようとする場合には、経済産業大臣の許可を必要とする制度となっています。

④　みなし輸出とは

以上のような輸出管理は、典型的には、物や技術が一国の国内から国境を越え、他国へ輸出（移転）する行為に対する管理や規制となりますが、一方で、特に技術に関しては、情報が中心であるため、物理的に国境を越えなくても、一国の国内の個人から他国の個人へ移転させることが可能であり、容易に移転が行われる可能性もあります。こうした一国の国内の個人から他国の個人への移転は、国境を越える移転行為と実質的に同様の効果を得られるため、輸出管理の枠組みのなかでの規制が必要となります。

米国においては、米国輸出管理規則（Export Administration Regulations：EAR）により、米国内において外国籍者（米国永住権者は除きます）に技術、ソースコードを開示（release）した場合、その外国籍者の国籍国または永住権を有する国に対する輸出とみなす旨の規定があり、一般的に「みなし輸出」と呼ばれています。日本でも、外国為替および外国貿易法上の技術情報等の取引（役務取引）に対する輸出管理の一環として、「居住者」から「非居住者」に対する一定の軍事転用可能な機微技術の提供を管理（輸出許可の取得を要求）しており、やはり一般的に「みなし輸出」管理と呼ばれています。

⑤　該非判定とは

該非判定とは、輸出しようとする貨物に関しては、輸出貿易管理令（輸出令）別表第1で規制されている項番（1項～15項）および貨物等省令で定める仕様に抵触するか否かを判定することをいいます。また非居住者に提供しようとする役務（技術やプログラム等）については、外国為替令（外為令）別表にて規制されている項番（1項～15項）および貨物等省令で定める仕様に抵触するか否かを判定することをいいます。これはリスト規制に基づく確認作業になります。規制に抵触すれば「該当」、抵触しなければ「非該当」との判定になります。

いずれにしても、詳細は、経済産業省の安全保障貿易管理のサイト【注16】で確認することが必要です。

コラム　経済安全保障推進法の制定

国際情勢の複雑化、社会経済構造の変化等に伴い、安全保障を確保するためには、経済活動に関して行われる国家および国民の安全を害する行為を未然に防止する重要性が増大していることに鑑み、安全保障の確保に関する経済施策を総合

注16　経済産業省安全保障貿易管理「安全保障貿易の概要」
https://www.meti.go.jp/policy/anpo/gaiyou.html

的かつ効果的に推進するため、その基本方針を策定するとともに、所要の制度を創設するとして制定されたものです（令和４年（2022年）５月18日成立・公布）。

具体的には、（ａ）特定重要物資の安定的な供給の確保、（ｂ）基幹インフラ役務の安定的な提供の確保、（ｃ）先端的な重要技術の開発支援、（ｄ）特許出願の非公開に関する四つの制度を創設して、必要な喫緊の課題に対応するとされています。２年以内に段階的に施行されます。

この（ａ）「特定重要物資」は、半導体、半導体製造、大容量電池、医薬品等、希少資源、エネルギー、運輸、農産物・食料生産、公衆衛生、情報通信技術（ICT)、防衛生産基盤の10分野がサプライチェーンの強化対象として指定されており、その安定供給を図ろうとする場合には、主務大臣の認定申請が必要とされています。サイバー攻撃が想定されている（ｂ）「基幹インフラ役務」については、電気やガスなどのライフラインと鉄道や航空などの輸送手段を対象とする14業種から「特定社会基盤事業者」として指定され、第三者から導入したり、第三者へ維持管理を委託したりする場合には、主務大臣の事前審査を受けることが求められています。（ｃ）「先端的な重要技術の開発支援」に関しては、宇宙、海洋、量子、AI、バイオ等に関する技術のうち、外部に不当に利用された場合、また外部からの行為によりこれらを安定的に利用できなくなった場合に備えて、資金支援を含めた積極的な研究開発支援をするというものとなっています。最後の（ｄ）「特許出願の非公開」に関しては、特許出願に伴い、公開されてしまうと一般的に対象技術にアクセスが可能となってしまうため、外為法上の輸出管理の対象として管理対象とすることができなくなるので、機微な技術等については、特許出願を非公開とすることができる制度となっています。

10 サステナビリティ経営

Q サステナビリティとは何かについて、またSDGsやESGとは違うのかと質問がありましたが、法務担当者としては、どのように説明したらよいでしょうか？

A サステナビリティとは持続可能性をいい、地球環境と人間社会や経済に配慮しながら、発展し続けるという行動の概念を指しますが、SDGsは持続可能な開発目標であり、ESGは、企業の経営の方向性、つまり企業の行動指針を指していることを理解する必要があります。

① SDGsとは

2015年に国連サミットで採択されたSDGs（Sustainable Development Goals：持続可能な開発目標）は、2016年から2030年までに行うとした、世界が平和的に持続するために達成すべき「世界全体の共通目標」のことであり、17の大きな目標と、それらを達成するための具体的な169のターゲットで構成されています。その17ある目標には、以下の図のように様々な分野の目標が設定されていますが、これら世界中の様々な国で直面している環境問題（気候変動）・貧困・紛争・人権問題・新型コロナ等の感染症など多くの課題に対して、企業や個人、家庭、地域、行政などが、各々の立場で取り組むべき目標を達成するということをいいます。

これは、「誰一人取り残さない（leave no one behind）」持続可能な社会の実現を目指す世界共通の目標だとされており、企業の社会的責任（CSR）と密接に関連していますが、「世代を超えて、すべての人が、自分らしく、よく生きられる社会」―これこそSDGsが目指す、未来の姿ではないでしょうか。

◉ SDGsの17の目標

出典：国際連合広報センターより

② ESGとは

一方、ESGとは、環境（Environment）、社会（Social）、ガバナンス（Governance）の英語の頭文字を合わせた言葉ですが、具体的には、企業が、地球温暖化や水不足、人権問題や差別、不正防止などに配慮する経営を行うことです。従業員や消費者、投資者等のステークホルダーに向けて、環境対策などを含む幅広い内容に対して、企業が適切な意思決定を行う責任としてのCSRとは異なり、ESGは企業の経営の方向性や企業の行動指針を示すものです。

企業がESGを意識してビジネスを行っているかどうかは、投資家の投資判断の基準にもなります。投資家としては、企業の利益だけを見るのではなく、企業の環境等への取組みや、社会の長期的な発展への貢献度をチェックすることが求められています。これらの投資家に関しては、金融庁から『「責任ある機関投資家」の諸原則《日本版スチュワードシップ・コード》〜投資と対話を通じて企業の持続的成長を促すために〜』[注17] が策定され、公表されています。現在は、令和２年（2020年）３月24日の再改訂版が最新です。

③ サステナビリティ経営とは

サステナビリティ経営とは、「環境・社会・経済の持続可能性への配慮により、事業のサステナビリティ（持続可能性）向上を図る経営」であるといえます。従来、企業はCSRを意識した社会貢献活動を実施してきていましたが、世界が2030年のSDGsの達成を目指している状況下、企業が長期にわたり存続し続けるためには、社会の変化への対応、つまりサステナビリティ（持続可能性）の観点を経営に取り込む必要があるとの認識が浸透し、共有化しつつあります。

そのためにも、まずは環境・社会・経済のサステナビリティに関わる多種多様な課題から、社会やステークホルダーへのインパクトが大きく、かつ事業のサステナビリティに関わる課題を絞り込むことが必要となりますし、その際、SDGsやCSR（ISO26000）、またGRIスタンダードなどの指針を意識しつつ、重要度に応じた長期ビジョンの策定を踏まえ、実現するための具体的な目標設定を行い、社内への浸透を含め実践するということが重要な経営課題となるのではないでしょうか。同時に、最近は、気候関連財務情報開示タスクフォース（TCFD）提言への取組みなど、また、IFRS傘下のInternational Sustainability Standards Board（ISSB）によるサステナビリティ開示基準を含め、非財務情報の開示基

注17 「責任ある機関投資家」の諸原則《日本版スチュワードシップ・コード》〜投資と対話を通じて企業の持続的成長を促すために〜（金融庁　スチュワードシップ・コードに関する有識者検討会）
https://www.fsa.go.jp/news/r1/singi/20200324/01.pdf

準が策定されてきていますので、これらESG関連情報の適切な開示が求められるようになっています。

いずれにしても、サステナビリティは、幅広く、企業等の組織における行動の概念を指すという点が異なります。

④ サステナビリティ開示基準

以上のようなSDGsやESGなどを含むサステナビリティ経営の重要な柱として、サステナビリティに関する国際的な開示枠組みや基準をめぐる動きが進化してきています。この開示基準に関しては、2021年11月3日にIFRS財団により設立された「国際サステナビリティ基準審議会(International Sustainability Standards Board：ISSB)」により、グローバルに一貫した開示基準を策定しようとの動きが高まっています。

現在、ここでは、二つのIFRSサステナビリティ開示基準の公開草案が作成されています（2022年3月）。その一つは、全般的な要求事項の公開草案であり、企業価値の評価上重要なすべてのサステナビリティ関連リスクと機会を開示するよう企業へ要求するものであり、企業がさらされている重大なサステナビリティ関連のリスクおよび機会のすべてに関する重要な（material）情報を開示することを要求しています。二つ目は、本章❷海外事業運営③環境保護と企業の責任で言及したTCFDに関連する気候関連の公開草案であり、重要な気候関連のリスクと機会に関する重要性のある情報の開示に関する要求事項（TCFD勧告が組み込まれている）をまとめたものとなっています。

11 人権デューデリジェンス

Q 最近、人権デューデリジェンスという言葉をよく耳にしますが、この人権デューデリジェンスとは何かについて、質問がありましたが、法務担当者としては、どのように説明したらよいでしょうか？

A 人権デューデリジェンスとは、企業が事業活動を行うなかで、社内や取引先を含むサプライチェーンにおける人権侵害リスクを把握し、その軽減や予防を行うことを目指した人権を重視した経営を指していることを理解する必要があります。

① 人権デューデリジェンスとは

企業活動のグローバル化によって、企業のサプライチェーンは世界中に広がってきています。そこで、自社や取引先を含む関連するサプライチェーンに含まれる企業において、どのような場所や分野で、どのような人権に関わるリスクが発生しているかを特定し、それに適切に対処することが必要となっています。人権デューデリジェンス【注18】ではそのすべての対象や範囲、すべての取引過程において、人権侵害のリスクをきちんと管理することが求められています。

人権侵害の例としては、「賃金の不足・未払い」「過剰・不当な労働時間」「社会保障を受ける権利の侵害」「パワハラ」「セクハラ」「強制労働」「児童労働」「外国人労働者の権利侵害」「差別」などがあります。

注18　アメリカの国際政治学者ジョン・ラギー氏が提唱した言葉。

このように、人権デューデリジェンスの必要性が叫ばれるようになったのは、国連で「ビジネスと人権に関する指導原則」が2011年6月に採択されたのが一つのきっかけです。この指導原則では、人権保護は国としての義務だけでなく、企業にも責任があると指摘され、その一環として、企業に対し適切な人権デューデリジェンスを行うよう求めているものです。2013年にはバングラデシュで、大手アパレルの縫製工場が入った商業ビルが倒壊し、1,000人以上が死亡し、工場の劣悪な労働環境が明るみに出たことで、人権デューデリジェンスがさらに重視されるようになりました。

② 責任あるサプライチェーン等における人権尊重のためのガイドライン

日本では、2020年10月16日に、国連の「ビジネスと人権に関する指導原則」を踏まえ、「ビジネスと人権に関する行動計画（2020-2025）」[注19]が作成され、公表されています。そのなかで企業に対し「人権DDを導入することへの期待」を表明し、人権デューデリジェンスは「推奨事項」として位置づけられています。また、令和4年（2022年）9月13日には、日本政府として初めてのセクター横断的な人権デューデリジェンスのガイドラインである「責任あるサプライチェーン等における人権尊重のためのガイドライン」（本ガイドライン）[注20]が策定され、公表されています。

欧米各国では、企業による人権保護の取組みを法律で義務付ける動きが進んでいます。具体的には、英国において、2015年に、奴隷労働の根絶に向けた取組みの情報開示を企業に義務付けた「現代奴隷法」が制定

注19　ビジネスと人権に関する行動計画（2020-2025）。
https://www.mofa.go.jp/mofaj/files/100104121.pdf
注20　「責任あるサプライチェーン等における人権尊重のためのガイドライン」
https://www.cas.go.jp/jp/seisaku/business_jinken/dai6/siryou4.pdf

され、フランスでも2017年に一定規模以上の企業に人権デューデリジェンスを義務付けた法律が策定されています。EUでは、欧州におけるCSRD（Corporate Sustainability Reporting Directives：企業サステナビリティ報告指令）が承認され、近々EU法として発効する予定となっています。

8 株主総会・取締役会

1 株主総会と法務

Q 株主総会に関連する業務に関して、法律の専門家として弁護士を起用していますが、法務担当者としては、どの程度まで関与したらよいでしょうか？

A 会社法上のルールに沿っているかどうかのチェックは、弁護士にお願いするとしても、社内的な規則に沿っているかどうかや、議案の取りまとめ、また、法的な根拠などについては、やはり組織内の専門家として対応ができるようにしておくことが必要となります。

株主総会に関連した業務は、一般的に法務部門が専門的に担当するというよりは、伝統的に、総務部などの組織で担当している会社が多いのではないかと思います。準備のなかで、招集通知などの書面等の作成については、弁護士等の専門家による事前のチェックを受けますが、想定問答の作成やリハーサルなどは、やはり社内の組織で用意することになります。その過程で、法務部門としては、弁護士等の意見も得ながら、必要な支援や協力を提供することになります。また日々、改正される会社法や金融商品取引法等に関して必要な情報の提供や招集に際して株主に提供する事業報告等の作成やその内容の検討などは、法務部門に期待される役割といえます。

① 株主総会とは

株主総会は、株式会社の構成員である株主から成る最高意思決定機関です。取締役会設置会社においては、本来、株主総会で意思決定をすべき多くの事項の決議を取締役会に任せ、株主総会の決議事項は、会社法に規定されている事項および定款において株主総会で決議する旨定められた事項に限定しています（会社法295条２項)。株主総会では、終了した事業年度に関する報告がなされると同時に、その決算の承認とともに、配当決議がなされ、さらに、会社の経営方針の説明や、取締役・監査役等の候補者についての賛否決議が行われるので、会社としての重要な基本的経営方針が示されることになります。株主総会には、事業年度の終了後一定の時期（３カ月）に招集することが義務となっている定時株主総会と、それ以外に必要に応じて開催することができる臨時株主総会があります。

株主総会では、かつてはどちらかというと形式的に決議事項の承認を得るだけということが大半でした。しかし、最近は、個人株主が増えてきたことを踏まえ、株主との懇談の場を設けたり、時間も長くとるなど丁寧な総会となってきているところが多くなりました。特に、コーポレート・ガバナンス・コードなどへの対応が求められると、その記載事項や説明事項に関しては、株主等に対する説明内容として、適切かどうかというチェックが必要となります。上場企業であれば、証券取引所のルールに従うことも求められます。ちなみに令和４年（2022年）４月１日から東京証券取引所では上場市場区分が再編され「プライム市場」「スタンダード市場」「グロース市場」の３市場となっています。

② 株主総会の事前準備

定時株主総会については、事業年度との関係で、要件を満たす日時で開催日を決める必要があります。開催日により招集通知の発送期限（2週間前まで）や事前準備などの予定も決まってきます。また、必要書類の作成、取締役会の開催などもあり、法務担当としては、この予定が会社法の規定に沿って作成されているかどうかを確認しておくことが必要となります。なお、株主総会では、会社側だけでなく、株主からも議題を提案したり、議案を提出することが可能ですが、これは総株主の議決権の100分の1以上または300個以上の議決権を保有している株主のみの権利となっています（少数株主権）。なお、総会の場において議案提出権を行使することも可能ですが、これは株主による修正動議といわれているものです。

今般、会社法の改正により、株主総会参考書類、事業報告や計算書類の一部については、招集通知に添付することなく、WEB開示も認められました。そのためには、定款においてそれを可能とする旨を規定しておく必要があり、そのあたりのチェックも必要です。また、通常は想定問答を作成することが多いと思いますが、法が求める内容になっているかどうかのチェックも必要となります。

③ 株主総会の運営

株主総会の議事運営は、通常、定款で定められている議長が行うこととされていますが、実務上は、会社の代表取締役社長を議長とする旨が定款で決められています。株主からの質問に対しては、取締役や監査役等の役員が説明をしなければならないとされています（会社法314条）。この説明義務は、事前に書面で質問をされていたとしても、株主総会の場で質問された場合に限るとされています。その説明の程度については、平均的な株主が合理的に議題を判断するのに客観的に必要な範囲で足りるとされていますが、株主の共同利益を著しく害する場合や、株主総会の目的事項に関しないものについては、説明を拒否することができます。

株主総会の決議には、普通決議と特別決議、また特殊決議の３種類があります。普通決議は、議決権のある株主の過半数を有する株主の出席を必要とし、出席株主の議決権の過半数の賛成にて決議ができるものです。特別決議とは、議決権のある株主の過半数を有する株主の出席を必要とし、出席株主の議決権の３分の２以上の多数決で決議が成立するものとなっています。

一方、特殊決議とは、普通決議と特別決議とは異なり、一つは、議決権を行使することができる株主の半数以上で、かつ議決権の３分の２以上の多数決、つまり株主数における多数決を必要とするものであり、少数株主に配慮したものです。その対象議題としては、譲渡制限株式についての定款上の定めなどが対象となっています。二つ目に、総株主の半数以上で、かつ総株主の議決権の４分の３以上の賛成を必要とするものがあります。非公開会社において利用されており、剰余金や剰余財産の分配などについて株主ごとに異なる取扱いをする旨の定款の定めをするなどがその対象とされています。

④　株主総会決議の瑕疵

総会の決議に関して、手続上または内容において瑕疵（かし）がある場合には、その決議は違法とされ、決議無効となります。しかしながら、一旦決議された内容を、後日安易に取り消すことは法的安定性を欠くことにもなるので、決議の瑕疵について、三つの訴えの制度を認め、かつその行使要件を厳格に定めています。

その一つが、株主総会決議取消の訴えです。対象は、①招集手続や決議方法が法令や定款に違反していること、または著しく不公正なとき、②決議の内容が定款に違反するとき、③特別利害関係者が議決権を行使した結果、著しく不当な決議がなされたとき、に該当する場合となっています（会社法831条１項）。提訴期間は、決議の日から３カ月以内であり、決議取消の判決が確定した場合に無効となります。それまでは一応、決議そのものは有効に存続しており、提訴期間が過ぎれば、瑕疵があったとしても治癒されることとされ、その効力を争うことはできません。

二つ目は、株主総会決議不存在の訴えです（同法830条１項)。これは決議自体がないのに存在したとして議事録などを作成するような事案に対する訴えです。

三つ目は、株主総会決議無効確認の訴えです（同条２項)。これは決議内容が法令に違反する場合で、たとえば、欠格事由に該当する取締役の選任を行った場合などが該当しますが、無効確認をするためのいわゆる確認の利益が存在することが必要とされています。

2 取締役会と法務

Q 取締役会の運営に関連して、実務上、法務担当者は進行の補助などを行い、運営のサポートが求められることも多いのですが、どの程度まで関与すべきでしょうか？

A 取締役会の決議事項、決議要件、決議方法の確認や進行等に関し、また議事録作成のため、必要なサポートが求められることもあります。法的な違反等がないように、社内的な規則に沿っているかどうかや、議案の取りまとめ、また、法的な根拠などについては、やはり組織内の専門家として対応ができるようにしておくことが必要となります。

①　取締役会とは

取締役会は、株主総会において選任された取締役から成りますが、取締役会設置会社では、三人以上の取締役が必要となります。この数は定款において決められています。また、その権限としては、①会社の業務執行の決定、②取締役の職務執行の監督、③代表取締役の選定および解職があります（会社法362条２項）。なお、会社の重要な財産の処分および譲受け、多額の借財をする、執行役員など重要な使用人の選解任、支店その他の重要な組織の設置・変更・廃止、社債募集に関する事項、内部統制システムの構築、また取締役等の責任の一部免除に関しては、個々の取締役には委任できず、必ず取締役会で決定しなければならないとされています（同条４項）。

取締役会の決議によるとされている代表取締役の選任については、会社の代表権限を有することになるので、不在時などの不測の事態に備えて、複数の代表取締役を選定するということも多く行われています。

なお、平成26年（2014年）の会社法改正において、社外取締役の選任を法定化するかどうかが議論されましたが、最終的には、大会社かつ公開会社で、有価証券報告書を提出する監査役会設置会社に対して、社外取締役を選任していない場合には、「社外取締役を置くことが相当でない理由」を定時株主総会で説明することが求められ（同法327条の２）、事業報告書にも記載することとされています。社外取締役の選任等に関しては、その必要性も含め、本章の後半において説明します。

②　取締役会での決議要件等

取締役会の決議要件は、議決に加わることができる取締役の過半数の出席が成立要件となっており、出席取締役の過半数（頭数多数決）により承認・決議されることとされています（会社法369条１項）。また、この決議に際しては、テレビ会議や電話会議などの方法で取締役会の開催を行うことや、取締役会を開催しない書面決議という方法も認められています（同法370条）。この書面決議については、取締役会へ出席し、意見陳述義務がある監査役にとって職責を果たすという観点から、監査役が異議を述べないことが前提となっており、取締役全員の書面による同意があれば、可決したこととされるものです。

また、取締役会の決議に関しては、一人一議決権であるため、他人に対して議決権の行使を委任することはできません。取締役会決議について特別利害関係を有する取締役（たとえば、解職が審議対象となる代表取締役、競業取引関係または利益相反取引を行う取締役、会社に対する責任の一部免除の対象となる取締役など）は、定足数の計算上も、また議決にも参加できません（同法369条２項）。この特別利害関係者に関連する審議には、特別利害関係を有する取締役の退席を求めるなどの実務を行っている企業も多いようです。

なお、取締役会の決議の手続または内容上の瑕疵があった場合には、株主総会のように会社法上も決議取消訴訟のような特別の訴えの制度は用意されていませんが、当然、不当な取締役決議は、意思決定の一般的な原則からも無効とされています。

③　取締役会議事録

取締役会の議事録は、取締役に作成義務が課せられていますが、それには出席した取締役と監査役が、署名または記名押印をしなければなりません（会社法369条３項）。取締役会決議に反対した取締役は、議事録に異議をとどめておくことが必要で、それをしない場合には、取締役会の決議に賛成したものと推定されます（同条５項）。取締役会議事録については、議論の詳細などをあまり記載せず、いまだ形式的な記載にとどめるという会社も少なくありません。この点は、取締役の善管注意義務違反が問題となり、取締役の法的責任の有無が争点となった際に、議事録に反対の意思表示が記載されていたかどうかによって判断が分かれる可能性があります。議事録への記載事項は重要な問題だという認識をしておくことも求められます。

議事録は、取締役ら会社役員の民事上の責任の消滅時効となっている10年と併せて、取締役会の日から10年間、本店に備え置くことが求められています（同法371条１項）。この間、株主および債権者は閲覧や謄写することができるとされていますが、その理由を示すことが必要となっています。もし会社側が、この閲覧や謄写を拒否した場合には、会社の本店所在地を管轄する地方裁判所に対して、閲覧または謄写の許可決定の申立てを行うことができ、裁判所による許可決定がされると会社としてはこれに応じなければなりません。

④　取締役の義務と報酬等

取締役の義務

ここでは、法務担当者として質問を受けることの多い、取締役の義務について説明します。そのベースとなる取締役と会社との関係は、法的には委任関係にあるとされています（会社法330条）。これは、受任者である取締役は、委任者である会社に対して、善良なる管理者としての注意義務（善管注意義務）を負うとされています（民法644条）。

この善管注意義務のほかに、取締役の義務として、法令および定款の定めと株主総会の決議を順守し、会社のために忠実にその職務を遂行する忠実義務も負っています（会社法355条）。取締役は、取締役会の構成メンバーとして、他の取締役の行為が法令・定款を順守しているかどうか、監視・監督する義務があり、取締役会の構成メンバーとして、内部統制システムを構築する義務も負っています。また、この内部統制システム構築義務は、取締役には委任できないとされており（同法362条４項６号）、さらに大会社や委員会設置型の会社では、取締役会において、その基本方針を決定あるいは決議することが求められています（同条５項）。

さらに、取締役は、競業取引や利益相反取引を行う場合には、あらかじめ取締役会でそれを開示して承認または決議を得ることが求められています（同法356条1項）。

取締役の責任

取締役が、以上のような義務やその任務を怠たり、違法配当などの行為により会社に損害を与えた場合には、会社に対して損害賠償の責任を負うことになります。具体的には、以下のような場合となります。

❶ 法令・定款等違反（善管注意義務違反を含め、法令や定款に違反するような行為を行った場合や株主総会の決議に違反する場合）
❷ 違法配当（分配可能額を超えて剰余金の配当を行う場合）
❸ 利益供与（株主の権利行使に関して、株主に対し金銭その他の財産を供与する場合）
❹ 利益相反取引（取締役と会社の利益が相反する取引を行い会社に損害を与える場合）
❺ 競業取引（株主総会や取締役会の承認を得ないで競業取引をした場合）

以上の義務違反については、任務懈怠責任とされて議論されますが、そこで問題となるのは、取締役が通常の経営者としての知見や経験に照らし、経営上の判断を行ったにもかかわらず、結果的に会社に損失が生じてしまった場合にも損害賠償責任があるかどうかという点です。これは「経営判断の原則」と呼ばれているものです。

企業経営に関する判断は、激しく変化する外部環境と不確定な見通しのもと行わざるを得ず、一定のリスクを避けることはできません。そこで経営判断については取締役の裁量権が認められるべきであり、それがないと、取締役の企業経営を過度に萎縮させることになりかねません。経営判断の原則が認められるためには、通常の経営者としての知見や経験という水準に照らし、情報収集とその分析や検討における不注意な誤りに起因する不合理さや、意思決定の推論過程・内容の著しい不合理さが、判断の時点であったかどうかという点が問題となります。

取締役の報酬

取締役の報酬は、定款の定めまたは株主総会の決議によることとなっていますが（会社法361条１項)、実務的には株主総会で報酬総額の承認決議を得て、具体的な配分は、取締役会または代表取締役に一任する方法を採用する企業が多いようです。ただし、内規等によりその配分が決められているところもあります。実務的には、取締役全員の報酬等の総額と取締役の員数を事業報告に記載しています（会社法施行規則121条４号・５号)。

また、取締役の退職慰労金については、事業年度の報酬と異なり、株主総会で総額についての承認や決議を必要としないこともありますが、実務的には、ほとんどの会社では、株主総会において報酬総額を決議し、具体的な金額や支給方法・支給日は、取締役会または代表取締役に一任する旨の方法が定着しています。ただし、報酬総額が１億円以上とする取締役に関しては、金融商品取引法上、その氏名、報酬等の総額等を記載することが義務付けられています（金商法24条１項)。

なお、取締役の報酬に関しては、退職慰労金制度を廃止して、業績連動やストックオプション等のインセンティブの付与を図ろうとする企業も増えてきています。しかし、最近のように経営環境の変動要因が多い状況においては、結果としての業績悪化の場合の対策（クローバック条項）などが問題だとする指摘もなされています。

3 コーポレート・ガバナンス

Q 会社法が制定後10年を経て改正され、新しいガバナンス体制が導入されたようですが、その内容と従来の体制との違いは、どうなっているのかという質問がありました。法務担当者としては、どのような説明をしたらよいでしょうか？

A 新しく導入された「監査等委員会」というガバナンス体制について、従来の委員会設置会社と監査役会設置会社の違いとともに、メリット・デメリットの説明ができるようにしておく必要があります。

① コーポレート・ガバナンスとその強化

会社法は、平成17年（2005年）に商法から独立して制定され、平成18年（2006年）から施行されています。近時、経済のグローバル化が進展するなか、取締役に対する監督のあり方を中心に、コーポレート・ガバナンスの強化を図るべきであるとの指摘や、親子会社に関する規律の整備の必要性も指摘されるようになりました。これらの指摘等を踏まえて、コーポレート・ガバナンスの強化（監査等委員会設置会社の制度の創設）および親子会社に関する規律の整備等（多重代表訴訟制度の導入を含め集団的内部統制システムの強化）を図るために、会社法の改正がなされ（平成26年（2014年）6月27日公布）、平成27年（2015年）2月6日の「会社法施行規則等の一部を改正する省令」（平成26年改正省令）の公布後、改正法および改正省令（平成26年改正会社法）は、平成27年（2015年）5月1日に施行され、その後、令和元年（2019年）12月11日公布の令和元年改正会社法が令和３年（2021年）３月１日に施行されており、株主総会資料の電子提供制度については令和４年（2022年）９月１日から施行されました。

監査等委員会設置会社とは

平成26年改正会社法による改正点は多岐にわたっています。ここではコーポレート・ガバナンスに関する主な改正点とその関連事項の概要を紹介します。

同改正会社法のなかで特徴的なのは、従来の委員会等設置会社や監査役会設置会社に代えて「監査等委員会設置会社」という新たなガバナンス機関の選択が可能となっていることです。これは、取締役３名以上（過半数は社外取締役）で構成する監査等委員会が、監査役会に代わり、取締役の業務執行を監査する制度です。

従来の会社法では、大会社である公開会社は、委員会設置会社（改正後は、指名委員会等設置会社）を除いて、監査役会を設置しなければならないと規定されており、ほとんどの会社が監査役会設置会社を選択していました。しかし、取締役および取締役会の監督機能の強化を図るため、社外取締役を中心とする監査等委員会を設置するという選択肢が加わることになりました。ただ、同改正会社法では社外取締役を増やす必要があるため、従来の社外監査役を社外取締役に選任するなど、監査役会設置会社から監査等委員会設置会社へ移行する企業も多く、上場以外の企業も含めると1,000社を超え、東京証券取引所上場会社では約3,800社中760社と２割程度となっています。

このガバナンス組織の改正により、わが国企業に対する内外の投資家からの信頼が高まることとなり、日本企業に対する投資が促進され、日本企業の国際競争力の強化、ひいては、日本経済の成長に大きく寄与するものと期待されています。しかし、わが国企業の大部分がいまだ監査役会設置会社であり、また早い時期に委員会等設置会社となった大手電機総合メーカーT社の事件も含め、会計不正をはじめとする企業不祥事は続発しており、果たしてこの監査等委員会による監督機能が働くかどうか、様子を見るという企業もあるようです。

社外取締役の選任義務

以上のように、取締役や取締役会に対する監視・監督機能を強化するために、社外取締役をより積極的に活用すべきであるとの指摘がなされていたことを受け、監査等委員会設置会社制度を採用する場合には、3名以上の取締役から成り、かつ、その過半数を社外取締役とする監査等委員会が監査を担うこととなったため、社外取締役を複数選任することが必要となりました。

一方、このように取締役会に対する監督機能を強化するため、社外取締役の導入を促進することが大きなテーマとしてあがっていましたが、平成26年（2014年）会社法では、見送られた社外取締役の選任義務が、令和元年（2019年）の会社法改正で、義務付けられることとなりました。

なお、大会社で、かつ公開会社の場合、有価証券報告書の提出が必要な監査役会設置会社に対しては、事業年度末日時点において社外取締役を選任していない場合、「社外取締役を置くことが相当でない理由」を定時株主総会で説明をするとともに、事業報告書への記載が必要となっています。「置くことが相当でない理由」の説明とは、社外取締役を「置かない理由」ではないこと、かつ、社外監査役が2名以上いることのみをもって「相当でない理由」とすることができないとされているので、株主の理解が得られるような説明・記載を行うことはかなり難しくなっています。

なお「相当でない理由」の客観的合理性は求められていないので、最終的には、会社の説明に対する株主ないし投資家の判断となります。実際には、東証プライム市場上場企業の98％以上の会社が、すでに複数の社外取締役を選任しています。

また社外取締役の範囲についても、①現に当該株式会社またはその子会社の業務執行取締役、執行役または支配人その他の使用人（「業務執行取締役等」）ではなく（現在要件）、かつ、②過去に当該株式会社またはその子会社の業務執行取締役等になったことがない者（過去要件）とされていました。そして、株式会社または子会社の業務執行者等に加え、親会社および兄弟会社の業務執行者等や、その株式会社の業務執行者等の近親者も、その株式会社の社外取締役等となることができないと規定されており、社外取締役等による業務執行者に対する監督等の実効性を確保することとなっています。

②　内部統制システムの全般的改正

平成26年改正会社法のもう一つの重要な点が、企業集団としての内部統制システム整備および運用となっています。これまでは、会社法施行規則で規定されていた企業集団の内部統制システムが会社法本体に格上げとなり（会社法348条３項４号・362条４項６号）、企業集団としての内部統制システムの整備や運用が重要な経営課題となっています。最近の不祥事事例を見ても、特に海外子会社による事業展開をしているグローバル企業などにとっては、海外子会社を含めた企業集団の内部統制システムに関して、親会社の取締役責任問題にも発展する可能性があることを認識しておく必要があります。

同時に、会社法施行規則においても、企業集団の内部統制の具体的内容として、①子会社取締役等の親会社への報告体制、②子会社の損失危険管理体制、③子会社の取締役等の職務執行の効率確保体制、④子会社の取締役等および使用人等の法令・定款順守体制（会社法施行規則98条１項５号・100条１項５号）が規定されています。このなかで新たに明文化された規定は、子会社取締役等の親会社への報告体制で、子会社における不祥事のおそれや実際に発生した場合の情報が親会社へ遅滞なく報告される体制を整備することを目的としています。これは親会社が全面的に関与・指示したり、協力することを通じて、企業集団として、内外への対応を迅速に行うことによって、大きな不祥事に発展する前に内部で対処することを期待するものです。

また、同時に、内部統制システムの構築状況（内部統制システムの基本方針）に加え、運用状況についても、事業報告に開示することが必要となっています（会社法施行規則118条２号）。したがって、内部監査部門等としては、内部統制システムの運用状況について、監査を行い、それを事業報告において開示するとともに、監査役等の監査報告にその旨を記載するかどうかについての相当性判断も記載しなければならないこととなっています（会社法施行規則129条１項・130条１項）。

4 コーポレート・ガバナンス・コード

① コーポレート・ガバナンス・コードとは

コーポレート・ガバナンス・コードとは、実効的なコーポレート・ガバナンスの実現に資する主要な原則を取りまとめたものです。それぞれの会社において持続的な成長と中長期的な企業価値の向上のための自律的な対応が図られることを通じて、会社、投資家、ひいては経済全体の発展にも寄与することとなるものとし、その基本的目標が明示されている上場企業が守るべき行動規範を示したコーポレート・ガバナンスの指針となっています。

このコーポレート・ガバナンス・コードは平成27年（2015年）６月１日に公表され、平成30年（2018年）６月１日の改訂に続き、令和３年（2021年）６月11日の改訂版が最新のものとなっています。上場会社としては、コーポレート・ガバナンス報告書の提出が求められています。

コーポレート・ガバナンス・コードの基本原則は、「株主の権利・平等性の確保」「株主以外のステークホルダー（利害関係者）との適切な協働」「適切な情報開示と透明性の確保」「取締役会等の責務」「株主との対話」の五つであり、それぞれの基本原則について、原則と補充原則が示されており、株主がその権利を適切に行使することができる環境の整備を行うことなどを定めています。

しかし、このコードは法令等とは異なり、一律に順守を求められるものではなく、コードの内容をそのまま実施するか、実施しない場合にはその理由を説明するかを求める「コンプライ・オア・エクスプレイン(順守か説明か)」の方式で適用される規範であり、ハードローとして、その実施を上場会社に対して一律に義務付けるものとはなっていません。

ちなみに、東京証券取引所は、プライム市場とスタンダード市場上場会社に対してはコードの基本原則、原則、補充原則のすべてについての「順守か説明か」を求めていますが、グロース市場上場会社に対しては、基本原則を順守しない場合の説明だけを求めるとしています。

② コーポレート・ガバナンス・コードの基本原則

本コードは、会社が、各原則の趣旨・精神を踏まえ、自らのガバナンス上の課題の有無を検討し、それに自律的に対応することを求めるものです。このような会社の取組みは、スチュワードシップ・コードに基づく株主（機関投資家）と会社との間の建設的な「目的を持った対話」が適切に行われることによって、さらに充実を図ることが可能であるとされています。その意味において、本コードとスチュワードシップ・コードとは、いわば「車の両輪」となるもので、両者が相まって実効的なコーポレート・ガバナンスが実現されるものとして期待されています。

以下、コーポレート・ガバナンスが適切に機能しているかどうかをチェックするために本コードの五つの基本原則を、令和３年（2021年）に公表された「コーポレート・ガバナンス・コード」の記載内容から、その原則の項目部分とともに抜き出し、その理由等を解説します。なお、紙幅の都合上、補充原則については、説明を省いています。

＊令和３年（2021年）６月の主要な改訂内容は、五原則それぞれの考え方の下線部分として、また補充原則の改訂において反映されています。今回の改訂に関しては、特に以下の点が強調されています。

❶ 中長期的な企業価値の向上の観点から、気候変動などの地球環境問題への配慮、人権の尊重、従業員の健康・労働環境への配慮や公正・適切な処遇、自然災害等への危機管理などサステナビリティをめぐる課題へ取組み（補充原則2-3①・3-1③・4-2②）

❷ 同じく、中長期的な企業価値の向上に向け、多様性の確保に向けた人材育成方針や社内環境整備方針の策定、また知的財産への投資等の重要性に鑑みた経営資源の配分（補充原則2-4①・3-1③・4-2②）

❸ 独立社外取締役を少なくとも３分の１以上（プライム市場上場会社では過半数）の選任、また各取締役のスキルマトリックスの開示（補充原則4-8③・4-10①・4-11①）

原則１　株主の権利・平等性の確保

上場会社は、株主の権利が実質的に確保されるよう適切な対応を行うとともに、株主がその権利を適切に行使することができる環境の整備を行うべきである。

また、上場会社は、株主の実質的な平等性を確保すべきである。

少数株主や外国人株主については、株主の権利の実質的な確保、権利行使に係る環境や実質的な平等性の確保に課題や懸念が生じやすい面があることから、十分に配慮を行うべきである。

これが基本原則の最初に明記された理由は、上場会社には、株主を含む多様なステークホルダーが存在しており、こうしたステークホルダーとの適切な協働を欠いては、持続的な成長を実現することは困難です。

その際、資本提供者は、重要な要であり、株主はコーポレート・ガバナンスの規律における主要な起点でもあるからです。上場会社には、株主が有する様々な権利が実質的に確保されるよう、その円滑な行使に配慮することにより、株主との適切な協働を確保し、持続的な成長に向けた取組みに邁進することが求められています。

また、上場会社は、自らの株主を、その有する株式の内容および数に応じて平等に取り扱う会社法上の義務を負っているところ、この点を実質的にも確保していることについて、広く株主から信認を得ることは、資本提供者からの支持の基盤を強化することにも資するものです。

原則1-1　株主の権利の確保
原則1-2　株主総会における権利行使
原則1-3　資本政策の基本的な方針
原則1-4　政策保有株式
原則1-5　いわゆる買収防衛策
原則1-6　株主の利益を害する可能性のある資本政策
原則1-7　関連当事者間の取引

原則２　株主以外のステークホルダーとの適切な協働

上場会社は、会社の持続的な成長と中長期的な企業価値の創出は、従業員、顧客、取引先、債権者、地域社会をはじめとする様々なステークホルダーによるリソースの提供や貢献の結果であることを十分に認識し、これらのステークホルダーとの適切な協働に努めるべきである。

取締役会・経営陣は、これらのステークホルダーの権利・立場や健全な事業活動倫理を尊重する企業文化・風土の醸成に向けてリーダーシップを発揮すべきである。

上場会社には、株主以外にも重要なステークホルダーが数多く存在するとしています。これらのステークホルダーには、従業員をはじめとする社内の関係者や、顧客・取引先・債権者等の社外関係者、さらには、地域社会のように会社の存続・活動の基盤を主体が含まれています。上場会社は、自らの持続的な成長と中長期的な企業価値の創出を達成するためには、これらのステークホルダーとの適切な協働が不可欠であることを十分に認識すべきであるとしています。

また、「持続可能な開発目標」(SDGs) が国連サミットで採択され、気候関連財務情報開示タスクフォース (TCFD) への賛同機関数が増加するなど、中長期的な企業価値の向上に向け、サステナビリティ (ESG要素を含む中長期的な持続可能性) が重要な経営課題であるとの意識が高まっています。こうしたなか、わが国企業においては、サステナビリティ課題への積極的・能動的な対応を一層進めていくことが重要です。

上場会社が、こうした認識を踏まえて適切な対応を行うことは、社会・経済全体に利益を及ぼすとともに、その結果として、会社自身にもさらに利益がもたらされる、という好循環実現に資するものです。

原則2-1　中長期的な企業価値向上の基礎となる経営理念の策定
原則2-2　会社の行動準則の策定・実践
原則2-3　社会・環境問題をはじめとするサステナビリティを巡る課題
原則2-4　女性の活躍促進を含む社内の多様性の確保
原則2-5　内部通報
原則2-6　企業年金のアセットオーナーとしての機能発揮

原則3　適切な情報開示と透明性の確保

上場会社は、会社の財政状態・経営成績等の財務情報や、経営戦略・経営課題、リスクやガバナンスに係る情報等の非財務情報について、法令に基づく開示を適切に行うとともに、法令に基づく開示以外の情報提供にも主体的に取り組むべきである。

その際、取締役会は、開示・提供される情報が株主との間で建設的な対話を行う上での基盤となることも踏まえ、そうした情報（とりわけ非財務情報）が、正確で利用者にとって分かりやすく、情報として有用性の高いものとなるようにすべきである。

上場会社には、様々な情報を広く開示することが求められています。これらの情報が法令に基づき、適時適切に開示されることは、投資家保護や資本市場の信頼性確保の観点からも不可欠の要請であり、取締役会・監査役・監査役会・外部会計監査人は、この点に関し財務情報に係る内部統制体制の適切な整備をはじめとする重要な責務を負っています。

また、上場会社は、法令に基づく開示以外の情報提供にも主体的に取り組むべきです。

さらに、わが国の上場会社による情報開示は、計表等については、様式や作成要領などが詳細に定められており比較可能性に優れています。一方で、会社の財政状態、経営戦略、リスク、ガバナンスや社会・環境問題に関する事項（いわゆるESG要素）などについて説明等を行ういわゆる非財務情報をめぐっては、ひな型的な記述や具体性を欠く記述となっており付加価値に乏しい場合が少なくない、との指摘もあります。取締役会は、こうした情報を含め、開示・提供される情報が、可能な限り利用者にとって有益な記載となるよう積極的に関与を行う必要があります。

法令に基づく開示だけであれそれ以外の情報の場合であれ、適切な開示・提供は、上場会社の外側にいて情報の非対称性の下におかれている株主等のステークホルダーと認識を共有し、その理解を得るための有力な手段となり得るものであり、『「責任ある機関投資家」の諸原則≪日本版スチュワードシップ・コード≫〜投資と対話を通じて企業の持続的成長を促すために〜』を踏まえた建設的な対話にも資するものです。

原則3-1　情報開示の充実
原則3-2　外部会計監査人

原則４　取締役会等の責務

上場会社の取締役会は、株主に対する受託者責任・説明責任を踏まえ、会社の持続的成長と中長期的な企業価値の向上を促し、収益力・資本効率等の改善を図るべく、

（１）企業戦略等の大きな方向性を示すこと
（２）経営陣幹部による適切なリスクテイクを支える環境整備を行うこと
（３）独立した客観的な立場から、経営陣（執行役及びいわゆる執行役員を含む）・取締役に対する実効性の高い監督を行うこと

をはじめとする役割・責務を適切に果たすべきである。

こうした役割・責務は、監査役会設置会社（その役割・責務の一部は監査役及び監査役会が担うこととなる）、指名委員会等設置会社、監査等委員会設置会社など、いずれの機関設計を採用する場合にも、等しく適切に果たされるべきである。

上場会社は、通常、会社法が規定する機関設計のうち主要な三種類（監査役会設置会社、指名委員会等設置会社、監査等委員会設置会社）

のいずれかを選択することとされています。前者（監査役会設置会社）は、取締役会と監査役・監査役会に統治機能を担わせるわが国独自の制度です。その制度では、監査役は、取締役・経営陣等の職務執行の監査を行うこととされており、法律に基づく調査権限が付与されています。また、独立性と高度な情報収集能力の双方を確保すべく、監査役（株主総会で選任）の半数以上は社外監査役とし、かつ常勤の監査役を置くこととされています。後者の二つは、取締役会に委員会を設置して一定の役割を担わせることにより監督機能の強化を目指すものであるという点において、諸外国にも類例が見られる制度です。上記の三種類の機関設計のいずれを採用する場合でも、重要なことは、創意工夫を施すことによりそれぞれの機関の機能を実質的かつ十分に発揮させることです。

また、本コードを策定する大きな目的の一つは、上場会社による透明・公正かつ迅速・果断な意思決定を促すことにありますが、上場会社の意思決定のうちには、外部環境の変化その他の事情により、結果として会社に損害を生じさせることとなるものがないとは言い切れません。その場合、経営陣・取締役が損害賠償責任を負うか否かの判断に際しては、一般的に、その意思決定の時点における意思決定過程の合理性が重要な考慮要素の一つとなるものと考えられていますが、本コードには、ここでいう意思決定過程の合理性を担保することに寄与すると考えられる内容が含まれており、本コードは、上場会社の透明・公正かつ迅速・果断な意思決定を促す効果を持つこととなるものと期待しているとされています。

そして、支配株主は、会社および株主共同の利益を尊重し、少数株主を不公正に取り扱ってはならないのであって、支配株主を有する上場会社には、少数株主の利益を保護するためのガバナンス体制の整備が求められています。

原則4-1　取締役会の役割・責務（１）

原則4-2　取締役会の役割・責務（2）

原則4-3　取締役会の役割・責務（3）

原則4-4　監査役及び監査役会の役割・責務

原則4-5　取締役・監査役等の受託者責任

原則4-6　経営の監督と執行

原則4-7　独立社外取締役の役割・責務

原則4-8　独立社外取締役の有効な活用

原則4-9　独立社外取締役の独立性判断基準及び資質

原則4-10　任意の仕組みの活用

原則4-11　取締役会・監査役会の実効性確保のための前提条件

原則4-12　取締役会における審議の活性化

原則4-13　情報入手と支援体制

原則4-14　取締役・監査役のトレーニング

原則５　株主との対話

上場会社は、その持続的な成長と中長期的な企業価値の向上に資するため、株主総会の場以外においても、株主との間で建設的な対話を行うべきである。

経営陣幹部・取締役（社外取締役を含む）は、こうした対話を通じて株主の声に耳を傾け、その関心・懸念に正当な関心を払うとともに、自らの経営方針を株主に分かりやすい形で明確に説明しその理解を得る努力を行い、株主を含むステークホルダーの立場に関するバランスのとれた理解と、そうした理解を踏まえた適切な対応に努めるべきである。

『「責任ある機関投資家」の諸原則《日本版スチュワードシップ・コード》～投資と対話を通じて企業の持続的成長を促すために～』の策定を

受け、機関投資家には、投資先企業やその事業環境等に関する深い理解に基づく建設的な「目的を持った対話」(エンゲージメント) を行うことが求められています。

上場会社にとっても、株主と平素から対話を行い、具体的な経営戦略や経営計画などに対する理解を得るとともに懸念があれば適切に対応を講じることは、経営の正統性の基盤を上場会社の経営陣・取締役は、従業員・取引先・金融機関とは日常的に接触し、その意見に触れる機会に恵まれていますが、これらはいずれも賃金債権、貸付債権等の債権者であり、株主と接する機会は限られています。経営幹部・取締役や経営陣が、株主との対話を通じてその声に耳を傾けることは、資本提供者の目線からの経営分析や意見を吸収し、持続的な成長に向けた健全な企業家精神を喚起する機会を得る、ということも意味します。

原則5-1　株主との建設的な対話に関する方針
原則5-2　経営戦略や経営計画の策定・公表

③　プリンシプルベース・アプローチ

本コードにおいて示されている規範は、前述の基本原則に加え、原則や補充原則から構成されていますが、それらの履行の態様は、会社の業種、規模、事業特性、機関設計、会社を取り巻く環境等によって異なるのは当然といえます。したがって、本コードに定める各原則の適用は、自らの置かれた環境や状況に応じてそれぞれの会社が工夫すべきものとされています。

つまり、本コードは、会社が取るべき行動について詳細に規定する「ルールベース・アプローチ」(細則主義) ではなく、会社が各々の置かれた状況に応じて、実効的なコーポレート・ガバナンスを実現することができるよう、いわゆる「プリンシプルベース・アプローチ」(原則主義) が採用されています。

本コードのいくつかの原則については、体制整備に関するもの等を中心に、各会社の置かれた状況によっては、その意思があっても適用当初から完全に実施することが難しいことも考えられます。その場合においては、上場会社としては、本コードの各原則（基本原則・原則・補充原則）のなかに、自らの個別事情に照らして実施することが適切でないと考える原則があれば、「実施しない理由」を十分に説明することにより、一部の原則を実施しないということも認められています。

④　適法性の監視

企業が健全に経営されるために、意思決定システムがどうあるべきか、また如何に指揮されるべきか、特に企業の意思決定の中枢にあたる取締役会の枠組みは適切かどうか、またそこでの意思決定に対する監視体制は十分に機能しているかどうかは、企業経営にとって非常に重要です。それが適切に機能しないために様々な不祥事が発生してきたこと、またこのコーポレート・ガバナンスと内部統制が相互に密接に関係があることは、最近の不祥事事例からも明らかとなっています。つまり、取締役会や監査役会が適切に機能しているかどうかは、経営方針の決定や運営状況が如何に管理・監督されるかにつながるとともに、内部統制システムがどの程度有効に構築され、機能しているかになります。

企業運営における適法性に関しては、監査役会設置会社であれば、監査役が、また監査等委員会設置会社であれば、監査等委員が、直接または間接的に、その責任を負担することになります。法務担当部門はそれを分掌すべき立場であり、また社会的責任等との整合性に関しても、企業理念やサステナビリティ等の社会的倫理など、企業運営の拠り所とすべきベースが無視されず適切に機能するかどうかということを意識すべきです。この適法性や社会的責任等との整合性の問題はどちらかというとコンプライアンス（法令等の順守）の問題でもありますので、第５章「法令等の順守とコンプライアンス」での説明を参照してください。

9 クレーム・紛争処理

1 クレームの発生

企業のビジネス活動において、クレームや紛争は避けることができません。本編で、解説したそれぞれの分野すべてにおいて、クレームや紛争が発生する可能性があります。たとえば、売買取引等では、代金支払義務などの契約上の義務の不履行、製品の瑕疵等から発生する品質不良の問題、第三者の知的財産権等の権利の侵害、労使関係に関する紛争、独占禁止法など社会的規制法に関する紛争、消費者との関係で発生する紛争、税務を含む行政機関などとの紛争に加え、企業組織内の不祥事等に関連するコンプライアンス（法令の順守）問題など、それぞれの企業の活動内容に応じて、その内容は多種多様です。

そして、このクレームや紛争は、国内だけでなく、国際的なビジネス活動に関しても、発生するケースは少なくありません。これは、取引自体が国際間で行われること、当事者が多様な国にまたがるということ、さらには取引を含む企業のビジネス活動自体も非常に多様となることから、その内容も複雑なものとなり、わが国の常識では理解できないクレームや紛争の発生も十分に想定できます。また最近はロシアによるウクライナ侵攻に伴う経済封鎖や外国資本の権益の没収など、これまで想定していなかったような事態に遭遇することもあります。特に、取引の前提となっている相互の信頼関係や慣習、またそれぞれが寄って立つ社会的・文化的・法的基盤も同じでないために、予想もつかないようなクレームや紛争が発生しやすくなっています。

もちろん、それぞれの国における経済政策や外交政策などに関連する様々な紛争の処理に関しては、企業だけでなく国家が関与するものもあり、それらを含めるとより広範囲なものとなります。本書では、このような国家が関与する政策に関連するもの、たとえば通商関連法、WTO問題などは紙幅の都合で省略することとします。

企業にとって、クレームや紛争を早期に解決するということも重要な経営の一環であるとすると、発生を可能な限り予防することが必要となります。そのためにも、企業法務が存在しているといっても過言ではありません。総論編で法務部門に求められる役割や機能などを解説しましたが、法務部門が目指すところは、可能な限りクレームや紛争が起きないようにすることであり、それが重要な役割であるといえるのではないでしょうか。

本章では、紛争の未然防止という観点から、法務担当者としてどうあるべきかを考えつつ、最悪、紛争になってしまった場合には、どのような選択肢があるか、またどれを選択したらよいかをまとめます。

2 紛争予防

Q 企業法務は、紛争予防の機能があるとされていますが、法務担当者としては、どのような説明をしたらよいでしょうか？

A 通常、法律の専門家である弁護士は、紛争を解決するために必要だとされていますが、企業としては、紛争は可能な限り避けることが望まれます。企業法務は、そのために存在しているといっても過言ではありません。つまり主として予防法務の機能を果たすこととなります。

① 予防法務

企業のビジネス活動にはクレームや紛争はつきものですが、しかし、積極的にクレームや紛争を起こし、当事者間の関係を壊そうとする企業や、あえて紛争を好むような企業はほとんどありません。多くの企業は、不要な紛争はできる限り避けたいと考えています。一旦クレームや紛争が生じると日常業務はそっちのけになり、解決のために時間をとらざるを得なくなります。そのクレームや紛争が話合いや協議などでは解決せず、訴訟等の法的な紛争解決手段がとられてしまうと、結果として、訴訟の勝ち負けとは別に、訴訟等の準備や訴訟等を続けるために、さらに時間がとられ、弁護士費用を含め訴訟費用の負担も無視できない状況となります。

そのためにも取引やビジネス活動の当初から、できる限り紛争を生じさせないように、また、万一、生じた場合でも、訴訟などに至る前に解決するということが企業活動においては主要な命題となっています。クレームや紛争を申立てる企業は、止むに止まれぬ状況に追い込まれ、関係当事者間での円満な解決ができない、または、他の解決手段が見出せないという結果だといえるのではないでしょうか。

最近では、紛争予防の重要性が改めて見直されるようになっています。法務による紛争の予防は「予防法務」とも呼ばれるようになり、関心を持つ人が増え、その役割を担う組織としての法務部門についての認知度も高くなってきています。さらに、企業においては、法令順守のためのコンプライアンス・プログラムを実際に実施することや、これを実効するための社員などを対象とした啓蒙・教育活動、また適切な相談システム、内部通報制度やそれへの対応なども予防法務の範疇であるといえます。これらがすべて有効に機能した場合に、法的リスクマネジメントが達成されることになります。

② 紛争の未然防止

このように、将来発生することが予想されるような紛争などをあらかじめ想定し、それぞれ、当事者の権利や義務を取り決め、その対応策を考えておくということ、つまりリスクの想定、リスク分析とリスク負担あるいはリスク回避ということは、紛争の未然防止ということだけでなく、ビジネス活動の円滑な遂行のためにも非常に重要なことです。このリスクマネジメントを実践することは、本書において様々な視点で強調してきたコンプライアンスを含む内部統制を機能させるということにつながります。

あらかじめリスクが想定され、分析され、また対応の準備がなされていれば、クレームや紛争が生じた場合でも、比較的容易に解決することが可能となります。ちなみに、クレームや紛争が生じた場合は、リスクの分析と、回避したリスク、および負担すべきリスクについては、大方想定されているので、当事者として予想もしなかったような不測の損害も避けることができます。

このような事前のリスクの分析や対応の準備により、紛争解決のための必要な交渉のポイントが絞られ、解決交渉のための条件等を比較的容易に想定することができ、相手方当事者との間でも交渉を比較的優位に進めることができることになります。結果として、紛争を有利に解決することが可能となります。

紛争を容易に解決することができるということは、紛争の未然防止ということに加え、訴訟等を回避することができます。この予防法務というメリットは、企業の経営にとり非常に重要であると同時に、予防法務の機能を果たす企業法務もその意味では重要な役割を担うことになります。

③　契約書の重要性

法律実務の世界は、紛争処理の世界だといわれています。しかし、企業における法実務の世界は、紛争が発生した後の紛争処理というよりは、紛争を未然に防ぐという、予防法務がそのほとんどを占めています。その代表的なものが契約書の作成や検討に関する業務となります。

つまり契約書において、当事者それぞれの権利や義務を可能な限り記載しておくことにより、万一、紛争やトラブルが起きたとしても、当事者間ではそれぞれの権利義務が明確になっているため、改めて裁判や第三者の判断を仰ぐ必要はなく、協議に際して、譲歩のための拠り所が増えることとなります。しかし、契約を締結する時点では、お互いに利害が一致した結果での合意であると思っていたにもかかわらず、その後、前提となっていた事情や当事者の目論見が変わるなど、利害が相反するような事態になった場合には、それぞれの当事者が、自己の利益や都合を主張することもあります。

このような場合には、当事者間の利害の不一致を解決できないという事態が生じることもありえます。もしお互いの利益や都合のみを主張し、当事者間の協議により解決ができないような場合には、当然のことながら、当事者間の主張や意見の相違について、最終的に裁判所の判断を仰ぐとか、調停や仲裁などという裁判以外の紛争処理制度を利用して解決を図ることが必要となります。

しかしながら、そのような紛争解決制度を利用して紛争解決を図る場合であっても、合意内容をできる限り明確に記録しておくとか、お互いの権利や義務を明らかにしておくことが重要です。契約書を作成することで、当事者間での協議の段階で、相互の意見の相違や誤解を避けることが可能となります。その意味では、契約書がある程度の紛争予防の機能を果たすことができますし、契約書の作成に大きく関与するのが、企業法務であるといっても過言ではありません。

3 協議による解決

企業のビジネス活動や取引において発生する紛争をどのように解決するかという問題は、ビジネスや取引を円滑に行うことと同様に非常に重要な問題であり、経営課題でもあります。不幸にも紛争が発生した場合において、いずれの当事者も、いきなり訴訟などの法的な手段をとるのではなく、まず話合いによって解決しようと努力がなされます。これは国内だけでなく、海外の場合も同じだといえます。この話合いによる方法は、比較的柔軟な手段を採用することができ、問題を円満に解決することができることになります。

しかし、すべてがこのように話合いにより解決できるものばかりではなく、特に国際的な紛争に関しては、話合いによる解決を行うことは、時間的にも、距離的にも、費用面でも、また基本的な考え方においても様々な制約があるので、それほど容易ではなく、また様々な困難を伴うこととなります。そこで第三者に斡旋や調停を依頼して、紛争を解決しようとすることも少なくありません。これら話合いや斡旋・調停などによっても紛争が解決されない場合には、仲裁や訴訟という法的な手続によって、最終的な判断を第三者に行ってもらう紛争解決手段が利用されることになるわけです。

① 協議

クレームや紛争が発生した場合には、ほとんどの場合、まずは紛争解決のための何らかの話合い（協議）が行われることになります。クレームや紛争が協議により解決できればそれが最も望ましく、通常は、あらゆる手段を尽くして話合いにより問題を解決しようと努力することとなります。

この双方の努力による協議は、通常、互譲の精神が必要ですが、互譲の精神は、解決をしようとするインセンティブとなります。解決できないということは、どちらかというと、十分な協議が行われていないか、双方に互譲の精神がない、あるいは、適切な協議が行われていないということかもしれません。

この協議による解決は、一般的に「示談」として知られている訴訟手続以外の和解、つまり「裁判外の和解」のほか、訴訟手続のなかで行われる「裁判上の和解」とが存在しています。また、当事者間で紛争の解決の目途が立った際に、当事者の申立てにより、簡易裁判所で行われる和解もあり、これは「即決和解」という制度になります。和解では和解調書が作成され、確定判決と同様の効力があります。このような裁判上の和解は、訴訟における判決などの紛争解決とは異なり、継続的な取引関係が期待される場合には、紛争当事者間の互譲を要件とする自主的紛争解決として、より有効な紛争解決の手段となります。

② 斡旋・調停

万一、協議により紛争が解決しない場合には、第三者による仲介という方法で紛争の解決をすることがあります。これが「斡旋」とか「調停」といわれているものです。

「**斡旋**」は、建設工事紛争審査会による請負契約に関する紛争の処理や、公害等調整委員会による公害紛争処理、労働委員会による労働争議の斡旋処理などがあります。これらはいずれも第三者による紛争処理制度です。斡旋による解決ができない場合には、仲裁や訴訟を行うことになります。

「**調停**」とは、民事調停法に基づく民事調停や家事審判法に基づく家事調停など裁判所が関与して実施される調停のほか、民間機関等で行われる調停などがあります。最近では個別労働紛争の処理などにも調停が導入されることなり、調停をはじめとする紛争解決手段が積極的に推進されるようになってきています。国際的なビジネス紛争の解決にも最近は調停を利用することが増えています。この調停も第三者が介入して行う紛争処理制度です。もし調停が不成立となった場合は、仲裁や訴訟を行うこととなります。斡旋や調停はいずれもその仲介による紛争処理を当事者が受け入れるかどうかを当事者が決めるため、当事者の自主的な紛争解決制度となります。

4 代替的紛争解決制度（ADR）

Q ADRという紛争解決制度が増えてきているようですが、法務担当者として、その概要と意義をどのように説明したらよいでしょうか？

A ADRとは、訴訟に替わる紛争解決手段であり、当事者間の互譲の精神により自主的に解決する制度です。当事者間で互譲の精神が発揮されるため、一旦、解決に合意した場合には、両当事者間には原則として不満などが残らないというメリットがあります。

① ADRとは

前項のような協議、和解、斡旋、調停などの紛争解決制度は、どちらかというと、当事者が最終的に解決手段や解決案を決定することができるため、「代替的紛争解決制度」（Alternative Disputes Resolution：ADR）と呼ばれ、これは訴訟に替わるものとされているので、「裁判外紛争解決制度」ともいわれています。もちろん調停などは民事調停法や家事事件という手続により裁判所で行われ、また和解のなかでも裁判上の和解は、裁判手続のなかで行われるので、裁判手続によるものであるということもできます。これらはいずれも当事者間の互譲の精神で、かつ自由意思と責任で解決するという点において、裁判や仲裁のように第三者の判断や決定に従うものとは、異なる制度であるといえます。

なお、国際的な民商事の紛争を処理する国際的な機関は存在していません。それぞれの国において、自主的に紛争を解決する国際的な民商事紛争を取り扱う仲裁機関などが存在しているだけであり、この点、わが国と特に異なるわけではありません。違うとすれば、それはADRの利用度が海外では非常に高いということです。特にアメリカやヨーロッパでは、仲裁が圧倒的に多いようです。アメリカにおける仲裁機関であるAAA（アメリカ仲裁協会）などは、年間4～5千件の紛争処理案件を扱っているようですが、中国のCIETACという仲裁機関では、それ以上の仲裁事件が申立てられています。

アメリカでは、最近は、調停やMedab（仲裁と調停の中間のもの）が盛んに利用されるようになってきています。アメリカでは訴訟社会といわれるように訴訟が非常に多くなり、リーガルコストがアメリカの経済成長の阻害要件であるともいわれるほどです。そこで紛争処理を短時間でかつ低コストで、しかも手間を省いて実施すべきであるという観点から、ADRなどがよく利用されるようになってきているわけです。

わが国では、国際的な民商事紛争については、それほどADRで処理されることはないようです。また、国内での紛争事件についても裁判所で実施される民事調停や家事調停が多く、仲裁は比較的少ない状況となっています。

②　ADRと訴訟との違い

ADRと訴訟との違いとして、訴訟が裁判手続によるものであり、ADRはそうでないとする考え方もあります。筆者としては、ADRは私的自治に基づくもの、訴訟は国家の強制力によるものであるという分け方がわかりやすいのではないかと思います。紛争解決システムが過不足なく配備されていれば、自分の意思が反映されやすい順番に紛争解決システムを選択するはずです。なお、自分の意思が反映されない訴訟と自分の意思が反映される訴訟以外の紛争解決システムを、次元の違う紛争解決システムであると説明しているものもあります。

訴訟はあくまでも最終的な紛争解決手段であり、第三者の判断を仰ぎ、それに従うという点では、訴訟と仲裁はその代表的なものです。一方で、仲裁がADRの一部であり、私的自治によるものであるという分類もあります。その理由は、仲裁は当事者の合意で仲裁人の選定や場所の取決めができるというものです。それ以外の調停や和解、あるいは斡旋については、それが民事調停など裁判所で行われるものであっても、すべて当事者が最終的に解決を決めることができるので、ADRであるとされています。

③　ADRの役割

ADRには、民事調停や家事調停などの裁判所におけるADRと、公害等調整委員会や労働委員会、建設工事紛争審査会などのように行政機関によるADR、民間機関である日本商事仲裁協会や日本海運集会所および弁護士会の仲裁センターなどによるADRなどがあります。これ以外にも、消費者による苦情処理を中心とした消費生活センターや国民生活センター、製造物責任に関連する各種PLセンター、国際的な紛争処理を行うWTO、国際的な知的財産紛争を扱うWIPOなどの紛争解決機関もあります【注1】。

ADRのメリットとしては、当事者が各種の紛争解決手段のなかから選択が可能であること、当事者が主体的に参加できること、および紛争の処理案についても当事者がコントロールできること等にあるといえます。ただ、一般にいわれている簡易・迅速・廉価といったADRの特徴は、すべての場合に当てはまるとはいえません。

現状ではこれらのADRが十分に利用されているとはいえません。ADRが活発に利用されるためには、そのための基盤を整備することが必要となります。また紛争解決制度全体の質の向上を図り、当事者が自分に合った紛争解決手段を選択できるようにすることも重要です。そのために、「裁判外紛争解決手続の利用の促進に関する法律（ADR法）」

注1　これ以外に、法務大臣の認証を取得した民間紛争解決機関は、法務省の「かいけつサポート」サイトにある。https://www.moj.go.jp/KANBOU/ADR/hanisearch.html

が制定され、ADRの利用が活発化することにより、様々な紛争形態に応じた多様な紛争処理制度が実質的に確保されつつあります。このADR法によって、紛争解決機関の認証も行われることとなりました。

④　国際的なADR

国際的にも、ADRに関してルールの標準化作業が活発化しています。まずは、米国のABAによる統一調停モデル法（Uniform Mediation Act、2003年）、EUの調停による紛争解決に関する指令（2008年）、またUNCITRAL（国連国際商取引委員会）における国際商事調停モデル法（2002年）や、ISO（国際標準化機構）によるADRシステムの国際規格化（2007年）などが存在しています。なお、UNCITRALにおいては、2018年12月に「シンガポール国際商事調停条約」が採択されていますが、この条約により、国境を越えた企業間の紛争解決にあたって、両当事者が調停によって得られた和解合意に執行力が付与されることになりました。この条約は、2020年９月に発効していますが、日本はまだ署名も批准もしていません。

このような動きは、1990年代に活発化しました。米国では1990年の司法改革法（Civil Justice Reform Act of 1990）において、訴訟手続でADRを利用する裁判所と、利用しない裁判所を対照させることによって、ADR利用による手続の迅速化と廉価性を検証しようとする壮大な社会的実験が行われています。一方、多様なADRを一括りにしたり、規制をかけることの危険性も認識されるようになり、紛争対象ごと、手続主宰者ごと、ADRを提供する団体・組織ごとにADRを制度的・手続的に規律する個別的な考え方が採用されるようになっています。

5 訴訟か仲裁か

Q 代表的な紛争解決制度として、訴訟のほか、仲裁という制度がありますが、法務担当者としては、その概要をどのように説明したらよいでしょうか？

A 仲裁は、訴訟に替わる紛争解決手段ですが、ADRのような自主的に解決する制度ではなく、仲裁人という第三者の判断に従うというものです。ただ、訴訟と異なる点としては、当事者間で仲裁人や仲裁地等に合意することができる点です。

① 仲裁とは

仲裁とは、当事者が裁判官ではない第三者に対して紛争の判断を任せ、その判断に服すると合意に至ることにより紛争を解決するものです。この制度は、裁判とは別の制度として認識されており、仲裁に関する法律については、平成15年（2003年）7月に成立し、平成16年（2004年）3月に施行されています。

この仲裁法は、国際的な紛争解決のために利用することを想定し、国際商取引委員会（UNCITRAL）の作成した国際商事仲裁模範法（モデル法）にできるだけ準拠した内容にすべきとして、念願であった国際的標準に沿ったものとなっています。ただ2006年には、わが国の仲裁法が範としたモデル法が改正されたものの、仲裁法はその改正が反映されることなく、ここまできましたが、グローバル・スタンダードに沿った仲裁地としての基盤整備の一環として、国内法についてもモデル法の改正部分を取り入れた最新のものとし、また同時に、仲裁手続に関連する国内裁判所の手続についても、より使いやすい制度とするための工夫を試みたものとして、仲裁法改正の動きとなっています。

国際的な紛争処理についても日本の仲裁で解決されるための基盤の一つがこれでやっと整ったとして、国際的な紛争処理としての仲裁も日本で増えるのではないかと期待されています。

② 仲裁のメリット

この仲裁制度は、ある意味で裁判と並ぶ強制的な紛争解決手段であるといえます。ただし、裁判との本質的な違いは、仲裁が当事者の合意により、仲裁機関や仲裁人を決定できるという自主的な紛争解決を目的とした制度であるということです。裁判と仲裁のいずれが紛争処理手続として適した方法であるかは、当事者や紛争の内容等により異なり、一概に結論づけることはできません。

仲裁が裁判と比して有するメリットとしては、迅速性、経済性、専門性、秘密性という点があげられます。わが国の訴訟では三審制がとられていますが、仲裁は一回限りであり、その仲裁判断は原則として確定判決と同一の効力を有するとされているので（仲裁法45条１項）、紛争の一回解決の要請に応えることができ、弁護士費用や訴訟費用を低く抑えることが可能であるといわれています。また、仲裁人の選任手続は当事者の合意により定めることができるため（同法16条１項）、争点となる取引分野について専門的な知識や経験を有する者を仲裁人とすることができ、その結果、迅速性にも寄与するだけでなく、職業裁判官による判決と比べて、より現実的、実際的な判断を期待できるとされています。そして、審理の公開が原則である裁判と異なり、非公開手続であることから秘密性が保たれるという利点もあります。

訴訟の場合は、民事訴訟法に定めた一定の手続に従って行われますが、仲裁の場合は、審理手続を簡略化することが可能となっています。また、特定の仲裁機関によらず、当事者間で合意による手続で行うアドホック仲裁などがあるので、それもメリットであるとされています。

なお、国際取引における仲裁の利点といえば、一般的な仲裁の利点に加え、いずれかの当事者に一方的に有利にならないように、仲裁地を選択することが可能であるという点です。当事者の所在国以外の第三国ということも可能であり、利用言語も、訴訟では裁判所所在国における言語が利用されますが、仲裁では当事者間で比較的自由に利用言語を取り決めることが可能です。

③　仲裁のデメリット

反対にデメリットにはどのようなものがあるのかという点ですが、一般的には、仲裁手続や判断の基準が明確ではないといわれています。これは当事者の合意で仲裁を行うことと、必ずしも法律の専門家ではない仲裁人によることもできること、非公開で仲裁が行われるということが原因であるといわれています。公開されていないため、仲裁結果の予測が困難であるという問題もあります。

さらには、上訴の道がないこともデメリットです。この点は迅速性というメリットに反するものですが、仲裁人の判断が一回限りのものであり、紛争の対象分野における専門家の判断であるとしても、訴訟のように再チャレンジができないという点で不満が残るともいわれています。

仲裁に要する費用が低廉であるということが利点であるとよくいわれていますが、これは必ずしもそうではないことが多いようです。訴訟では裁判官に当事者から報酬などは支払われませんが、仲裁では仲裁人の報酬などは当事者の負担となるので、最終結論に至るまでの期間が長引いた場合などを考慮すると仲裁のほうがその費用が高額となるケースも多々あります。

④　仲裁機関

わが国での商事仲裁を専門的に行っている代表的仲裁機関としては、

弁護士会の仲裁センターなど純粋に国内案件のみを扱うところと、「日本海運集会所」と「日本商事仲裁協会」また新たに設立された一般社団法人日本国際紛争解決センター（JIDRC）など国際商事仲裁も扱うところがあります。日本海運集会所では海事事件が中心であり、一般的な民商事事件を扱うのは日本商事仲裁協会や日本国際紛争解決センターとなっています。しかし、そこでの取扱い件数は非常に少なく、その理由としては、実績が少ない、仲裁での使用言語、仲裁人の実務経験などがあげられるようです。それ以外にも、国際契約において、当事者が仲裁地として日本を選択する場合が非常に少ないということもあります。

ちなみに、海外における仲裁機関としては、下記が代表的なものとしてあげられます。

・アメリカ仲裁協会（American Arbitration Association：AAA）
・国際商業会議所仲裁裁判所（Court of Arbitration, International Chamber of Commerce：ICC）
・ロンドン国際仲裁裁判所（London Court of International Arbitration）
・中国国際経済貿易仲裁委員会（China International Economic and Trade Arbitration Commission：CIETAC）
・香港国際仲裁センター
・シンガポール国際仲裁センター
・シンガポール国際商事裁判所
・WIPO仲裁センター

⑤　仲裁判断の承認と執行

国内での仲裁判断に関しては、原則として確定判決と同一の効力を有するとされているので（仲裁法45条）、任意に仲裁判断を履行しない相手方に対しては、裁判所の執行判決を得て強制執行を行うことができることになります。また、仲裁判断に対しては、基本的には不服申立てができませんが、手続に瑕疵がある場合など特別な事由がある場合には仲裁判断取消の訴えが認められています（同法44条）。ただし、厳格な要件が求められています。

しかし、国際商事仲裁においては、仲裁判断、特に外国で行われた国際仲裁の判断の効力や国内の仲裁判断に関して外国での効力が問題となります。訴訟においても、外国判決の承認・執行や国内での判決に関し、外国での承認や執行が問題となるのと同様に、仲裁の判断についてもその執行が国内や外国においても確保されていなければ、実質的な紛争解決にはならないことは明らかです。

この点、外国仲裁判断の執行可能性については、ニューヨーク条約「外国仲裁判断の承認および執行に関する条約」（1958年）、「ジュネーブ議定書」（1924年）、および「ジュネーブ条約」（1929年）などの多国間の条約や、二国間の通商条約等において確保されています。わが国では、ニューヨーク条約の適用について相互主義を宣言しているので、他の条約締結国においてなされた仲裁判断が、外国仲裁判断として日本でも承認および執行が認められることになります。しかし、国内の仲裁判断が他の条約締結国において執行されるかどうかに関しては、当該国が条約をそのまま順守するかどうかの判断によることとなるので、確かではありません。

なお、中国とわが国のように、仲裁条約には加盟しているが、二国間で民事訴訟手続に関する条約を締結していないような場合には、相互保証がないとして、判決の承認・執行が認められていないため、実務上は、訴訟より仲裁を選択することが必要となります。

6 海外での訴訟

① 裁判管轄問題

国際裁判管轄権とは

国際取引における紛争処理について、訴訟を選択する場合もありますが、そこでは、裁判管轄が問題となります。つまり紛争処理にあたり、訴訟を提起するとしたらどこの国の裁判所で行うかということです。一般的には、訴訟を提起し、進めるにあたっては、その訴訟を提起した国の裁判ルール、つまり「手続は法廷地法による」という原則が存在していますので、実務的には、どこの国の裁判所に管轄があるか（国際裁判管轄権）ということが重要な問題となります。それを避けるために、締結する契約において、あらかじめ当事者間で管轄裁判所の合意をしておくという場合も少なくありません。実際には、お互いに相手国の裁判所は避けたいということから、第三国の裁判所を管轄することに合意をするケースも少なくありません。

この国際裁判管轄というのは、基本的には、国際法上も各国の裁判所において認められている裁判権というものに基づいているものですが、当事者の公平、裁判の適正・迅速さなど手続法上の理念に基づいて行使されなければならないとされています。各国間の公平や法的安定性および予測可能性という観点からは、国際条約などにより統一的な規則の制定が求められることとなりますが、現在のところは二国間条約などによるほかない状況となっています。

国際的な民事および商事に関する裁判管轄等に関する国際条約については、管轄合意についてのみヘーグ国際私法会議において2005年６月30日に国際裁判管轄合意条約が採択され、また民事および商事に関する裁判管轄と外国判決の承認執行についてのヘーグ条約（ヘーグ判決条約）が2019年７月２日に採択されましたが、日本はいずれにもまだ批准していない状況です。

わが国の国際裁判管轄

これまで、わが国においては、国際裁判管轄に関する明文の規定が置かれておらず、民事訴訟法における土地管轄規定を利用して国際裁判管轄の有無が判断されていました。平成23年（2011年）5月2日、財産関係事件の国際裁判管轄に関する規定を民事訴訟法と民事保全法のなかに盛り込むことを内容とする「民事訴訟法及び民事保全法の一部を改正する法律」が制定され、平成24年（2012年）4月1日から施行されています。

その内容は、これまで蓄積してきた判例等の成文化です。国際ビジネスの当事者になることが多い法人等に関しては、主たる事務所または営業所がわが国国内にあるときには、わが国の国際裁判管轄を認め（民事訴訟法3条の2第3項）、そして、当事者間で裁判管轄の合意があれば、それに従うこととなります。そうでない場合には、法定の専属管轄の対象であるかどうかですが、この専属的な管轄がなければ、契約上の債務に関する訴え等の管轄（同法3条の3各号）などの特別管轄原因がないかどうかを判断することとなります。

この債務履行地における管轄の対象となるのは、

❶ 契約上の債務の履行の請求を目的とする訴え

❷ 契約上の債務に関して行われた事務管理もしくは生じた不当利得に係る請求

❸ 契約上の債務の不履行による損害賠償請求

❹ その他契約上の債務に関する請求を目的とする訴え

のいずれかに該当し、該当契約で定められた債務の履行地がわが国国内にあるとき、その債務の履行請求またはその債務に関する不履行の損害賠償等の請求については、わが国の裁判所に管轄権が認められています（同3条の3第1号）。

米国における裁判管轄

国際ビジネス活動における主要な相手国である米国との間では管轄に関する紛争事例が増加しています。米国では州ごとの法律や裁判制度が異なり州際取引に関して裁判管轄が問題となるので、米国での国際裁判管轄についての基本的な考え方を理解することは、国際間での裁判管轄問題を考える場合には非常に参考になります。

米国の裁判所が州外企業や外国企業に対して合意管轄以外で、裁判管轄権を持つためには、まず「事物管轄権」(Subject Matter Jurisdiction) と、「対人管轄権」(Personal Jurisdiction) があります。「事物管轄権」については、原則として米国国内で行われた行為を対象とするわけですが、一部、結果として米国国内に影響が及ぶものについては、域外適用がある場合の例として米国外での行為にも及ぶとされています。「対人管轄権」については、当事者の住所などを対象としたものに加え、特定の州に関連した行為（たとえば事業活動とか、不法行為とか、財産の所有権など）があれば、他の州や外国の被告に対しても裁判権を行使できるものです。

この非居住者を相手にした各州における裁判管轄権について、その行使の範囲を定めるものとして、州ごとに「ロングアーム法」(Long Arm Statute) が存在しています。この「ロングアーム法」は、連邦憲法の修正14条による適正手続（Due Process）条項により一定の規制がされていますが、これは「フェア・プレイと実質的正義に関する伝統的観念」によるものとされています。適正手続の要請を満たすためには、「合理性」(Reasonableness) と「最小限の関連」(Minimum Contact：被告とその州との間の最小限の関連) が必要であるということになっています。

この「最小限の関連」の有無が米国国内で管轄を発生させるための根拠となるので、米国内での管轄を回避したいということであれば、米国内で販売拠点を設けないなどの最小限の関連を避けるという対応が求められます。これが否定された著名な事件としては、「International Shoe事件」[注2]があります。この事件の判決は、「訴訟の追行が『フェア・プレイと実質的正義に関する伝統的観念』に反しない程度の『最小限の関連』をその州と有していること」が、適正手続条項の要求するところであると判示しています。また、「最小限の関連」が認められる場合であっても、非居住者である被告の負担からみて、「不合理」(unreasonable)であり、「不公正」(unfair)である場合には、管轄権を否定できるとした事件「アサヒメタル事件」[注3]があります。

EUでの裁判管轄

EUでは、裁判管轄問題を加盟国間で統一的に扱うことが決定され、ブリュッセル条約等が締結されていました。1999年には、アムステルダム条約により拡大EUとして、司法の分野においても一層の協力強化が必要とされ、加盟国において国内法化することが必要とされる条約という形式ではなく、加盟国において直接適用されるEU規則によるべきであるとし、2000年の12月に、新たにEU規則が承認されました。これが「民事及び商事事件における裁判管轄及び裁判の執行に関する2000年12月22日の理事会規則(EC) 44/2001」(通称、ブリュッセル1規則)(Brussel Regulation)です。

その主要なものをここであげておきます。

❶ 消費者保護の観点から消費者に係る裁判管轄の規定内容が拡大され、企業が消費者の住所のある加盟国において活動を行っている場合、あるいはその活動が何らかの形で当該加盟国を志向する場合には、消費者にその加盟国において訴訟を提起することを認めています。

❷ 強制執行のできる判決等の相互承認制度の改正では、執行を求めら

注2　International Shoe Co. v. State of Washington, 326 U.S. 310, 316 (1945)
注3　Asahi Metal Industry Co., Ltd. v. Superior Court of California, Solano County, 480 U.S. 102, 107 S. Ct. 1026 (1987)

れた裁判所において、職権で強制執行を妨げる事由の有無の審査ができるのを改め、形式的な審査のみで強制執行を認める旨、宣言しなければならないとされています。

❸ 従来、法人の所在地の判定は裁判所が行うとされていました。しかし、法的安全性の観点より、統一的な規定を置くこととし、定款で所在地と定められている場所、株主総会が開催される場所、または本店所在地が法人の所在地とされることとなっています。

❹ 電子商取引による消費者契約に係る管轄の規定に関しては、インターネット取引などの場合、法律行為がどこの国で行われたかを特定するのは困難であることから、ブリュッセル条約のように、法律行為がなされている場所を管轄の基準とすることが難しくなっています。また、インターネット等による電子商取引は通信販売と同じという観点から、広告や申出という概念を廃止し、何らかの形で当該国を志向する企業活動があれば、消費者が当該国での訴訟を提起することができるとされました。この考え方は、米国での判例でも同様です。

② 証拠調べの方法

Q 米国における証拠収集制度に、ディスカバリーという制度がありますが、法務担当者として、その概要をどのように説明したらよいでしょうか？

A ディスカバリーとは、相手方が保有する情報の開示を求める制度です。日本における証拠とは異なり、ほぼすべての情報が開示されてしまいますので、これを終えると訴訟における結論も予想できる状況になるといわれています。

訴訟手続のなかで重要なのは、証拠調べとなります。わが国においては、原告が必要とした証拠に基づき、判断されます。外国における証拠調べは、当然のことながら当該外国の法令に従って行われることになり、米国などでは、原告に都合のよい証拠だけでなく、すべての証拠の開示が行われるのが通常となっています。この米国流の証拠調べは、日本法の規定に違背している場合であっても、その効力は認められ、一方、米国の法に違背している証拠調べであっても、日本法の規定に反しないものであれば、その効力を否定する必要はないとされています（民事訴訟法184条２項）。

ディスカバリー

米国の訴訟の特徴の一つとしてのディスカバリー（discovery）は、当事者が相手方当事者や第三者の保有する情報の開示を求める手続です。この手続を通じて、訴訟に関する事実や証拠を明らかにすることになります。ディスカバリーは、両当事者の弁護士が中心となって進行され、陪審裁判が採用される場合であっても陪審は関与せず、また、裁判所も原則として関与しないとされています。ディスカバリーは、訴訟のなかで最も時間がかかる部分であり、通常でも１年から２年、複雑なケースではそれ以上の期間にわたることも珍しくありません。

このディスカバリーの手段としては、質問書（interrogatories）、文書提出要求（requests for production of documents and other things）、デポジション（証言録取：depositions）、自白要求（requests to admit）があります。文書提出要求を受けた場合は、原則として30日以内に書面によって回答をしなければならず、秘匿特権等に該当しない限り、要求を受けたものはすべて提出しなければなりません。この要求に応じず、また文書を破棄・改ざんした場合には、ディスカバリーの対象となった事実が証明されたものとして扱われたり、裁判所侮辱罪に問われるなど制裁が裁判所によって課されることになります。

そのため、企業としては、あらかじめ文書管理規定（document retention policy）を整備し、社内文書の破棄についてのルールを明確にし、それに従った運用を行うことが大切になります。また、訴訟や政府機関等による調査が予想される場合には、関連する文書等を破棄せずに保存する旨の社内通達（一般に litigation hold と呼ばれる）を出し、文書等の保存の徹底を図ることが重要となります。

ディスカバリーの例外とされ、提出を拒絶できるのは、弁護士と依頼人の間の秘匿特権（attorney-client privilege）です。これは、法的な助言を得るためになされる依頼人と弁護士間でのコミュニケーション（会話、通信、信書等）について認められる特権です。たとえば、依頼人の権利の有効性についての意見や他者の権利を侵害しているか否かについて意見を求めるコミュニケーションなどがこの特権によって保護されることとなります。ここでいう弁護士とは、社外の弁護士である必要はなく、企業内弁護士であってもよいとされています。また、一定の要件を満たす場合は、米国以外の国の弁護士や弁理士とのコミュニケーションであっても、秘匿特権が認められると考えられています。

なお、最近では、企業が作成する書類や通信記録がほとんどデジタル化されており、その数や量も膨大になる可能性があるため、電子データの開示手続（e-Discovery）やフォレンジックを利用した証拠の収集が行われるケースも増えています。

証言録取

外国で行われる裁判のためにわが国で行う証拠調べについても、国家間の合意（民訴条約、二国間の共助取決め、個別の応諾）の存在が必要であるとされています。実務的に問題となっているのは、私人による証拠収集、特にアメリカの裁判との関係で弁護士が行う証言録取（deposition）です。この証言録取とは、訴え提起後・公判（trial）前に行うディスカバリー（discovery）の一つですが、そこでは、相手の持つ証拠を公判前に可能な限り開示させることで、公判における不意打ちを防止し、両当事者の実質的公平を確保しようというものです。

アメリカにおいては、証言録取は私人間の問題であり、他国で証言録取を実施しても主権侵害の問題ではないという考えがあります。これに対し、日本を含む大陸法系の諸国では、自国内で他国裁判手続上の証拠収集が行われることは自国司法権の侵害と考えています。わが国との関係でも、日米領事条約の規定によれば、領事館において行うことが原則ですが、現実にはそれによらずに領事部以外の場所で証言録取がなされる例もあります。

③　陪審裁判と懲罰的損害賠償

以下では、米国における訴訟手続のなかで、特徴的だとされている陪審裁判と懲罰的損害賠償を取り上げることとします。

陪審制

陪審制（Jury）とは、一般市民から選ばれた陪審員が、専門の裁判官とは独立して事実問題について評決を下す制度です。英米における特徴的な司法への市民の参加の方式であり、刑事訴追を決定する大陪審（起訴陪審：Grand Jury）と、法廷に提出された証拠に基づき事実関係を審理して有罪・無罪を決める小陪審（審理陪審：Petit Jury）があります。陪審員は一般には、量刑に関与せず、評決は原則として全員一致となっています。ただ国によっては特別多数決を認めるところもあります。

イギリスでは、陪審制は廃止されていますが、ドイツやフランスなどでは、一般市民から選出された参審員が職業裁判官とともに合議体を構成して、事実問題か法律問題を問わず、審理や裁判に参加する「参審制」が採用されています。わが国でも市民による司法への参加の方式として、司法制度改革の一環としての裁判員制度が導入されていますが、その対象は重大な犯罪に限定されています。

懲罰的損害賠償

懲罰的損害賠償（Punitive Damages）とは、加害者に対する制裁のため、実際の損害の補填としての賠償に加えて、上乗せして支払うことを命じられる賠償のことをいいます。これは主に不法行為に基づく損害賠償請求訴訟において、加害者の行為が強い非難に値すると認められる場合に、裁判所または陪審の裁量により、将来の同様の行為を抑止する目的のため、英米法系諸国を中心に認められている制度です。

アメリカでは、民事訴訟においても陪審制が維持されているので、懲罰的損害賠償額の認定も、事実認定の一部として原則、陪審が行います。そこでは、陪審は、懲罰的損害賠償の可否とその算定基準に関する法について、裁判官から説示（jury instruction）を受けた上で判断することとなりますが、説示は一般的基準を示すのみで厳密な算定方法を強制するものではありません。そのため、被害者の窮状や加害者の行為を感情的に反映した過大な懲罰的損害賠償が命じられることが少なくありません。

そこで、懲罰的損害賠償に制限を加えようという動きが高まり、賠償額について、絶対額の上限を設けたり、実損との関係で制限を設けたりするケースが増えてきています。過大な懲罰的損害賠償額を認めることは連邦憲法の定めた適正手続保障に違反するという判例が定着してきています。

ちなみに、米国における懲罰的損害賠償の判決について、わが国で承認・執行が求められた事案がありますが、実損填補を超えた制裁を目的とする判決による懲罰的損害賠償部分については、わが国の損害賠償制度とは相容れるものではなく、米国の懲罰的な損害賠償制度は刑事制裁的な色彩が強く、わが国の不法行為に基づく損害賠償制度の基本原則ないし基本理念とは相容れないものであるとされました。このため、この米国の損害賠償を認める判決についてはわが国では公序に反するものであるとして、わが国における執行が拒絶されています（萬世工業事件）。

改訂版　おわりに

本書は、もともと筆者が総合商社における30年近い企業法務経験をベースとして、これから企業法務を担当する、また企業法務に興味がある社員や法学部の学生・法科大学院生等に対して、企業法務や企業法務の役割とは何かについて、また将来像などを理解してもらうために、教材として、また記事としてまとめたものです。いずれ企業法務の全体像について出版したいと考えていたところ、ちょうど第一法規株式会社で企業法務に関する入門書の出版企画を検討中だというお話をいただいたことで実現したものです。

企業法務出身の大学教員として、明治学院大学の法科大学院では、実務と理論の架け橋としての「企業法務」の講座を開設してもらいました。企業という組織のなかで、法務実務の実際や、実務から法を学ぶという手法、また法務実務を担当することの面白さや厳しさなどにつき、折に触れ、話をするという機会があったためか、同法科大学院の出身者には、弁護士資格の有無にかかわらず、企業法務の職を得て、現在活躍している者も多くいます。

本書では、企業における法務部門の存在が企業経営やビジネスにおいて、なくてはならない存在となり、その守備範囲も最今の不祥事の多発に伴ない、コンプライアンス、またグローバル・コンプライアンスも含めた経営法務へと企業法務の役割が拡大していることを念頭に、ほぼ網羅的に企業法務の業務内容をまとめることができたと考えています。

第一法規株式会社では、ほぼ10年前に『契約実務と法』という単著を出版していただきましたが、リスク分析を通じて、各種契約書の作成過程における法理論の適用や実務への応用の考え方をまとめ、企業法務の役割の一部を紹介したのを最初とし、本書は、企業法務全般にわたり、ほぼ総括的にまとめたものであり、筆者の20年超になる大学教員としての卒論ともいえるものになっています。

幸いにも、『契約実務と法』は、企業法務担当者や弁護士を含め士業の方々に、実務の教科書として利用していただいているようです。また、債権法改正の動きを最初に取り入れており、民法（債権関係）改正に伴う改訂版も出版していただきました。本書も、法務部門における実務業務を担当する際、また今後、企業法務を担当するにあたって理解しておくべき基本的な知識やそれを導くヒントを解説していますので、教科書として役に立てていただければ、筆者としてこれに勝る喜びはありません。

本書の出版にあたり、企画をまとめていただいた第一法規株式会社の工藤真澄さん、編集の労をとっていただいた同社の出版編集局編集第六部の沼野好美さん、また、改訂版についても同編集第六部の荒巻順子さんには大変お世話になりました。ここで改めて感謝申し上げたいと思います。

2017年９月吉日

古希記念に代えて

2023年３月吉日

改訂版に際して

河村　寛治

河村 寛治

Kanji Kawamura

明治学院大学名誉教授

1971年、早稲田大学法学部卒。伊藤忠商事株式会社入社、法務部配属。1977年、ロンドン大学大学院留学。1981年、伊藤忠ヨーロッパ会社（ロンドン）駐在。1990年、法務部国際法務チーム長。1998年、明治学院大学法学部教授。2004年、明治学院大学法科大学院教授。2013年、明治学院大学学長補佐。2017年4月、明治学院大学名誉教授。一般社団法人GBL研究所代表理事・会長。他プライム市場上場会社社外取締役（監査等委員）。

主な著書に『債権法改正対応版　契約実務と法－リスク分析を通して－』（2018、第一法規）『国際取引・紛争処理法』（2006、同友館）などがある。共著に、『リスク管理と契約実務』（2004、第一法規）、『図解　法令遵守チェックマニュアル』（2005、第一法規）、『国際取引と契約実務［第3版］』（2008、中央経済社）、『現代企業法務1（国内企業法務編）』（2014、大学教育出版）、『改正民法対応　はじめてでもわかる法務部員のための契約業務マニュアル』（2019、第一法規）、『国際ビジネス法』（2018、第一法規）など多数。

サービス・インフォメーション

通話無料

①商品に関するご照会・お申込みのご依頼
TEL 0120(203)694／FAX 0120(302)640

②ご住所・ご名義等各種変更のご連絡
TEL 0120(203)696／FAX 0120(202)974

③請求・お支払いに関するご照会・ご要望
TEL 0120(203)695／FAX 0120(202)973

●フリーダイヤル(TEL)の受付時間は、土・日・祝日を除く9:00〜17:30です。

●FAXは24時間受け付けておりますので、あわせてご利用ください。

改訂版　まずはここから！
ベーシックな事例で学ぶ 企業法務の仕事

2023年4月5日　初版発行

著　者　河　村　寛　治

発行者　田　中　英　弥

発行所　第一法規株式会社
〒107-8560　東京都港区南青山2-11-17
ホームページ　https://www.daiichihoki.co.jp/

企業法務の仕事改　ISBN978-4-474-09183-2　C2034　(5)